개정판

프랑켄슈타인의 글쓰기
상처 입은 젊은 영혼들과의 대화

개정판

프랑켄슈타인의 글쓰기

김성수 지음

상처 입은 젊은 영혼들과의 대화

지난 서른 해 동안 온갖 까탈스런 강의에도 불구하고
정성 어린 발표·토론과 아우라가 담긴 글쓰기에 동참해준
빛나는 영혼의 소유자들에게 감사드린다.
일일이 허락을 받지 못한 채 학생들의 글과 그림을 실은 점에 대해서는
너그럽게 양해해주길 기대한다.

상처 입은 젊은 영혼들에게 이 책을 바친다.

머리말
상처 입은 젊은 영혼들에게

　여러분은 프랑켄슈타인이나 가위손을 잘 알 것이다. 죽은 과학자가 만든 인조인간이지만 혼이 담긴 인간이 되고 싶어 한 괴물이다. 진심으로 사랑을 갈구하지만 사람들에게 다가갈수록 자신의 의도와는 달리 큰 상처만 줄 뿐이다. 그들은 외롭다. 하지만 그들을 이해하고 가슴에 따뜻하게 안아주려는 몇몇 사람들의 노력으로 사랑의 힘을 알게 된다. 프랑켄슈타인은 신부를 찾고 가위손은 산성에서 얼음조각으로 눈발을 날려 사랑의 메시지를 전한다.
　이 책은 가위손을 들고 인터넷이란 드넓은 정보 바다를 헤엄치며 Ctrl+C, Ctrl+V의 화려한 테크닉을 펼쳐 숱한 과제와 글쓰기의 장벽을 꿋꿋하게 헤쳐나가는 '지금 여기 우리' 젊은이를 위한 고통의 안내서이다. 장 보드리야르란 이름은 들어본 적 없어도 "하늘 아래 새로운 것은 없다."는 그의 묵시록을 글쓰기 보고서(report)의 최전선에서 묵묵히 실천하는 어린 가위손들, 복사와 붙여넣기 등 짜깁기('짜집기'가 아니다)의 고수·대가가 된 젊은이들에게 필요한 쓴 약이기도 하다.
　이들은 외롭다. 이들의 글을 읽고 거기 담긴 속내를 꼼꼼히 떠올려보면 표절의 역사와 도덕적 딜레마에 빠진 나약한 영혼의 떨림이 느껴진다. 마치 숲속에 몸을 숨긴 프랑켄슈타인이나 가위손 같다. 가냘프게 떠는 이들 젊은 영혼의 미래는 무엇일까? 기묘하게도 40년 전 과거 시간의 거울에 비친 지은이의 자화상이 떠오른다. 이게 웬일인가. 서른 해 넘게 남들이 쓴 글을 읽고 그에 대한 느낌과 생각을 글로 쓰고 또 글쓰기 자체를 가르친 덕분에 살붙이들의 밥과 땔감을 얻은 지은이의 자화상이 아니라고 할 수 없다. 프랑켄슈타인, 가위손이 겹쳐 비쳐진 거울을 외면할 수 없다는 데서 아픔은 더욱 커진다. 심지어 이 책을 쓸 때도 지은이가 읽거나 썼던 글의 어딘가를 끊임없이 복사하고 편집하는 자화상을 볼 수 있다. 부끄럽다.

이런 맥락에서 이 책은 또한 젊은 가위손, 청년 프랑켄슈타인이 자기 영혼의 상처를 고백하는 글쓰기를 통해 마음의 병을 치유하고 진정한 사랑을 얻어 인간이 된다는 '치유의 글쓰기' 책이기도 하다. 원래 책의 기획 의도와 잠정적인 제목은 '영혼의 상처를 치유하는 글쓰기'였다. 그런데 비슷한 이름의 책이 이미 나와 있고, 무엇보다도 본격적인 학문영역인 '문학 / 시 치료(biblio / poetry therapy)', '문학치료학'과의 혼동을 피하기 위해 프랑켄슈타인과 가위손 이미지를 빌렸다. 비록 본고장에 유학해서 문학치료를 제대로 전공하지는 못했어도, 오랜 기간 교실 현장에서 글쓰기 교육을 통해 상처 받은 젊은 영혼들의 내면 성찰을 돕고 그들의 아픔을 함께 나눈 것도 또한 사실이다. 무면허 의사나 선무당이 사람 잡는다는 말이 있지만 전문의를 찾지 못하는 못 배우고 헐벗은 이를 위해 그들이 털어놓는 이야기에 담긴 마음의 상처를 어루만져주고 함께 아파할 사람도 필요하다는 생각이다.

젊은 영혼들을 오래 만나 여러 방식으로 이야기를 나눠보니 자기 마음이 아프다고 바로 정신과 전문의, 문학치료사를 찾는 것이 아니었다. 스스로 자가 치료하고 친구와 선배들에게 아픔을 호소하며 그래도 안 되면 엄마 아빠를 찾는다는 것을 알았다. 그래서 자격증이 필요한 줄도 모른 채, 아픈 아이 배를 문지르며 "아빠 손은 약손, 울 딸아들 배는 똥배!" 하면서 젊은 영혼의 '똥배'를 마사지하는 아빠 / 선생의 심정으로 '치유의 글쓰기'를 시도하였다. 대학에서 글쓰기를 가르치는 위엄 있는 교수님보다는 '중고딩'을 위한 친근한 담임선생님처럼, 대입을 강요하는 교사보다는 푸근한 아빠처럼, 바쁜 아버지보다는 맘 편한 친구처럼 이들에게 다가가려 애썼다. '선생님 같은 교수, 아빠 같은 선생님, 친구 같은 아빠'가 글쓰기 교육, 나아가 평생 교육자의 길로 나선 지은이 삶의 중간 목표였기에 더욱 그랬다.

이런 점에서 이 책은 쉰세대가 신세대에게 영혼의 교감을 해보자는 대화를 제안하는 구애의 글쓰기이며, 청년 자식을 둔 나이 쉰 넘는 아빠가 밀레니엄세대와 문명사적 대화를 해보자는 시도이다. 1970~80년대를 관통하는 지은이의 사춘기 때 첫/짝사랑의 가슴 떨림을 시·수필·소설 쓰기를 통해 열정적으로 포착했던 당시 기억을 되살리는 추억의 앨범이며, 강단에 처음 선 1987년부터 지금 이 순간까지 서른 해 가까이 글쓰기 교실에서 만남을 거듭했던 수많은 젊은 영혼들과의 대화록이기도 하다.

실제로는 교양학부에서 글쓰기과목을 정식으로 체계화하여 본격적으로 가르친 스무 해 가까운 '대학 글쓰기 교육' 현장의 중간 보고서가 주 내용이다. 그들의 글 중에서 특히 '가위손과 프랑켄슈타인'의 이미지를 떠올리게 하는 '상처 입은 영혼'의 속내가 담긴 보고서들을 골랐다. 주로 스무 살 안팎 나이 때면 으레 겪는 트라우마다. 가령 외모, 성적, 집안, 학교 및 전공 선택 등 요즘 말로 하면 '스펙'의 열등함과 미래에 대한 불안감에서 나타난 상흔들이었다. 가장 대표적인 내용이 홍세화 칼럼 「그대 이름은 '무식한 대학생'」(2003)을 계기로 촉발된 대입 과정의 외상을 둘러싼 논란이다. 그 글을 통해 매 학기마다 상처 입은 젊은 영혼들과 속살 드러내는 화끈한 대화를 나누었다. 그 상처 드러내기의 고통스런 현장을 '대학이라는 놀이공원에 몇 백 만 원짜리 자유이용권을 끊고 들어온 새내기들에게' 논쟁 형식으로 보고한다.

이 책에 실린 젊은이들의 글은 개인적 프라이버시나 분량 문제로 줄인 것 이외에는 최대한 원문을 살렸다. 심지어 속어, 비어, 인터넷 은어, 비문까지도 거의 그대로 두었다. 이 책이 전통적인 의미의 글쓰기 교본이 아니라 '지금 여기 우리'의 생생한 글쓰기 교실의 현장 보고서로 이루어졌다는 뜻이다.

다만, 글쓰기의 각 단계와 '치유의 글쓰기'에 대한 학생 눈높이의 설명 및 학생 글 예문과는 별도로, 관련 전공자·교수자들의 글쓰기학·문학치료학 이론을 병행해서 서술했다. 이 때문에 젊은 영혼들을 향한 구어체로 된 본문 설명과 학자·교수자들을 의식한 문어체로 된 논문 문장[깊이 읽기]이 동시에 나온다. 독자 분들은 이 책의 서술 자체가 '아수라' 백작처럼 이중의 얼굴·복화술로 진행되는 점을 감안하여, 조금 불편한 읽기를 즐기길 기대한다.

그리스 시라쿠사 거리에는 기묘한 부조상이 하나 있다. 관광객들은 부조의 특이한 모습에 실소를 머금는다. 앞머리는 숱이 무성한데 뒷머리는 대머리고 발에는 날개가 있는 우스꽝스런 모습이기 때문이다. 하지만 그 밑의 설명문을 보고는 다들 고개를 끄덕이며 깊은 생각에 잠긴다. 그 글은 이렇다.

앞머리가 무성한 이유는 사람들이 나를 보았을 때
쉽게 붙잡을 수 있도록 하기 위함이고
뒷머리가 대머리인 이유는 내가 지나가면
사람들이 다시는 붙잡지 못하도록 하기 위함이며
발에 날개가 달린 이유는
최대한 빨리 사라지기 위함이다.
"내 이름은 기회이다."

지은이와 읽는 여러분이 함께 읽어나가면서 괴물을 인간으로 만들어갈 이 '치유의 글쓰기' 책이 우리네 인생에서 변화의 한 계기로 작용할 '기회'가 되었으면 한다. 비록 첫 인상은 쉽게 다가서기 힘들 것 같고 실제로 그리 잘나지 못했지만 이 괴물의 글쓰기 보고를 통해 여러분 삶을 조금이라도 바꿀 실마리를 잡았으면 하는 바람이다.

이번에도 예외 없이 책을 쓰는데 여러분이 도와주셨다. 구자황, 최진형, 신상필 교수, 대학원 제자 오혜진, 김혜원, 학부 제자 이주영, 손아람, 김민지, 김고은 그리고 지은영에게 감사드린다. 특히 경제가 몹시 어려운 상황에서 3년 간의 묵묵한 기다림 끝에 선뜻 책을 내주신 글누림출판사의 최종숙 사장 및 권분옥 편집장 이하 출판 실무자 분들께 감사드린다. 지은이에게 글쓰기와 교육의 본질에 대한 끝 모를 문제의식과 영감을 마르지 않는 샘물처럼 솟게 해주고 시도 때도 없는 귀찮은 대화에 응해준 작은아들 동주에게 이 책을 헌정한다.

2018년 7월
백련산자락 푸르서실에서 지은이 김성수

차례

프랑켄슈타인의 글쓰기

제1부 가위손의 글쓰기
글쓰기란 무엇이며 어떻게 할 것인가

01 글쓰기란 삶 쓰기 / 15
- '지금 여기 우리'의 글쓰기 ·················· 15
- 선진국 사례도 참조하고 조상의 지혜도 되살리고 ·················· 21
- 글쓰기 거울에 비친 자화상 ·················· 30

02 창의적으로 생각하기 / 35
- 가위손을 버리고 주변을 다시 보라 ·················· 35
- 대상에 대한 참신한 사고에서 출발해야 ·················· 37
- 질문도 하고 뒤집어도 보고 ·················· 43

03 살아 있는 글이 좋은 글 / 53
- 모범 글보다 혼이 담긴 글을 써야 ·················· 53
- 쓰는 과정에서 삶조차 바꾸는 글의 힘 ·················· 60

04 읽는 이를 배려하기 / 73
- 내 글의 독자는 과연 누구인가 ·················· 73
- "소통을 가르치는 선생이 자기 의사 하나
  제대로 알리지 못했으니 반성합니다" ·················· 80
- 마지막 문자세대와 첫 번째 전자세대의 문명사적 대화 ·················· 81

05 절차를 지키는 글쓰기 / 91
- 기초가 바로 서야 글도 바로 선다 ·················· 91
- 떠오르는 생각을 잘 잡으려면 ·················· 95
- 초고 고쳐 쓰기 습관을 들여야 ·················· 104

제2부 프랑켄슈타인의 글쓰기
젊은 영혼과 치유의 글쓰기

06 영혼의 상처를 치유하는 글쓰기 / 121
  근대의 프로메테우스, 프랑켄슈타인 ·················· 121
  상처 받은 영혼이 상처 입는 젊은이에게 ················ 126
  '문학/시 치료학'의 도움도 받아 ····················· 138

07 치유의 글쓰기 전통 / 153
  교훈적 글쓰기도 치유의 방편 ······················ 153
  지식 도둑질은 이제 그만 ························· 165

08 자화상 그리기의 고통 / 177
  그대 이름은 '무식한 대학생'인가 ···················· 177
  아플수록 드러내라 ···························· 195

09 비판적 문제의식까지 갖춘 글쓰기 / 205
  비판적 지식인에게 태평천하란 없다 ·················· 205
  자기밖에 모르면 글이 좋아지지 않아 ·················· 218

[부록] 젊은 영혼들과의 대화
  고시 준비냐, 배낭여행이냐 • 239
  가족과의 화해, 그리고 〈쇼킹 패밀리〉 • 251
  아버지를 고발하나, 용서하나, 묻어두나 • 261

  참고문헌 • 263

제1부 가위손의 글쓰기
글쓰기란 무엇이며 어떻게 할 것인가

살아 있는 글의 조건은 우선 머리 위에 마음그림(이미지)이 떠오르는 글쓰기부터 시작해야 한다. 이미지는 단지 상상 속에서나 영상만 떠올리게 하는 것은 아니다. 눈앞에 구체적인 모습이 보일 듯이, 귀에 소리가 들린 듯이, 손끝에 만져실듯이, 혀로 맛을 보고 코로 냄새를 맡을 수 있듯이 그렇게 쓰도록 애써야 한다. 물론 쉽지 않은 노릇이다. 이렇게 우리네 뇌의 오관을 자극하는 다섯 가지 감각을 동원하게 만들려면, 평소 익숙한 표현도 또 다른 표현은 없나 끊임없이 메모하는 습관을 들여야 한다. 나아가 박지원의 〈열하일기〉같이 '신들린 글쓰기'를 쓰고 싶다면 '식스센스(육감)'까지 자극함으로써 읽는 이뿐만 아니라 귀신까지 울리고 웃기는 글을 써야 한다.

01 글쓰기란 삶 쓰기

🌿 '지금 여기 우리'의 글쓰기

　새 천 년이 시작되면서 대학가를 비롯한 학교 교육에서 글쓰기에 대한 관심이 많이 늘어났다. 한편으로는 청소년기의 자기표현방식으로, 더욱 중요하게는 대학 입시과정의 변별력 평가수단인 논술이란 또 하나의 문턱으로, 나아가서는 회사 입사 이후의 문서 기안과 프레젠테이션의 도구로 글쓰기가 예전에 없이 중요해졌다. 졸업한 제자들이 글쓰기와 의사소통을 제대로 배우지 못했다고 하소연하는 것을 듣곤 한다. 도대체 학교에서 무슨 글쓰기를 어떻게 배웠기에 사회생활을 하는 과정에서 자기 의견 하나 제대로 표현하지 못하며 동료들과 소통하는데 지장이 생기고, 회사의 기안, 제안서나 제품 설명서 하나 똑 부러지게 쓰지 못하냐고 혼나곤 한단다.
　글쓰기가 중시된 것은 당장 생활에서의 필요성이란 실용적인 측면도 있겠지만 역설적으로 내면 성찰이 절실해졌다는 세태도 배경이 된다. 가령 남들이 뭐라 하든 돈만 많이 벌어 행복하게 잘 살기만 하면 된다는 신자유주의 가치관이 널리 퍼진 탓에, 그런 세태일수록 인간다운 본질이 무엇이고 어떻게 살 것인가에 대한 근본적인 질문이 필요해진 것도 글쓰기가 절박해진 이유라 하겠다. 한편으로는 인문학의 위기를 실감하면서 또 한편으로는 눈이 휘둥그레질 정도의 엄청난 속도로 발달하는 정보통신혁명을 통한 뉴미디어의 세례를 듬뿍 받으면서도 글쓰기를 통한 자기 돌아봄과 글쓰기 자체에 대한 내재적인 반성이 요구되는 시점인 것이다.

지은이는 1987년부터 지금 이 순간까지 서른 해 넘게 학교에서 글쓰기를 가르쳤다. 언젠가 지인에게 이런 편지를 보낸 적이 있다.

> 지난 반평생 동안 내가 주로 한 일은 먼저 산 사람들의 영혼이 담긴 글을 읽고 그에 대한 내 생각을 말하고 그걸 글로 쓰는 일이었어. 책을 읽고 영화를 보고 글을 쓰고 글쓰기를 가르치는 일로 평생을 바쳤던 거지. 거기서 살붙이들의 밥값과 땔감을 얻고 이름도 알리고 그러다보니까 시나브로 게을러도 기본은 생기는 자리에 이른 셈이지. 또래 남들보다 조금 먼저 시작해서 아주 늦게 많이 지쳤을 때쯤, 아니, 지친 게 아니라 포기한 담에 뜬금없이 글쓰기 교수가 된 거지.

그런데 부끄럽게도 글쓰기와 글쓰기 교육의 이론에 대한 학문적인 탐구와 폭넓은 연구를 하지 못했다. 참으로 다양한 방식으로 학생들에게 글 읽기와 글쓰기를 가르쳤지만 이론에 충실하지 못한 채 숱한 시행착오를 거듭하는 임상실험만 다람쥐 쳇바퀴 돌 듯 반복해왔다는 반성을 하게 된다.

그러다가 글쓰기교실을 본격적으로 꾸려온 최근 이십 년 동안 글쓰기란 무엇이며 과연 어떻게 가르치는 것이 좋은가를 연구하고 현장 실습하면서 많은 고민을 하게 되었다. 관련 연구모임과 학회에서 여러 학교의 현황과 실태에 대한 정보를 교환하고 이 분야의 선구적인 학자/교수들에게 배움을 요청하기도 했으며 그들이 추천하는 외국의 사례를 열심히 번역하고 특강까지 귀동냥을 다닌 적도 있었다. 심지어 너도나도 선진국으로 글쓰기 이론과 교육 현장을 찾아 '신사유람단'처럼 다녀온 분들이 우리도 그렇게 '선진모델'을 따라야 한다고 목청을 높이면 선뜻 동의하기도 하였다.

현재 대학가에서 이루어지는 글쓰기 이론의 원천은 대개 미국 등 서구의 수사학(rhetoric)에서 기원을 찾는다. 서양에선 중세 이후 자유로운 교양인이 되기 위한 '삼학(三學, Trivium)'이 레토리케의 원천이 되었다. 이른바 자유교양은 법학·의학·신학 등 생계 수단을 위한 전공학문의 전제·기초가 되기도 하지만, 이와는 달리 경제적이고 공리적인 필요나 강제로부터 '자유로운' 교양·기초, 정치·사회생활에 참가하는 '자유인'에 어울리는 교양·기초를 의미하기도 했다. 즉, 어법과 문법, 거기에 문예비평, 언어학을 더해 '문법(grammatica)'이란 한 축을 세우고, 반대쪽에 '변증술 또는 논리(dialectica, logica)'와 '수사학(rhetorica)' 등 두 축을 합쳐 셋이 솥발처럼 모여 교양·기초가 된다는 것이 삼학의 원리라 한다. 서양의 오랜 전통을 이어받은 오늘날의 선진국형 라이팅센터

의 운영방식과 최신이론을 받아들여 한국의 교육 현실에 맞게 '창조적으로 수용'하는 것이 대세이다.

그래서 선진국 글쓰기교실의 안정적인 운영과 관련 학자들의 저서 『글쓰기의 문제해결 전략』, 『학술적 글쓰기 : 과정과 전략의 탐색』 등 성공적인 선례 덕분에 우리나라 대학 글쓰기 교육도 진일보할 수 있었다.

가령 I. 레키의 『학술적 글쓰기 : 과정과 전략의 탐색』(1998)은 학술적 글쓰기를 배우는 학생들에게 한 편의 글 같은 텍스트 생산을 위한 전략과 학술적 상황에서 독자를 위해 텍스트를 준비하고 다듬기 위한 전략을 개발하도록 도움을 주는 친절한 안내서로 생각된다. 글쓰기를 배우는 미숙한 지은이는 글 한 편을 쓰는 텍스트 생산을 위하여 정해진 절차를 거쳐야 하며 이 과정 자체에 대한 소개가 필요하다. 즉 종이 위에 아이디어를 생성하고 탐색하며, 적절한 피드백과정을 찾아 이러한 아이디어 구상을 다듬고 수정하는 것 말이다. 또 학술적으로 요구되는 격식, 규격을 정확하게 지키는 법을 배우는 것도 필요하다.

학생들은 절차에 따라 글을 쓴다. 즉, 쓰기 일지(저널)를 통해 자신의 아이디어를 탐색하고 텍스트를 생성하는 다양한 기술을 실습하고 동료들로부터 자기 글쓰기에 대한 동료 평가(피드백)를 도출하는 방법과 평가 기준을 배운다. 마지막으로 학생들은 자신의 아이디어가 글에 잘 표현되었는지 알기 위하여 각각의 글쓰기 형태[文種, 장르]에 알맞은 기술적이고 문법적인 정확성에 맞춰 수정한다.

지은이가 글쓰기를 가르치는 교육 현장만 해도 지난 2005년 이후 대대적인 교재 개편 및 강의 운영방식의 개혁이 이루어졌다. 흔히 '교재 편찬위원회' 이름으로 국어국문학 관련 논문과 작품 위주로 편찬되었던 국어강독 교재와 맞춤법, 띄어쓰기, 실용문 쓰기, 논문작성법 등이 혼재되었던 중구난방식 작문 교재 체재(體裁)를 공동연구 끝에 새롭게 전면 개편하였다. 종래의 '읽기/쓰기' 교재라는 단선

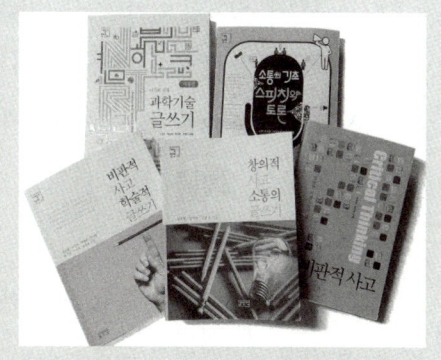

적인 이원체재에서 '읽기/쓰기'가 결합된 '글쓰기 기초/학술적 글쓰기' 교재에 '말하기' 및 '이공계를 위한 쓰기와 말하기' 교재가 추가된 다원적인 체재로 바뀐 셈이다. 〈창의적 글쓰기〉에선 '과정 중심 글쓰기 교육'이론[1]과 '눈높이 교육관'이 결합된『창의적 사고 소통의 글쓰기』,[2] 〈학술적 글쓰기〉에선 '요약-논평-논술' 등 '학술적 글쓰기 프로그램(Academic Writing Program, AWP)'[3]에 따른 단계별 글쓰기 과정을 수행하는『비판적 사고와 학술적 글쓰기』, 〈스피치와 토론〉에선 스피치(speech, public speaking)와 발표(presentation), 토론(argumentation, debate)의 이론과 실제 및 수업 진행프로그램을 담은『스피치와 토론』,〈과학기술 글쓰기〉에선 이공계 학생을 위해 공학교육인증제(ABEEK) SW시스템에 맞춘 과학기술 위주의 글쓰기와 커뮤니케이션 교재인『과학기술 글쓰기』등이 출간되어 교재로 사용되고 있다.[4] 이는 대체로 글쓰기 교육에 앞장섰던 미국 주요 대학과 그 성과를 이전부터 창조적으로 수용한 연세대, 숙명여대, 가톨릭대 등의 사례를 참조한 것이다.[5] 강의 운영방식도 획기적으로 바뀌었다. 종전에 대학가에서 흔히 하듯 강의 주관학과가 주로 초빙 강사에게 교양 강의를 일임한 채 자유방임적으로 개별 운영시키거나 반대로 공통진도, 공통시험 등을 통해 외형적 관리 정도만 신경 썼던 것과는 달리, 학부대학의 강력한 구심점 아래 모든 강의가 질 높은 수준을 유지할 수 있도록 '상향 평준화'되었다. 전담교원을 중심으로 한 교강사 워크숍 등을 통한 공동 수업계획과 진도, 수업방식의 공유와 자체평가, 교재 개편 등이 수시로 이루어졌다. 수강생들의 조별 발표와 토론, 그 과정에 대한 글쓰기와 결과물에 대한 일 대 일 대면(對面) 첨삭지도(글쓰기컨설팅) 등 피드백이 원활하게 수행되고 있다.

그런데 이상하다. 글쓰기 이론을 공부하면 할수록, 서구 선진국의 선례를 적용하면 할수록 머리는 맑아졌으나 가슴은 싸늘하게 식어갔다. 교실에서 만나는 학생들, 풋풋한 새내기들에게 풍기는 청춘의 빛난 눈동자로부터 내 마음의 문이 조금씩 닫히고 영혼의 교감에서 멀어지는 것을 어렴풋이 느끼게 되었다. 지금보다 훨씬 이론에 무지했을 때도 학생들의 글을 읽고 거기 담긴 젊은 영혼들의 속 떨림과 가슴 무너짐, 세상에 대한 원망과 절규에 함께 공감하며 그들과 나눴던 술잔과 닦아줬던 눈물자국들이 가슴을 벅차게, 마음을 푸근하게 했던 기억들이 많았다. 이유가 무엇일까?

이때 문득 사부님의 칼날 같은 말씀이 떠올랐다. 대학에서 글쓰기를 가르치는 교수자들이 외국의 교재를 번안해 임기응변의 술책이나 가르치려고 하는 얄팍한 생각을 버리고 조상 전래의 지혜와 다시 만나야 한다는 충고가 새삼 뒤통수를 후려쳤다. 지은이는 그동안 자리에 연연해서 '지금 여기 우리'

---

1 '눈높이 교육'이란 종래의 교수자 중심이 아니라 학습자의 자기주도적 학습을 도와주는 '학습자 중심 교육' 이론을 일컫는 말이다. 또한 전통적인 '결과 중심 글쓰기 교육'의 문제점을 지적하고 그 대안으로 '과정 중심 글쓰기 교육'을 제창한 이론서로는 린다 플라워, 원진숙 외역, 『글쓰기의 문제해결전략』(동문선, 1998) ; 이재승, 『글쓰기 교육의 원리와 방법』(교육과학사, 2002)이 대표적이다.
2 김경훤·김미란·김성수, 『창의적 사고 소통의 글쓰기』(초판/개정3판), 성균관대출판부, 2012/2016.
3 '비판적 사고와 학술적 글쓰기'에 대한 이론 정립은 김영정, 「비판적 사고와 학술적 글쓰기－서울대 교수학습개발센터 글쓰기교실 연구노트 3」, 김영정 외, 『오란디프 논술』(오란디프, 2003)에서 쉽게 볼 수 있다. 김영정은 비판적 사고의 9요소와 9기준을 제시하고 학술적 글쓰기의 5단계 학습법을 제창하였다.
4 원만희 외 6인 공저, 『비판적 사고 학술적 글쓰기』(성균관대출판부, 2014) ; 이상철 외 3인 공저, 『스피치와 토론』(성균관대출판부, 2014) ; 박상태 외 3인 공저, 『과학기술 글쓰기』(성균관대출판부, 2015).
5 이러한 선진국 사례를 가장 충실하게 받아들여 최선의 대학글쓰기 교육용 워크북을 만든 교재의 대표적 성과로 김성수 외 공저, 『대학 글쓰기』(삼인, 2014)를 들 수 있다.

의 글쓰기조차 서구식 레토릭(Rhetoric)의 이념과 작문(writing ; composition)의 패러다임에 스스로를 가두고, 교실에서 그토록 학생들에게 강조했던 자유로운 사고를 진정으로 실천하지는 않았던 혹은 못했던 것이다.

🌿 선진국 사례도 참조하고 조상의 지혜도 되살리고

선진국의 글쓰기 교육 사례를 따르는 것도 중요하다. 하지만 거기에 안주하는 것은 옳지 않다. 다음 인용문처럼 글쓰기의 역사와 원리를 탐구하고 그 결과를 교육에 적용하는 인문학도의 사명을 게을리 하지 말았어야 했다.

글쓰기 지도는 인문학문이 맡아야 하는 일거리이다. 대학입시를 위한 논술, 대학 입학 후의 작문을 가르치면서 인문학문 전공자들 상당수가 생업을 얻는 것은 다행스러운 일이다. 잘 해서 신뢰와 평가를 얻고 인문학문에 대한 평가를 높여야 한다.

새로운 요구가 갑자기 나타나 감당하기 어렵다고 하는 것은 잘못된 판단이다. 인문학문은 언제나 글쓰기를 긴요한 과제로 삼아 이론과 실제 양면에서 이룬 바가 많다. 무용하게 되었다고 여겨 버려두었던 그 유산을 이어받아야 한다. 외국의 교재를 번안해 임기응변의 술책이나 가르치려고 하는 얕팍한 생각을 버리고 조상 전래의 지혜와 만나야 한다.

글쓰기가 격식화하고 볼만한 내용이 없는 것을 옛 사람들은 극력 경계했다. 논술 교육이 요령 일러주기로, 대학 작문이 형식 갖추기로 타락하면 인문학문에 대한 불신을 조장한다. 기술을 존중하고 표준화를 능사로 삼는 것은 인문학문의 정신과 어긋난다. 비판정신과 창조력이 삶의 자세 또는 인격의 전반적 향상과 더불어 바람직하게 갖추어져야 글을 잘 쓸 수 있다. 글쓰기 교육은 전인교육이다.

이런 말 몇 마디를 하고 말면 되는 것은 아니다. 글쓰기는 교육만 있고 연구는 없는 잘못을 시급히 시정해 근본을 다져야 한다. 제도 개선이 당장 요구된다. 학사과정에서 박사과정까지에 글쓰기 과목을 개설하고, 전공하는 교수가 스스로 연구한 성과를 근거로 수준 높은 강의를 하면서 더 나은 후진을 양성해야 한다.

정서법을 알면 글을 잘 쓴다. 문법에 맞게 쓰면 글을 잘 쓴다. 논리를 갖추면 글을 잘 쓴다. 이것은 모두 잘못된 말이다. 최소한의 필요조건이나 들고 충분조건은 외면하기 때문이다. 정서법·문법·논리를 알아 가르치면 글쓰기 교육을 잘 할 수 있다는 얕팍한 생각에서 벗어나 글은 무엇이며 어떻게 써야 하는가에 관한 본격적인 탐구를 해야 한다.

글쓰기의 역사와 원리를 함께 알아야 한다. 국문으로 쓴 것만 보아서는 많이 모자란다. 한문에서 이룩한 글쓰기의 이론과 실제를 광범위하게 찾아내 깊이 연구해 오늘날 필요한 것으로 재창조하는 것이 긴요한 과제이다. 외국의 선례를 널리 살펴야 하는 것은 물론이다. 근래 영미에서 나온 교본이나 보고 본뜨려고 하면 일을 망친다.

글이 무엇인지 알아야 글을 제대로 쓴다. 좋은 글을 놓고 왜 좋은지 살피고 따지면 얻는 바가 있다. 살피고 따지는 기준이 무엇인가 알아야 한다. 알아야 할 것을 알려면 도를 닦아 깨닫는 과정을 거쳐야 한다.[6]

대학에서 글쓰기를 가르치면서도 그 역사와 원리, 글쓰기 교육의 이론과 실제에 대한 깊은 탐구에 소홀한 것을 반성한다. 분명 오늘날은 근대학문의 이성 중심에서 근대를 넘어선 탈근대 학문의 감성적 통찰로 나아가는 경계에 와 있다. 그런데도 학생들의 '가위손' 표절을 근절하도록 하면서 내 자신은 선진국 사례에서 벗어나 진정 자유로운 발상과 창조적 사고는 엄두도 내지 못했다. 글쓰기가 하나의 학문으로 바로 서려면 독자적인 체계화 노력이 필요하다. 그 기초가 되는 창조성은 선진국 사례로 만리장성을 쌓는다고 될 것이 아니다. 우리보다 먼저 글쓰기를 잘 가르친 선진 사례를 얼마든지 원용하면서도 잠시 외면했던 우리네 전통과 함께 교육현장에서 변증법적으로 결합시키는 현실적 노력이 필요하다는 생각을, 차마 하지 못했거나 일면서도 실천하지 못했다.

---

[6] 조동일, 『세계·지방화시대의 한국학(5) 표면에서 내면으로』, 계명대출판부, 2007, 98~100쪽.

> **깊이읽기**
>
>
>
> 지은이는 1987년부터 성균관대의 교양국어, 작문, 언어 표현과 실제, 어법과 작문을 거쳐 2015년부터 '창의적 글쓰기' 여행과 글쓰기'를 가르치고 있다. 1990년부터 상명대의 대학국어, 대학작문, 독서와 토론, 서울시립대의 교양국어, 작문, 세종대의 교양국어, 서울여대의 교양국어 등을 가르쳤던 적도 있다. 그리고 그 과정에서 만난 '수강생 / 학생 / 제자'와의 영혼의 대화 보고서 중의 일부를 책으로 중간 보고한 바 있다. 『교실에서 세상 읽기』(초판 1994, 개정판 1998), 『우리 소설 토론해 봅시다』(1995), 『여간내기의 영화교실』(초판 1996, 제3개정판 2003), 『창조적 사고, 개성적 글쓰기』(초판 2005, 개정판 2006), 『창의적 사고 소통의 글쓰기』(초판 2012, 개정판 2016), 등이 그 중간 보고서라 하겠다. 국어, 문학, 영화 관련 강의 시간에 학생들과 소설, 영화, 대중문화 텍스트를 읽고 감상하며 토론한 과정의 기록들이다. 텍스트를 단지 혼자 읽고 보고 느끼는 데 그치거나, 참고서, 해설서, 언론매체, 인터넷에 의지해 정답과 모범 답안을 찾는 종래의 수용 방식을 버리고 여럿이서 함께 의견을 나누면서 감상하고 이해를 높여보자는 의도를 담았다. 문학예술의 목적이 일정한 틀에 맞춰 정답이나 모범 답안을 찾는 작업이 아니라 인생의 다양한 모습이나 생각의 형상화라면, 문제 제기를 통한 텍스트의 난상토론 방식이 올바른 감상과 이해에 더 큰 도움이 될 것이라는 믿음의 산물이다. 이 책 『프랑켄슈타인의 글쓰기』(초판 2009, 개정판 2018)도 그러한 일련의 저서작업의 연장선상에서 나왔다. 또한 앞으로 책으로 내고자 준비 중인 〈문학이란 도대체 무엇인가〉, 〈소설을 어떻게 읽을 것인가〉, 〈문학사는 개인사〉 등의 예고편이기도 하다.

지은이는 1987년부터 지금 이 순간까지 서른 해 넘게 글쓰기를 가르쳤고 가르치고 있다. 보람도 있었고 후회도 많다. 하지만 다시 스스로에게 물어본다. 글쓰기란 무엇인가? 이 물음은 다시 바꾸면 "지금 여기 우리네 삶에서 내게 글쓰기가 무슨 의미가 있단 말인가, 도. 대. 체?"로 변환시킬 수 있다. 중요한 것은 '도대체'의 내용이다. 하지만 이러한 상황에서 우리는 좀 더 구체적으로 왜 글을 써야 하는지, 또 어떻게 써야 하는지 깊이 있게 따져보지 못하였다.

교육현장에서도 학생들이 글을 쓰기에 앞서 먼저 인식하고 있어야 할 개인적인 관심과 특성, 그리고 말과 글의 차이, 언어의 차이, 문화적 차이에 대하여 주도면밀하게 고려하지 못한 채 글쓰는 방법만을 일종의 기술, 테크닉과 스킬로 가르쳐왔다. 글쓰기와 관련된 논술, 비판적 사고, 학술 글쓰기, 첨삭 지도 같은 용어가 일상어가 되다시피 한 세태에 부응한다는 평계거리가 없지 않았지만 말이다.

수학 능력을 테스트하는 대학 입학논술시험에 나타나는 지문들은 대부분 서양학자들의 텍스트이다. 또한 대학의 교양과정에서 진행되는 학술적 글쓰기나 토론 수업에서 비판적 사고의 요소와 속성에 대한 수업은 논리학과 미국에서 사용하는 비판적 사고(Critical Thinking)의 수업 방식을 여과 없이 수용하여 이루어지고 있다. 하지만 실제 수업에서 비판적 사고와 학술적 글쓰기가 학생들에게 이론으로 어렵게 다가서는 데 그치고 실질적인 글쓰기와 삶을 성찰하는 데 쓸모가 적다면 문제이다. 이러한 문제점은 언어와 사유, 세계관과 논리에 대한 현실적 안목보다 과학기술담론과 비슷한 방식으로 인문학적 교양을 틀 속에 가두도록 훈련시킨 결과가 아닐까 한다.

이제 글쓰기에 대한 근본적인 반성과 더불어 '지금 여기 우리'가 지향해야 할 글쓰기가 무엇이며 어떻게 가능한 것인지 고민해야 할 시점이다. 무조건 맘 편하게 선진국 사례를 창조적, 비판적으로 도입·수용·변형하는 것이 능사가 아니다. 글쓰기를 먼저 가르치고 교육시스템으로 정착시켜 교본·문범(매뉴얼)을 제시한 선진국 사례는 참고사항이지 중심이 되어선 곤란하다는 생각이다. 왜냐하면 우리는 모국어와 자국문자를 가진 국가 구성원이기 때문이다. 자국어를 가진 나라 사람은 이 점에서 행복하다. 모국어로 자기 문화를 체득하되 전 지구적 시야 속에서 글쓰기로 자기 생각을 나타낼 수 있으니 인간과 세계에 대한 통찰의 폭과 깊이가 가늠하기 어려울 정도로 뻗어나갈 수 있기 때문이다.

발상을 바꿔보자. 근대화 백여 년 동안 별반 중요하지 않다고 외면했던 동아시아적 전통에 기초한 조상들의 글쓰기 사례도 선진국 선례와 더불어 참조하는 것이 생산적이리라. 선진국의 교재를 번안해 임기응변의 기술을 가르치려고 하는 비교적 쉬운 길만 따를 것이 아니라 조상 전래의 지혜와 다시 만나야 한다. 이를테면 조선 후기 박지원의 글쓰기 전략을 잘 보여주는 「소단적치인(騷壇赤幟引)」을 다시 읽고 거기서 지혜를 찾아보도록 하자.

박지원은 '법고(法古)'로 대변되는 의고주의(擬古主義) 문풍과 '창신(刱新)'을 주장하는 공안파(公安派) 문학을 모두 비판하고, 옛글을 본받되 이를 자기 시대에 맞게 창조적으로 변용시켜야 한다는 '법고창신(法古刱新)'의 글쓰기론을 주장한 바 있다.[7] 법고창신은 18세기의 낡아빠진 글쓰기론이 아니다. 21세기를 살아가는 우리에게도 여전히 유용하다. 특히, 글쓰기와 관련하여 남긴 다음 글은 오늘날 선진국 이론에 경도된 글쓰기(교육) 이론을 다른 방식으로 보완하는 데 시사하는 바가 적지 않다.

---

[7] 朴趾源, 『燕巖集』 권1, 「楚亭集序」 참조.

글을 잘 짓는 자는 아마 병법을 잘 알 것이다. 비유컨대 글자는 군사요, 글 뜻은 장수요, 제목이란 적국이요, 고사(故事) 인용이란 전쟁터 진지를 구축하는 것이요, 글자를 엮어서 구절을 만들고 구절을 모아서 문장을 이루는 것은 대오를 이루어 진을 치는 것과 같다. 운율에 맞추어 읊고 멋진 표현으로 빛을 내는 것은 징과 북을 울리고 깃발을 휘날리는 것과 같으며, 문구 앞

박지원의 '국죽도'와 초상화

뒤의 조응이란 봉화요, 비유란 유격이요, 억양 반복이란 맞붙어 싸워 서로 죽이는 것이요, 주제를 소화하여 마무리하는 것은 먼저 성벽에 올라가 적을 사로잡는 것이요, 함축을 귀하게 여기는 것이란 늙은이를 사로잡지 않는 것이요, 여운을 남기는 것이란 군대를 정돈하여 개선하는 것이다.

무릇 장평(長平)의 병졸은 용맹함이 옛적과 다르지 않고 활과 창의 예리함이 전날과 변함없지만, 염파(廉頗)가 거느리면 승리할 수 있고 조괄(趙括)이 거느리면 자멸하기에 딱 좋다. 그러므로 용병 잘하는 자에게는 버릴 병졸이 없고, 글을 잘 짓는 자에게는 따로 가려 쓸 글자가 없다. 진실로 좋은 장수를 만나면 호미자루나 창자루를 들어도 굳세고 사나운 병졸이 되고, 헝겊을 찢어 장대 끝에 매달더라도 사뭇 정채를 띤 깃발이 된다. 진실로 이러한 이치를 터득하면, 아랫것들의 상스러운 입말도 오히려 학교에서 가르칠 수 있고 동요

1. 글쓰기란 삶 쓰기 27

나 속담도 고상한 말에 속할 수 있을 것이다. 그러므로 글이 능숙하지 못한 것은 글자의 탓이 아닌 것이다.

바야흐로 자구(字句)가 우아한지 속된지나 평하고 글 체재[篇章]의 우열이나 논하는 자들은 변통의 임기응변과 승리의 임시방편을 모르는 자들이다. 비유하자면 용맹스럽지 못한 장수가 마음에 미리 정해 놓은 계책이 없는 것과 같아서, 갑자기 어떤 제목에 부딪치면 우뚝하기가 마치 견고한 성을 마주한 것과 같으니, 눈앞의 붓과 먹이 산 위의 초목을 보고 먼저 기가 질려 버리고 가슴속에 기억하면 외던 것은 마치 전장에서 죽은 군사가 산화하여 모래밭의 원숭이나 학으로 변해버리듯 모두 흩어질 것이다.

그러므로 글을 짓는 사람은 항상 스스로 논리를 잃고 요령을 깨치지 못함을 걱정한다. 무릇 논리가 분명하지 못하면 글자 하나도 써내려가기 어려워 항상 붓방아만 찧게 되며, 요령을 깨치지 못하면 겹겹으로 두르고 싸면서도 오히려 허술하지 않은가 걱정하는 것이다. 비유하자면 항우가 음릉에서 길을 잃자 자신의 애마가 앞으로 나아가지 않는 것과 같고, 물샐틈없이 전차로 흉노를 에워쌌으나 그 추장은 벌써 도망친 것과 같다. 진실로 한마디 말로 정곡을 찌르기를 눈 오는 밤에 채주(蔡州)에 쳐들어가듯이, 한마디 말로 핵심을 뽑아내기를 세 차례 북을 울려 관문을 빼앗듯이 할 수 있어야 하니, 글을 짓는 방도가 이 정도는 되어야 지극하다 할 것이다.[8]

---

8 朴趾源, 『燕巖集』 권1, 「騷壇赤幟引」.

연암이 글쓰기를 병법에 비유한 것과 같이 글을 쓴다는 것은 치열한 삶의 실존을 보여준다. 이렇듯 글쓰기를 전장과 전투로 빗대고 비유법의 위력을 게릴라전에 비유한 박지원의 탁월한 상상력에는 소름이 쫙 끼친다.

지금까지 소개한 최신 선진국의 글쓰기 이론과 250년 전 조상의 글쓰기 전략을 비유한 글을 보았다. 이를 통해 글쓰기란 자기 생각을 표현하는 데 그치는 것이 아니라 기존의 낡은 생각과 삶, 나아가 세상을 바꾸려 애쓰는 데까지 그 의미를 확장할 수 있다.

그 의미를 더 따져보고 생각을 정리해보자.

글쓰기가 지식 주입이 아니라 생각과 삶을 바꿔보려는 태도 문제라는 사실이다. 참된 글쓰기란 지식을 열심히 암기하는 식으로 공부 열심히 해서 성적만 잘 받으면 끝나는 것이 아니다. 배운 지식으로 세상에 기여해야 한다는 말이다. 그러려면 지식을 무조건 받아들이기만 할 것이 아니라 그것을 비판적으로 걸러내고 현실에 응용하고 적용할 수 있어야 한다. 스마트폰과 인터넷을 통해 시시각각 쏟아져나오는 엄청난 양의 정보 바다 가운데서 이치에 맞고 실제 삶에 쓸모가 많은 정보를 선별할 수 있는 비판적 사고의 능력이 필요하다. 나아가 기존 정보를 바탕으로 그를 가공하여 새로운 지식을 산출할 수 있는 창의적 사고까지 갖춰야 한다. 주어진 정보와 지식을 비판적으로 검토하고 스스로 새로운 지식을 창출하며, 가능하면 철학적 진리(에피스테메)까지 탐색하면 더 좋다. 이는 결국 내게 주어진 현 상황 속에서 핵심적인 문제를 찾고 그 문제를 해결하는 방법적 성찰 능력에 귀착된다.

바람직한 글쓰기는 좋은 내용을 제대로 된 형식에 담는 것이다. 글쓴이가 의도하는 바를 읽는이가 제대로 파악하여 공감할 수 있게 써내면 된다. 흔히 글쓰기교육을 통해 사고력과 표현법, 수사법이나 글쓰기 기교(스킬, 테크닉)를 가르치려는 경우가 많다. 그러나 수사학이나 표현기교는 전통적인 글짓기(작문)의 중심이지 '삶을 바꾸는 새로운 글쓰기'의 본령은 아니다. 그렇다고 글의 내용만 좋으면 되는 것도 아니다. 아무리 무궁무진한 훌륭한 착상, 좋은 내용이라도 상대가 알아듣게 적절하게 표현되지 못하면 읽는이에게 그 내용을 제대로 전달하지 못하게 된다. 결국 창의적이고 합리적인 생각을 상대가 쉽게 알아채도록 말하듯이 문장을 풀어가는 것이 바람직한 글쓰기라 할 수 있다.

🍃 글쓰기 거울에 비친 자화상

글은 생각, 즉 사고의 산물이다. 물론 사고의 결과가 곧바로 글이 되는 것은 아니다. 생각하는 바의 100분의 1도 말로 다하기 어려우며 말한 것의 100분의 1도 글로 정리하기 힘든 것이 사실이다. 글을 쓰려면 논리적·창조적 사고의 결과를 정확하고 정연하게 표현하는 과정을 거쳐야 한다. 그 과정이 바로 글쓰기이다. 글쓰기 능력은 사고의 결과를 정확하게 표현할 수 있는 능력이라고 할 수 있다. 이런 점에서 글쓰기는 '생각 쓰기'라고 하겠다.

그런데 뭔가 맘대로 글을 써보라고 요구받을 때 많은 사람들은 "난 쓸게 없어!"라고 말하곤 한다. 정말 쓰고 싶은 글이 없다면 사실은 생각이 없는 것과 같다. 즉 "나는 아무 생각도 하지 않아, 난 뇌가 없는 무뇌아야."

라고 소리치는 것과 같은 것이다. 그런 만큼 쓸 게 없단 말은 생각이나 뇌가 없다는 것이 아니라, '쓰기 싫다', '독자와 소통하고 싶지 않다', '날 그냥 내버려둬…'의 다른 표현이리라 짐작된다.

따라서 글쓰기는 내 마음의 문을 여는 것이다. 세상과 대화하는 일이다. 우리는 글을 통해 세상의 많은 일과 다양한 현상에 대해 눈뜨게 된다. 때로는 세상과 소통하면서 삶에 대한 끊임없는 성찰의 계기로 삼기도 한다. 또 삶에 대한 성찰을 내면화하는 데 그치지 않고, 글을 통해 그 일부를 세상에 드러내기도 한다. 그러므로 글쓰기는 나의 삶과 남의 삶에 대해 진지하게 대화하며, 글을 읽는 상대방 입장까지 헤아려야 하므로 글 쓰는 자체가 독자를 배려하는 일이다.

글을 쓴다는 것은 문자를 통하여 사실이나 생각을 말하는 것이며 지속성을 갖고 담화의 상대에게서 자신을 새롭게 발견하는 것이다. 글을 쓴다는 것은 정해진 독자에 뜻을 전하는 것이기도 하지만 아직 정해지지 않은 예상 독자에게 말을 거는 것이기도 하다. 자신의 입장을 설득하는 가운데 소통의 장(field)에 참여하는 것이고, 소통의 판을 짜는 일이다. 이때 내 글을 읽을 상대가 누구인지, 어떤 사람들이기를 기대하는지에 따라 글의 성격이 규정된다. 이렇게 세상과 소통하고 상대방이 알아듣게 글을 쓰는 과정에서 새로운 의미를 발견하거나 만들기도 하며 실천하기도 한다.

글쓰기가 '의미화의 실천'이라면 글을 쓰는 과정에서 때로는 우리네 삶이 바뀌기도 한다. 결국 글쓰기는 삶에 대해 진지하게 인식하고 적극적으로 사유하는 매우 실천적인 행위라는 점에서 '삶쓰기'이기도 하다. 흔히 '글은 바로 그 사람'이란 말, 글을 읽어보면 글쓴이의 사람 됨됨이를 알 수 있다는 말이 나오는 이유가 여기에 있다. 글쓰기는 삶쓰기이며, 거기에는 글쓴이의 내면이 거울처럼 비쳐진다. 거울을 보고 웃으면 거울도 우리에게 미소지어 줄 것이고, 거울을 보고 찡그리면 거울도 찡그린 모습을 보여줄 것이다.

앞에서 "글쓰기는 생각쓰기이자 삶쓰기"라 했는데, 이때 글이 생각'을' 쓰고, '삶'을 쓰는 데 그치지 않고 '생각쓰기'이자 '삶쓰기'라고 일부러 '삶'과 '쓰기'란 글자를 붙여 쓴 의도가 없지 않다. 글'을' 쓰는 것이 자동사 '글쓰기'와 동일하지 않듯이, 생각'을' 쓰고, '삶'을 쓰는 타동사 '글을 쓰기'와 자동사 '생각쓰기' '삶쓰기'가 동일한 내포를 가질 수는 없다는 생각이다.[9] 즉 글이 어떤 다른 생각을 전달하고 표현하는 도구에 그치는 것이 아니라, 글쓰기 자체가 사고과정의 향상에 실질적으로 기여한다는 점에서 새로운 의미와 가치를 만든다는 점에서 생각쓰기라 한 것이다. 마찬가지 논리로 글쓰기 자체가 한 인간의 성장이나 삶의 질적 변화에 실질적으로 관여하는 점에서 글쓰기란 '사람됨(MenschenWerden)'의 한 과정이라고 할 수 있다. 삶쓰기가 단지 삶이라고 하는 '인간과 생활'의 기록'에만 그치는 것이 아니라 그를 통한 인간화과정, 의미화의 실천과정이라고 가치 부여할 수 있는 것이다.

---

[9] 롤랑 바르트가 '철학하다'와 동일한 방식으로 '문학하다'를 자동사로 주장한 것에서 힌트를 얻었다. 타동사 '문학을 하다'와 자동사 '문학하다'는 그 내포가 다르다. 롤랑 바르트는 "쓴다"는 동사가 실은 자동사로, 작가는 무엇에 "대해" 쓴다기보다 쓰는 것을 쓰는 것이라고 했다. 롤랑 바르트는 "글쓰기는 자동사인가(To Write : An Intransitive Verb)?"(1972)라는 질문을 던진다. 그에 의하면 글쓰기란 자동사, 즉 특정한 목적을 지니고 어떠한 대상을 서술하는 행위가 아닌 쓰는 행위 자체로서 존재하는 자동사다. 그에게 "글쓰기"란 독자에게 작가의 메시지를 담은 완성된 "산물"로서의 "작품"이 아니라 무한한 "생산"으로서의 "텍스트"를 넘겨준다는 것을 의미한다. 롤랑 바르트, 유기환 옮김, 『문학은 어디로 가고 있는가?』, 도서출판 강, 1998. 참조.

깊이읽기

'창조적 사고에 기초한 개성적 글쓰기'란 종래 통념처럼 단순한 문법 차원 글쓰기나 모범 문장 모방 차원이 되어선 안 된다. 대학에서의 글쓰기는 일반적인 글쓰기와 달리, 학문적 공동체 안에서 나름대로 문제를 발견하고, 규정짓고, 분석하고, 그것을 바탕으로 다른 사람에게 자신의 견해가 타당하다는 것을 설득해야 할 필요성에 따라 실행된다.[10] 따라서 글쓰기 과정이야말로 사고과정의 연속이라고 말할 수 있다. 과정 중심 글쓰기 이론에서도 쓰기과정의 주요 분석 단위를 기본적인 정신과정으로 규정하고 있으며, 글쓰기 모형을 사고를 위한 도구로 보기도 한다.[11] 여기에서 쓰기의 본질은 역동적인 의미구성행위이자 의사소통과정이며 사고력과 문제해결능력을 향상시키는 대화의 일환으로 규정될 수 있다.[12] 또한 상대를 고려한 소통행위이자 자신의 인지과정을 끊임없이 자체 조정해가는 인지전략이 요구되는 역동적인 학습활동의 종합체이다. 그렇기에 국어국문학, 철학, 커뮤니케이션학의 하위 영역이 아니라 고유한 체계와 기능을 갖는 범교과적 위상으로 정립되어야 한다.

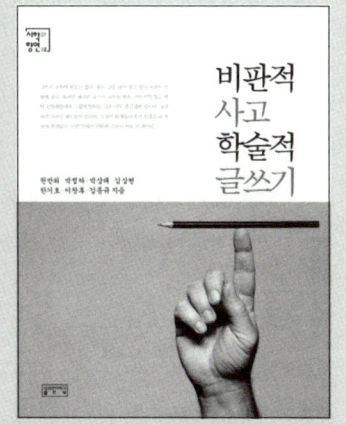

이러한 문제의식에 따라 대학의 글쓰기 강좌의 기초 설계부터 새로운 방향이 설정되었다. 먼저, 1970년대부터 40여 년 가까이 지속된 '명문(名文) 모음'이란 글쓰기 교재 개념 자체를 전면 개정하였다. 동서고금 성현, 석학의 고전적 명저와 명문, 그리고 국어국문학 관련 논문 및 작품 위주로 편찬되었던 전통적인 국어강독 교재와 거

---

[10] 린다 플라워, 원진숙·황정현 역, 『글쓰기의 문제 해결 전략』, 동문선, 1998, 31쪽.
[11] Linder Flower & John R. Hayes, "A Cognitive Process Theory of Writing," *College Composition and Communication*, Vol. 32, No. 4, Dec., 1981, p.368.
[12] 이러한 쓰기 개념의 재규정은 미국의 Linder Flower와 John R. Hayes 등이 주장한 이래 이재승에 의해서 정립되었다. 이재승, 『글쓰기 교육의 원리와 방법』(교육과학사, 2002) 참조.

리를 둔 것이다. 다음으로 종래의 '결과 중심 글쓰기 교육', 수사학적 작문교육방식을 과감히 탈피하였다. 학생들이 전범으로 삼을 만한 성현들의 글, 모범문을 교과서에 게재한 후 원문통달형 지식주입식 교육이나 반복적 모방학습을 통해 사고력과 작문능력을 신장시키는 '결과 중심 글쓰기 교육' 대신, 논술방식의 '과정 중심 글쓰기 교육', 나아가 사회구성주의이론까지 접합한 '삶을 가꾸는 실천' 중심의 교육을 지향하고자 한 것이다. 맞춤법, 띄어쓰기, 실용문, 논문 작성법 등의 교육에서도 규정을 앞세우고 거기에 학생들을 맞추는 것이 아니라 일상생활 속의 비문(非文)을 찾아 고치기라든가 대학생활에서의 다양한 글쓰기 중 하나로 보고서 작성법을 가르치는 등 '과정 중심 글쓰기 교육'을 교재와 수업방식에 적극 도입하였다.

무엇보다도 과정 중심, 삶을 가꾸는 실천 중심의 글쓰기 교육론의 취지에 맞게 명현, 석학, 대가들의 글을 대폭 줄이고 대신 학생들의 글을 절반 넘게 예문으로 실어 수업에 적극 활용하였다. 이는, 수강생들이 교재에 나온 모범 문장만 보고 따라 배우라고 반복적 모방을 시키는 것이 아니라(대개는 그 과정에서 좌절하게 되어 더 이상 글쓰기와 친해지지 않는다), 주위 친구들의 글을 보고 나도 용기를 내 써보겠다면서 글쓰기를 시도하고 그 사회적 과정 중에 중간점검, 자기평가를 하면서 다시 고쳐가는 '과정 중심 글쓰기'를 원활하게 교육시키고자 하는 의도에서 나온 것이다. 나아가 영상세대, 사이버세대인 학생들의 눈높이를 염두에 두고 만화와 인터넷 사이버 토론마당, 영화 감상문을 싣는 등 최근의 문화적 트렌드와 신세대 학생들의 실질적인 흥미를 북돋기 위한 다양한 시도도 담았다.[13]

---

13 김성수, 「대학 교양기초교육의 방향 모색과 성균관대의 글쓰기 교육-학부대학 '글쓰기와 커뮤니케이션' 교육을 중심으로」, 『교양기초교육의 새로운 모색』, 명지대학교 방목기초교육대학 심포지엄 자료집, 2006. 9. 6, 51~52쪽. 이를 논문화한 것이 김성수, 「글쓰기는 생각쓰기이자 삶쓰기-삶을 가꾸는 글쓰기교육의 이상과 현실」, 『우리말교육현장연구』 제7집 2호, 우리말교육현장학회, 2013.이다.

02 창의적으로 생각하기

🌿 가위손을 버리고 주변을 다시 보라

〈가위손〉(Edward Scissorhands, 1990)이란 영화가 있다. 가위손 에드워드는 어느 과학자가 만든 인조인간이다. 과학자가 급사하는 바람에 손 부분을 미처 완성하지 못해 기계부품 같은 가위들이 손 대신 삐져나온 기형이다. 오랫동안 산성에서 혼자 살며 지내다 우연히 세상에 나온다. 외톨이인 자기를 이해하고 인정해주는 펙과 킴 같은 사람들에겐 안정과 사랑을 느끼지만 자신의 기형적 외모와 인간들의 문화에 익숙하지 못해 생긴 실수 때문에 많은 사람들로부터는 따돌림을 당한다. 우여곡절 끝에 에드워드는 자신에 대한 극단적 혐오자로 변한 심을 실수로 죽이고 다시 고성에 갇힌 신세가 된다. 그런데도 킴은 할머니로 늙어죽을 때까지 가위손에 대한 사랑을 간직한다. 이는 우리 사회에 만연해 있는 영혼의 상처에 대한 의식적·무의식적인 편견과 감춤, 그로 인해 더욱 악화되는 상처를 보여주며, 진심이 담긴 사랑만이 극복방법임을 알게 해준다.

그런데 '가위손의 글쓰기'란 기계로 만든 인조인간에게 사랑의 힘으로 영혼을 불어넣는 긍정적인 의미로만 사용되지는 않는 모양이다. 오히려 영화와 무관하게 손에 가위를 들고 기존의 책과 신문, 잡지를 오려 붙여 숙제하기를 때우는 행위가 더 실감나게 다가오는 게 솔직한 현실이다. 많은 학생들이 초·중·고 시절에 글쓰기 숙제만 만나면 인터넷에서 '가위손' 마냥 오려서 붙였다는 고백을 한다. 대학생이 되어도 예외가 아니다. 창의적 글쓰기를 하고 싶어도 습관이 된 컴퓨터 자판에서 'Ctrl+C, Ctrl+V'를 반복해서 짜깁기하는 행위를 고치기 어렵다고 하소연한다.

상황이 이렇다면 차라리 글을 쓰지 말자. 그리고 세 번쯤 심호흡을 하고 잠시 숨을 고른다. 무조건 자판을 두드리고 문자키를 눌러 글쓰기를 서둘러 끝내려 하지 말고, 글쓰기란 무엇이며 어떤 글이 좋은 것이며 어떻게 하면 즐겁게 잘된 글을 쓸 수 있는지 차근차근 생각해보고 실행하자는 말이다. 손쉬운 짜깁기 수단인 가위손의 유혹에서 벗어나 주변 사물을 다시 보자. 평소 친근했던 대상을 다른 각도에서 다시 보고 생각도 다른 방식으로 하다 보면 새로운 아이디어가 떠오른다. 그것이 창의성이다.

글쓰기에서 가장 기본이 되는 것은 대상에 대한 새로운 인식과 그것을 바탕으로 한 창의적인 사고이다. 창의적 사고란 예전처럼 신이 불러준 것을 받아 적는 것이나 천재들의 영감에서 나오는 것이 아니다. 그리스 서사시인 호메로스가 『일리어드』 첫 줄에서 "노래하라, 뮤즈(the Muses)여!"라면서 자신에게 좋은 문학작품을 쓸 영감을 달라고 했다지만, 그렇게 만들어진 창의성이란 신화시대의 산물로 보아야 한다. 최고신 제우스와 기억의 여신 므네모신(Mnemosyne) 사이의 아홉 딸인 뮤즈도 실은 시인, 작가, 화가, 음악가, 무용가 등 예술인에게 떠오르는 영감의 원천을 일종의 인격체로 상징한 이름일 터이다.

🍃 대상에 대한 참신한 사고에서 출발해야

창의성은 이미 지각하고 있는 주변의 대상을 새롭게 인식한다는 말이다. 다시 말하면 이미 보고 듣고 알고 있던 것에서 새로운 의미를 발견하는 것이다. 모든 글쓰기는 대상에 대한 새로운 인식에서 출발한다. 대상에 대해 새로운 인식을 하라는 것은 주변의 일상에서 이미 존재하는 것 속에 감추어져 있는 이면의 비밀을 발견하는 내 마음의 눈을 뜨고, 영혼의 창을 활짝 열라는 외미이다. 흔히 볼 수 있는 소재들에서 색다른 주제를 발견해 내는 것이야말로 훌륭한 글을 쓸 수 있는 출발점이다. 이를테면 다음 그림을 눈여겨보자.

　모자 비슷한, 우리에게 친숙한 『어린 왕자(Le Petit Prince)』의 첫 장에 나오는 그림이다. 앙투안 드 생텍쥐페리가 1943년에 쓴 이 '어른을 위한 동화'의 첫 대목을 보면, 화자가 어렸을 때 나름 상상력을 발휘하여 그려낸 그림을 사람들에게 보여주는 장면이 있다. 『어린 왕자』의 모자 비슷한 그림을 보고 창의적 사고를 해보자. 뭐가 보이는가?

　맞다. 『어린 왕자』의 맨 앞부분에서 작가가 어릴 적 상상했던 것처럼 모자처럼 보이는 게 실은 '코끼리를 삼킨 보아뱀'이다. 그런데도 어른들은 모두들 그 그림을 '모자'라고만 생각하고 쓸데없는 상상을 하지 말라고 야단까지 친다. 어른들은 그 그림을 상상력이 풍부하고 순수한 어린이의 관점에서 보려고 하지 않고 겉으로 보이는 피상적인 것만 보려고 한 것이다. 순수한 마음은 무시한 채, 정형화된 틀에 박힌 사고를 하는 어른들을 비판하는 것이 원래 의도였을 것이다.

　그럼 다음 그림을 보자. 무엇이 보이는가?

그렇다. 지우개 달린 연필이다. 요즘은 많이들 쓰지 않지만 연필임에 틀림없다. 그런데 이상하다. 『어린 왕자』의 모자 그림을 보고 코끼리를 삼킨 보아뱀을 상상할 정도로 자유분방하고 탁월한 상상력을 발휘한다면 지우개 달린 연필을 보고도 수많은 상상을 발휘할 수 있어야 한다.

그런데……

그런데 말이다. 지우개 달린 연필은 왜 연필로만 보일까? 아마도 그것은 속에 다른 형상이 있을 것이라고 학습을 해본 적이 없고 『어린 왕자』 같은 '국민동화'에 나오는 유명한 그림도 아니어서 신경 써서 상상력을 발휘하지 않았으며 수능에도 나온 적이 없기 때문일 것이다. 여기서 묻는다. 과연 창의적 사고의 본질은 무엇일까? 우리는 상상력을 발휘하여 창의적 사고를 하긴 한 것일까 반성해 볼 필요가 있다. 『어린 왕자』의 모자 비슷한 그림을 보고 코끼리를 삼킨 보아뱀을 상상한 것은 창의적 사고의 산물이 아니라 학습한 결과이다. 마치 종이 울리면 침을 흘리는 파블로프의 개처럼…….

그렇다. 암기된 창의적 사고는 진정한 창의적 사고가 아니다. 창의성은 단 한 번뿐이다. 좋은 글이 창의성에서 나오는 것이라면 남이 모방할 수 없는, 복제 불가능한 분위기 '아우라'가 담긴 글을 쓸 수 있어야 한다. 명문대 입학생일수록 입시 준비 단계에서 자기 영혼이 길들여진 것은 아닌지 스스로 돌아볼 필요가 있다. 『어린 왕자』에서 여우가 어린 왕자에게 깨우쳤듯이.

우리 집 17학번 학생의 경우를 봐도 그렇다. 대입 전부터 고딩답지 않게 세계명작, 한국소설, 신문, 방송, 영화, 드라마를 많이 보고 게임도 열심히 하며 시사에 늘 관심이 많았고 창의적 사고를 즐겼다. 친구도 많았다. 공부를 잘하든 못하든 집안이 좋든 불우하든 키가 크든 작든 싸움을 잘하든 못하든 차별하지 않고 여러 친구들을 잘 배려하며 고민을 들어주는 상담사 역할도 곧잘 하였다. 그런데 책을 엄청 많이 읽고 창의적 생각은 넘치는데 논술이나 대입에서는 별로 재미를 보지 못했다. 출제자의 의도를 재빨리 파악하되 자기 속내는 잘 감추는 글쓰기를 한 암기와 흉내의 고수들이 책을 많이 읽고 친구들과의 대화를 즐기며 자유로운 상상을 펴는 동료들보다 입시 경쟁에서 앞서는 것이었다. 그 형국을 학부형 입장에서 무기력하게 바라보면서 대한민국 교육의 반어적 상황과 역설적 현실이 엄존함을 겸손하게 인정할 수밖에 없었다.

그만큼 좋은 글을 쓰기 위한 창의적 사고는 현실적으로 실현되기 어렵다. 예를 들어 보겠다. 지은이가 30여 년 동안 교실에서 자유로운 글쓰기를 과제로 받아오면서 온갖 보고서를 만났는데, 단 한 줄의 독후감을 써온 학생에게 딱 한 번 최고점(A+)을 준 적이 있었다. 지은이는 소중하게 보관할 가치가 있는 학생들의 글은 어떻게든 간직하고 있었는데, 이번에 이 책을 준비하며 증거로 제시하려 했으나 찾지 못했다. 학생들이 쉽게 컴퓨터를 쓸 수 없던 90년대 초라서 노트에 보고서를 작성한 후 원본은 본인이 간직하고 사본을 내라고 시켰던 시절이었다.

보고서 원본을 끝내 찾지 못했지만 법대생이었던 92학번 그녀의 「우상의 눈물」 독후감은 지금도 선명하게 기억한다.

"무섭다. 교수님이 무서워서 살 수가 없다."

전상국의 「우상의 눈물」(1980)은 1970년대의 고등학교 교실을 배경으로 재수파 두목인 불량학생 최기표를 선도하는 담임선생과 반장 임형우의 기만적 행태를 고발하고 있는 단편소설이다. 형우가 기표의 비참한 가정환경을 반 아이들에게 알리고 거짓된 구명운동을 함으로써 어둠의 카리스마였던 그를 무기력한 보통학생으로 전락시키는 과정을 담고 있다. 전근대적인 원시적 폭력에만 의존하는 기표의 재수파가 이성적인 근대적 합리주의 체제의 대표라 할 담임과 형우에게 권력을 빼앗기는 과정으로 해석할 수 있다. 그 과정은 인간을 위한다는 근대적 합리체제가 얼마나 비인간적 속성을 지녔는지 보여준다.

이 작품에서는 모범생이나 반장이라는 양지 쪽 체제가 불량 서클이라는 음지 쪽보다 꼭 낫다고 할 수 있을 것인가 하는 근본적 의문을 제기한다. '순진한 악마 대 교활한 천사'의 대립을 기초로 해서 "순수한 악마만이 신을 돋보이게 하기 때문에 신은 결코 악마를 영원히 추방하지 않아."라면서, 선악 이분법의 비판과 극복이라는 철학적 쟁점을 우화적으로 제기하기도 한다.

문제는 한 줄짜리 보고서를 낸 법대생의 심정이다. 법학의 이념과는 상치되는 것처럼 생각된 소설의 메시지를 깨닫고 설사 에프학점을 받더라도 자기의 헷갈리는 심정을 솔직히 토로하지 않을 수 없었던 것이다. 세상사를 판단할 때 '법대로' 해야 한다는 법대생 나름의 원칙을 근본부터 반성하라는 문학적 문제 출제자의 의도를 알아채고 순간 공포심을 느꼈으리라. 즉 졸업 전에 빨리 사법고시 패스를 통해 몰락한 집안을 다시 일으켜야 하는데, 교양과목인 글쓰기 과제로 받은 소설을 읽고 그 주제의식에 가슴이 섬뜩해지면서, 학점만 잘 받고 빨리 출세하겠다는 굳건한 의지가 일순 사알짝 흔들렸다는 뜻으로 해석되었다. 그런 연유로 소설의 주제를 드러낸 '서프라이징 엔딩'을 패러디해서 한 줄짜리 보고서를 낸 것으로 짐작되었다.[14]

"무섭다. (법대생인 내게 이런 메시지를 담은 소설 독후감을 내라는) 교수님이 무서워서 살 수가 없다."는 독후감은 20년 동안 받았던 그 어떤 탁월한 보고서들보다 지은이의 영혼을 크게 뒤흔들었던 기억이다. 문제는 여기서부터이다. 대학가에 '아름답게' 이어지는 선후배의 전통 계승의식 중 '족보 물려받기'란 게 있다. "아무개 교수는 이런 식의 특정 문제를 늘 내는데, 이렇게 답안을 쓰면 좋은 점수가 나온단다. 여기 선배들로부터 전해오는 '족보'에 있는 기출문제집과 A+짜리 보고서를 모델로 해서 리메이크, 샘플링하거라. 시험이나 학점은 걱정일랑 말고 오늘은 선배랑 술이나 먹고 죽자!" 하는 미담이다.

다음 학기인가. 학생들 사이에 한 줄짜리 보고서가 최고점을 받았다는 소문이 어떻게 났나보다. 당시엔 인터넷과 손전화가 없었는데도 입소문이

---

[14] 이런 문제의식을 가지고 학생들과 『우리들의 일그러진 영웅』류의 소설들을 모아 토론한 과정과 그 결과를 한 권의 책으로 보고한 바 있다. 김성수, 『교실에서 세상 읽기』(초판, 열린세상, 1994 ; 개정판, 대경출판사, 1998) 참조. 다만 그 책에는 이번에 소개한 법대생의 한 줄짜리 보고서 이야기는 빠졌다.

빠르게 났다. 무서운 세태다. 이번엔 박완서의 「옥상의 민들레꽃」 독후감을 과제로 냈는데, 역시 어떤 약삭빠른 학생이 한 줄짜리 보고서를 냈다.

"나도 죽고 싶었다. 어머니 때문에 차마 못했다."

게다가 스카치테이프로 타다 만 성냥개비까지 붙여 극적 효과를 더했다. 그러나 이번엔 에프학점을 주었다. 이유는, 창의적 사고와 독창적 발상은 단 한 번뿐이기 때문이다. 모방된 창의성은 진정한 창의성이 아니다. 독창성이란 복제 불가능함, 비(非)모방성을 전제하는 것이기에 당연하다.

🍃 질문도 하고 뒤집어도 보고

창의적 사고에는 여러 방법이 있다. 먼저 고정관념이나 선입견 깨뜨리기. 고정관념이나 선입견이란 "이것에는 저것"이라는 식으로 이미 보통사람들 사이에 공식화되어 있는 생각을 말한다. 사람이나 장소, 상황에 따라 가변적인 것이 아니라 이미 결정되어 있는 것이다. 선입견이나 고정관념에서 벗어나면 자신과 바깥 세계와의 관계를 자기 영혼의 힘으로 바로 볼 수 있는 계기가 마련된다. 하지만 고정관념이나 선입견을 깨려면 끊임없이 질문하고 또 질문해야 한다. 주변의 사물과 현상에 대해 끊임없이 뭐든지 질문을 던진다.

"왜냐?"

주변 것들에 의심을 가지면 그 사물을 유심히 보게 되고 그 과정에서 대상에 대해 더욱 자세한 것을 알 수 있게 된다. 잘못된 사항이나 남들이 발견하지 못한 모습을 보게 되는 것이다. 창조적 상상력은 어린아이와 같은 순진무구한 질문에서 나온다.

질문하지 않으면 호기심이 죽고 호기심이 죽으면 창의력이 실종된다. 질문은 창의성의 어머니라고 하겠다. 한양대 유영만 교수의 강의 중 좋은 예시가 있어 소개한다.

> 스탠포드대학에서 한 사람의 5세와 45세 때를 비교 연구한 적이 있는데, 그 결과가 자못 흥미롭다. 우선 5세 때는 하루에 창조적인 과제를 98번 시도하고, 113번 웃고, 65번 질문했다. 반면 45세 때는 하루에 창조적인 과제를 2번 시도하고, 11번 웃고, 6번 질문했다. 상상과 창조는 질문을 먹고 산다. 묻는 사람은 5분 동안만 바보가 되지만 묻지 않는 사람은 영원히 바보가 된다.

다음은 좋은 글을 쓰기 위하여 창의적 사고를 해야 하고 그러려면 질문을 많이 하란 지은이의 주장에 대한 반론과 답변이다. 강의용 카페의 익명 게시판에 올린 어느 학생의 반론과 푸념, 그리고 그에 대한 학생의 익명 댓글과 지은이의 익명 답변을 보면, 대한민국 교육 현장의 솔직한 상황을 미루어 짐작할 수 있을 것이다.

너무 큰 기대하지 마세요.

저는 수업시간에 질문을 많이 하는 편입니다. 뭔가 궁금한 게 있으면 참지를 못하고, 또 할 말이 있으면 꿍쳐둘 수 있는 타입의 사람이 아닙니다.
하지만 재미있는 건, 수업시간의 제 발언 빈도가 높아지면 높아질수록 학우들의 원성은 높아지고 저에 대한 비난의 강도만 거세지다. 어느새 정신을 차려보면 저는 소위 말하는 '이너서클'의 밖으로 밀려나 있더라고요.
즉, 저희가 다니고 있는 이 대학에서 창의적인 사고는 생뚱맞은 생각일 뿐이고, 지나친 '깝침', '잘난척', '부적절한 태도'로 비춰질 뿐이라고 생각합니다.
왜 그럴까요?
'젊은 세대의 창의력 말소'의 주범으로 여겨지는 기성세대와 한국의 교육체계의 중심인물들이 아닌, 경직된 교육의 피해자들이 왜 이런 행동을 일삼을까요?
그것은, 저희 세대가 경직된 사회 풍토의 피해자에서 가해자로 위치를 이동하였기 때문입니다. 저희는 이미 저희를 압박하는 틀을 깨부수는 것보다, 말도 안 되는 틀에 끼워 맞춰지기 위해서 억지로 저희의 관절을 비틀고 뼈를 부러뜨리는 일에 더 익숙해져 있는 패배자들의 집단입니다.
지금의 대학생세대에서 창의성을 기대하는 것은 지나칩니다.
너무 커다란 기대를 걸지 마세요.

> 글 쓰신 분 생각이 저와 비슷하긴 하지만 '깝침', '잘난척', '부적절한 태도'. 이건 아닌 거 같아요. '깝침', '부적절한 태도' 등 이런 것들은 분위기나 상황에서 발생하는 일인 것 같습니다. 확실히 다들 같은 교육을 받고 자라면서 자신들과 생각이 다른 사람을 보면 뭔가 생뚱맞다고 생각하는 게 당연한 게 되어 버렸습니다. 학교교육을 받으면서 모두 같은 생각과 같은 답안 같은 행동을 하게 되고 틀이 생긴 거 같습니다. 그래도 우리가 창의적 사고 수업을 들을 때만큼이라도 생각을 열고 마음을 여는 연습을 해야 차차 틀을 벗어날 수 있을 거라 생각됩니다.

> 저도 수업시간마다 질문하고 또 질문했습니다. 언제부턴가 학우들이 싫어하더군요. 진도 안 나가고 수업 빨리 끝나지 않는다고요. 난체한다고 왕따 당하고 동료들에게 피해준다고 충고 받았어요. 나중엔 선생님도 교수님도 귀찮아하더군요. 그런데 사부님은 그런 절 오히려 격려해줬어요.
> 세상에 나가자 질문 많이 하고 회의 때 말 많으면 출세가 어렵다는 걸 뼈

2. 창의적으로 생각하기

> 저리게 느꼈어요. 출제자의 의도, 윗분들 맘만 잘 헤아려 저만치 앞서간 이너서클 출신들에게 늘 뒤쳐졌어요. 전 여전히 뒤에서 질문만 하고 또 했는데, 40년 세월이 지나자 저만 남았습니다. 지금 여기요.
> 빨리 수업 끝내고 쉬어야 하는데, 집에 가야 하는데 또 질문한다고, 그래서 눈가에 피곤을 숨기지 못했던 교수님들은 학계에 족적을 남기지 않았지만, 제 질문을 끝까지 들어준 사부님은 70 나이에도 책을 내십니다. 질문한다고 절 따돌렸던 그 친구들은 지금 골프, 펀드, 부동산, 증권, 땅 투기, 바람을 피고 있겠지만 전 자식뻘 여러분 눈에서 반짝이는 빛을 봅니다. 너무 큰 기댈 하지 말란 여러분의 솔직한 창의성에 가르치는 보람을 느낍니다.

다음으로 입장을 바꿔 생각해본다. 내 입장에서만 생각하여 상대를 평가하는 것은 관점을 고정화하므로 사물이나 현상에 대한 다양한 해석을 불가능하게 한다. 사물이나 현상을 바라보는 관점을 바꾸는 것은 고정관념을 깨는 중요한 방법이다. 지금까지 보던 방향과 전혀 다른 방향에서 보기 때문에 전에는 알지 못한 새로운 것들이 차츰 보이게 된다. 고정관념을 깨는 것은 어렵다. 그러나 일단 성공하고 나면 그 다음에는 관념에 얽매이지 않는 창의적인 생각을 더욱 자유롭게 할 수 있다.

한편으로 이미 익숙한 것도 낯설게 보도록 한다. 낯설게 보기란 잘 안다고 생각하는 것, 익숙한 것들을 처음 보는 것처럼 대하라는 것이다. 고정관념이나 선입견이란 대부분 우리가 그것을 잘 안다고 생각하는 것들이다. 잘 알기 때문에 혹은 주변에 너무 흔하게 있어서 의문을 가지거나 다른 관점에서 바라보지 못한 것들이기 때문이다.

다음으로 뒤집어 생각하기. 뒤집어 생각하기는 얼핏 입장 바꿔 생각하기와 같은 것으로 생각될 수 있다. 그러나 이들은 분명히 다르다. 입장 바꿔 생각하기는 대상과 나의 관계에서 내가 대상의 입장에 서 보는 것인데 비해 뒤집어 생각하기는 기존의 틀을 벗어나 생각하는 것을 의미한다. 대상과 나의 관계를 바꾸는 것이 아니라 대상에 관계없이 생각 자체의 틀과 흐름을 전환하는 것이 뒤집어 생각하기인 것이다.

또 낱말의 뜻을 새롭게 정의하는 것도 좋은 방법이다. 흔히 잘 알고 있는 낱말을 새롭게 정의하는 것은 새로운 인식을 하는 좋은 방법이 된다. 낱말을 새롭게 정의하려면 비유하고자 하는 대상 사이의 공통점을 발견하는 것이 필요하다. 공통점 발견이 잘 되지 않으면 자신이 경험했던 것을 머릿속에 떠올리며 그와 관계된 것들을 유추해 보는 것이 필요하다. 가령 '지하철' 하면 떠오르는 땅속 기차 같은 상식적인 정의 말고 자기만의 새 개념 정의를 해보자. 누군가 "지하철은 잊어버린 짝사랑이다. 왜냐하면 기다릴 때는 간절하지만, 내렸을 때는 쉽게 잊어버리기 때문이다."라고 하는 게 한 예이다.

이런 재정의는 지하철을 설명하는 것

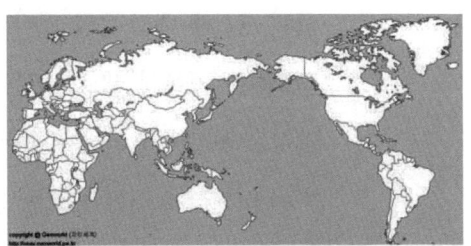

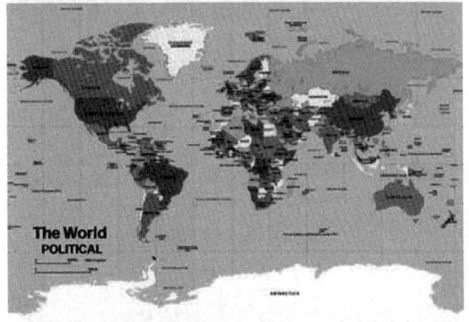

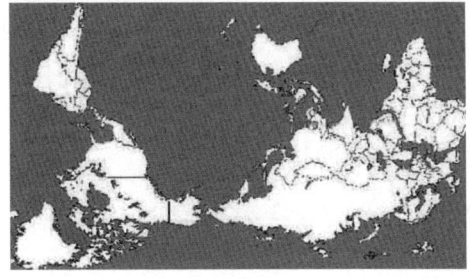

세계지도를 뒤집어 보면 고정관념이 깨지며 창의적 사고의 출발로 삼을 수 있다. 사실은 지구가 둥글기 때문에 모든 곳이 중심일 수 있으며 그 어느 곳도 중심이 아니라는 인식의 전환이 필요하다.

2. 창의적으로 생각하기　47

이 아니라 대상이 가지고 있는 특성을 공통으로 가지는 다른 어떤 대상과의 비유에 기초하고 있다. 흔히 보는 대상이거나 잘 아는 낱말의 경우 남들도 다 아는 특성에 의존하는 경우가 있다. "지하철은 시민의 발이다", "손전화(휴대폰)는 세계를 향한 왕의 귀이다"와 같은 것은 새롭다는 인상을 전혀 주지 못한다. 일반적으로 잘 안다고 생각되는 대상의 특성 가운데 남들이 생각해 내지 못할 것이라고 생각되는 것들을 중심으로 하여 정의하려 노력하는 가운데 새로운 인식은 서서히 나타나게 된다. 가령 "당신 없는 세상은 배터리 떨어진 휴대폰이에요!"가 훨씬 독창적인 정의라고 할 수 있다. 단, 대상에 대한 새로운 인식을 시도할 때 지나치게 개인적이거나 난해하고 비정상적이어서는 안된다. 창의적 사고가 설득력을 얻으려면 합리성이 뒷받침되어야 한다.

다음으로 비슷한 것끼리 연관시켜 새로운 의미를 찾아내는 유추하기가 있다. 유추란, 두 사물 사이의 유사성에 근거하여 이미 알고 있는 한 사물의 어떤 특성이 유사한 특성을 갖는 다른 사물에도 있을 것이라고 추론하는 것이다. 유추는 우리 주변에 있는 것들을 들여다보고, 그것이 무엇과 유사한가를 찾는 과정에서 이전에는 생각하지 못했던 생각들을 가능하게 한다. 다음 시를 보고 어떤 모습을 표현한 것인가 생각해 보자.

<blockquote>
이것은 소리 없는 아우성, 저 푸른 해원을 향하여 흔드는 노스텔지어의 손수건 (후략)
</blockquote>

그렇다. 여러분이 고등학교 때 배운 유치환의 「깃발」로서, 한국인이면

누구나 들어봤음직한 애송시의 한 구절이다. 하지만 만약 앞에서 거론했던 『어린 왕자』의 모자그림과 연필그림의 비유를 떠올린다면 그리 쉬운 질문이 아닐 수도 있음을 명심하자. 다시 다른 시를 보고 이번에는 어떤 모습을 표현한 것인가 생각해 보자.

> 하염없는 손들의 마지막 신호. 연기처럼 사라지는 약속. 킹 사이즈의 혼란. 구호에 대한 암호. 등화관제 아래 지각 없는 불빛 (후략)[15]

유추는 전혀 관계가 없어 보이던 두 대상을 연결할 수도 있다. 남들이 찾아내지 못한 유사성이나 인접성을 발견하는 계기가 될 수 있기 때문이다. 이런 참신한 연결은 기존의 관념을 깨뜨리는 새로운 생각을 가능하게 한다. 구체적 사물과 추상적 사고 사이의 유추는 유사성이나 인접성을 근거로 한 것이어서 주변 사물에 대해 더욱 관심을 기울이도록 하는 계기가 될 것이다.

결국 창의적 사고란 기존의 고정된 틀에서 벗어나 새로운 생각을 자유롭게 펼치자는 인식의 전환을 의미한다. 그러려면 자신의 새로운 착상에 어느 정도 자신감과 긍정적인 사고를 가지도록 애써야 할 터이다. 창의적 사고의 궁극적 단계는 새로운 생각에 대한 자기 확신과 긍정적으로 열린 마음이기 때문이다. 긍정적인 사고에 의한 자신감의 형성은 그 자체만으로도 창의력을 높이는 발판이 된다. 따라서 부정적인 사고를 긍정적인 사고로

---

[15] 정현종, 「담배를 보는 일곱 가지 눈」, 『나는 별아저씨』, 문학과지성사, 1978.

바꾸는 것만으로도 창의력에 큰 차이가 나타난다. 주변 사물이나 상황을 인식하고 적극적인 생각들로 대처하는 것이 창의성을 높이는 방법이 될 수 있다는 것이다. 부정적인 생각은 자신을 위축시키고, 이런 상태는 사고의 폭을 제한하므로 창조적인 생각을 방해한다.

긍정적인 사고는 자신의 강점을 극대화하고 약점을 최소화시킨다. 무엇이든 좋은 쪽으로 관련지어 생각하기 때문이다. 우리의 사고는 관성의 법칙을 따른다. 자신에 대해 긍정적으로 생각하는 사람은 그쪽 방향으로 모든 것을 해석하게 되고, 부정적이고 자신 없는 사람은 또 그런 방향에서 모든 일을 해석한다. 크리스티나 로세티의 「팬케이크 반죽하기」란 시에 이런 구절이 나온다. 세상을 뒤집어 보는 사람만이 창의성을 자신감 넘치게 표현하리라.

팬케이크를 반죽한다.
부지런히 젓는다.
팬 위에 올리고는
한쪽 면을 익힌다.
날쌔게 뒤집는다.
할 수만 있다면
세상도 뒤집어보고 싶다!

03 살아 있는 글이 좋은 글

🍃 모범 글보다 혼이 담긴 글을 써야

바람직한 글쓰기는 좋은 내용을 제대로 된 형식에 담는 것이다. 글쓴이가 의도하는 바를 읽는 이가 제대로 파악하여 공감할 수 있게 써내면 된다. 흔히 글쓰기 교육을 통해 수사법이나 글쓰기 기교(스킬, 테크닉)를 가르치려는 경우가 많다. 그러나 수사학이나 표현기교는 전통적인 글짓기(작문)의 중심이지 삶을 바꾸는 새로운 글쓰기의 본령은 아니다. 그렇다고 글의 내용만 좋으면 되는 것도 아니다. 아무리 무궁무진한 훌륭한 착상, 좋은 내용이라도 상대가 알아듣기에 적절하게 표현되지 못하면 읽는 이에게 그 내용을 제대로 전달하지 못하게 된다. 결국 창의적이고 합리적인 생각을 상대가 쉽게 알아채도록 말하듯이 문장을 풀어가는 것이 바람직한 글쓰기라 할 수 있다.

좋은 글이 어떤 글인지 살아 있는 글쓰기의 사례를 조상의 전통 유산에서 찾아보도록 한다.

❖ 예문 1

   살아 있는 석치라면, 만나서 곡을 할 수도 있고, 조문을 할 수도 있고, 꾸짖을 수도 있고, 웃음을 터뜨릴 수도 있고, 술을 잔뜩 마실 수도 있어서, 벌거벗은 서로의 몸을 치고받고 하면서 꼭지가 돌도록 잔뜩 취해 너니 내니 하는 것도 잊어버리다가, 마구 토하고 머리가 뻐개지며 속이 뒤집어지고 어지러워, 거의 다 죽게 되어서야 그만둘 터인데, 지금 석치는 정말로 죽었구나! …… 석치 자네 정말로 죽었는가? 귓바퀴는 이미 썩어 문드러졌고, 눈알도 이미 썩어버렸는가? 정말 듣지도 보지도 못하단 말인가? 술을 잔에 가득 부어 제사 술로 드려도 정말 마시지도 못하고 취하지도 않는구나.

                                               - 박지원, 「정석치에게 제사드리는 글[祭鄭石癡文]」 중에서

❖ 예문 2

   황대경 씨의 글이 의관을 잘 갖추고 갖은 장식 차림으로 길가에 엎어진 시체와 같다면, 내 글은 비록 누더기를 걸쳤지만 아침 해를 쬐고 앉아 있는 살아 있는 사람과 같다.

                                          - 박지원의 말, 홍한주, 『지수염필(智水拈筆)』 중에서

   죽은 사람의 생애를 연대순으로 나열하면서 고인의 생애를 추모하는 '비문'의 일반적 서술 방식과는 달리 '추모' 자체에 초점을 맞춘 것이 예문 1이다. 이 글을 통해 '창의적인 사고'에 대해 논의해 보자. 다들 알다시피 연암 박지원은 조선 후기 18세기 지성을 대표하는 실학파 문인이다. 벌열

집안의 좋은 출신인데도 출세에 뜻을 두지 않고 백탑파의 정신적 대부 구실을 했던 재야의 비판적 지식인으로 한평생을 살았다. 그의 친구 정철조는 석치란 별호를 가졌는데, '벼루에 미친 사람'(요즘 식으로 번안하면 '벼루 오타쿠' '프린터 덕후' 쯤이다)이란 뜻으로 문방사우에 그만큼 조예가 깊었다.

친구가 요절했을 때 당시 관행대로라면 죽은 이에 대한 추모의 글은 공식이 정해져 있었다. 가령 당시의 모범생이며 고관대작으로 출세한 사람이며 글쓰기과목 A+학점 받았던 황대경의 추모글이라면 이렇게 썼을 것이다. "살아생전 이 분은 철관풍채, 선풍도골, 문무겸전이요 시로는 이백, 두보요 문장은 유종원이라." 이런 식으로 중국의 고사성어와 권위 있는 어려운 말을 섞어서 자기 친구를 높였을 것이다. 그러나 실제로는 고인의 살아생전의 생생한 인간 됨됨이나 영혼의 실체를 구체적으로 파악할 수 있는 별다른 내용은 없는 의례적인 상투적 찬양뿐이다.

그런데 박지원은 요절한 자기 친구의 추모사를 어떻게 썼는가 보자. 마치 눈에 보일 듯이, 손에 잡힐 듯이, 냄새를 맡을 수 있는 그런 추모 글을 썼는데, "벌거벗은 서로의 몸을 치고받고 하면서 꼭지가 돌도록 잔뜩 취해 너니 내니 하는 것도 잊어버리다가, 마구 토하고 머리가 뻐개지며 속이 뒤집어지고 어지러워, 거의 다 죽게 되어서야 그만둘 터" 이런 식이다. 놀랍지 않은가. 어떻게 술 마시고 엄청 취한 풍경과 속쓰림의 표현을 250년이나 지난 지금도 실감나도록 그토록 적나라하게 썼을까. 머리에 그림이 그려지거나 지금도 온 몸에 실감나게 와닿는 표현 아닌가, 2월 달의 새내기 배움터(OT)라든가 3, 4월이나 9, 10월 대학가 술집의 풍경 아니던가.

술이 중요한 게 아니다. 어째서 박지원의 글은 이렇게 눈앞에 보일 듯이,

그림이 그려지도록 잘 썼는가. 당시 고관대작들은 이런 글을 저급하다고 싫어했을 것이다. 멋진 고사성어와 어려운 글자[僻字]를 동원하여 중국의 훌륭한 분들의 예를 들어서 누군가를 빗대 높이고 칭송하는 것이 당시 지배 이데올로기를 담은 모범적 글쓰기 방식이었다. 하지만 세월이 지난 지금은 그런 글이 우리 가슴에 하나도 살아남지 않았다. 그것은 황대경의 시체와 같은 글이기 때문이다. 반면 박지원의 실감나는 글은 어떤가. 비록 당시에는 글의 품격이 저급하여 풍속을 해친다는 비난을 받고 엄청난 불이익을 받았을지 몰라도(문체반정 文體反正), 시대를 뛰어넘어 지금까지 인구에 회자되고 있는 살아 있는 글의 대표가 된 것이다.

여러분은 어떤 글을 쓸 것인가. 창의적 사고에 바탕을 둔 살아 있는 글을 써야 하지 않을까. 예를 들어 〈어벤져스〉와 「제정석치문」의 반향을 비교해보자.

여기서 잠깐! 새내기들이여, '먹고 죽자'는 선배 말은 절대로 믿지 말라. 선배들이 새내기들에게 술이나 퍼먹고 같이 죽자고 하지만 서른 해 동안 쭉 지켜본 결과 후배들과 술 마시면서 '먹고 죽은' 선배 한 명도 없었다. 매년 전국 어느 학교에선가 새내기 배움터와 신입생 환영회를 전후해서 철모르는 새내기들이 술을 과하게 마시다 죽는 어처구니없는 일이 일어나 부모 가슴에 못을 박고 뉴스가 된 적은 더러 있었다. 마치 "오빠 믿지?" 하며 어린 여학생들에게 작업 거는 느끼한 선배들치고 믿을 오빠 한 사람도 없는 것과 마찬가지 이치다.

너무나 재미있게 봤지만 2시간만 지나면 영화 제목조차 잊혀지는 엄청난 물량공세의 '콜라보레이션 히어로물' 오락영화와 250년이 지나도 살아남는 글, 심지어 요즘 대학 신입생 환영회, 각종 모임에 만연한 술게임, 음주 실태와 숙취 후 오바이트의 스펙터클까지 세세하게 예언하는 글. 둘의 차이는 무엇일까?

살아 있는 글의 조건은 우선 머리 위에 마음그림, 즉 이미지가 떠오르는 글쓰기부터 시작해야 한다. 이미지는 단지 상상 속에서 영상만을 떠올리게 하는 것은 아니다. 눈앞에 구체적인 모습이 보일 듯이, 귀에 소리가 들릴 듯이, 손끝에 만져질듯이, 혀로 맛을 보고 코로 냄새를 맡을 수 있듯이 그렇게 글을 쓰도록 애써야 한다. 물론 쉽지 않은 노릇이다. 이렇게 우리네 뇌의 오관을 자극하는 다섯 가지 감각을 동원하게 만들려면, 평소 익숙한 표현도 또 다른 표현은 없나 끊임없이 메모하는 습관을 들여야 한다. 나아가 박지원의 『열하일기』 같이 '신들린 글쓰기'를 쓰고 싶다면 '식스센스(육감)'까지 자극함으로써 읽는 이뿐만 아니라 귀신까지 울리고 웃기는 글을 써야 한다.

글쓰기를 음악 감상과 비유해보자. 모노사운드, 스테레오사운드 이어폰이나 헤드폰을 귀에 꽂고 음악을 들으면 소리가 양쪽 귀에서 들리는 게 아니라 머리 위에서 들린다. 글도 마찬가지이다. 음악 마니아라면 5.1채널 돌비 시스템까지 갖춘 입체음향시설을 알 것이다. 앞뒤 양쪽의 스피커와 함께 중저음을 잡아주는 우퍼까지 갖추고 음악을 들으면 소리가 머리 위에서만 들리는 게 이니라 온몸으로 들린다. '쿵쿵짝짝, 궁궁작작' 하는 소리가 물리적인 떨림이 되어 몸으로 느끼게 한다. 글쓰기로 비유하면 신들린 글이다. 진

3. 살아 있는 글이 좋은 글 57

짜 우리네 심금을 울리는 글은 우퍼의 소리를 온몸으로 느끼는 것과 같다.

또한 아우라가 있는 글, 감히 다른 이가 흉내 낼 수 없는 자기만의 분위기가 담긴 글이 좋은 글이다. 흔히들 아우라가 있는 글을 '복제 불가능한 분위기가 있는 글'로 번역하는데, 글자 그대로 축자적 번역을 하는 대신, '혼이 담긴 글'이라고 하면 어떨까 한다. 내가 쓰고 싶은 글, 자기 영혼이 감당하는 글, 남의 글을 베끼거나 흉내 내지 말고 자기 주체성이 담긴 'Ctrl+C'가 불가능한 글을 쓰란 말은 무슨 뜻인가?

앞에서 소개한 박지원 같은 조상들의 글쓰기로 돌아가 보자. 연암뿐만 아니라 중화주의, 화이론(華夷論) 같은 중국 중심적 세계관이 강고하게 지배했던 조선 후기 지식인 중에서도 일부 깨어 있는 지성은 이미 자기 글에 대한 주체의식이 강했다. 가령 『구운몽』 작가 서포 김만중은 송강 정철의 「관동별곡」, 「사미인곡」, 「속미인곡」 같은 한글가사를 두고 '동방의 이소'라 하여 우리나라 최고의 시가라 칭송하였다. 그 이유로 중국시를 흉내 낸 사대부들의 한시와는 달리 초동급부의 민요에 가까운 우리말 노래이기 때문이라고 했다. 홍길주는 역사가의 태두 사마천이 명나라 때 태어났더라면 『사기』를 쓰지 않고 『삼국지연의』, 『수호지』 같은 소설을 썼을 것이고, 지금 조선에 태어났더라면 『향랑전』 같은 조선소설을 썼을 것이라고 했다. 이덕무는 자신의 시에서 "나는 지금 사람이라 또한 지금 것을 좋아한다[我是今人亦嗜今]."고 했다. 옛것을 따르느라 참됨을 잃기보다, 눈앞의 진실을 따르겠다는 의미다. 그러자 정약용이 "나는 조선 사람이니 즐겨 조선의 시를 짓겠다[我是朝鮮人, 甘作朝鮮詩]."고 화답했다. 박지원은 조선 사람은 조선풍(朝鮮風)의 시를 짓는 것이 마땅하다고 목청을 높였다.

박지원으로 상징되는 주체적인 조상들의 자의식이 지향하는 가치의 준거는 '옛날 중국 그분들'이 아니라, '지금 여기 우리 또는 나'였다. 중국이 아니라 조선, 관념적 도덕이 아니라 눈앞의 진실이었다. 주자학적 이념이 유일한 정통이데올로기였던 시대라 지식인이면 누구나 요순(堯舜)의 정치를 말하고 정주(程朱)의 학문을 추종하며 이백과 두보의 시를 따라 써야만 했던 때였다. 그들은 사문난적, 국가보안법에 걸릴 말이라 함부로 할 수 없는 이야기를 과감하게 했다. 당시에는 불이익을 받았을지언정 시대를 뛰어넘어 오늘날까지 좋은 글쓰기의 모범으로 널리 알려지고 있다. 좋은 글이란 황대경의 죽은 글이 아니라 박지원의 살아 있는 글이며, 이는 눈앞의 불이익을 감수하면서도 과감하게 쓰고 싶은 글을 썼던 조상들의 아우라가 담긴 글이기도 하다.

좋은 글은 어떤 것인가 하면 결국 과감하게 쓴 살아 있는 글이라는 결론에 다다른다. 당장 눈앞의 이익을 버리고 심지어 큰 피해를 입을지언정 정직한 글, 세월이 지나도 살아남는 글을 써야 하는 것이다. 그것은 세속적 성공과 출세를 포기하고 대신 시대를 뛰어넘는 명문을 남긴 박지원의 예에서 보듯이 보통사람들에게는 커다란 용기가 필요한 실존적 선택의 문제이기도 하다.

역사에 남을 명문을 쓴 조상들은 적지 않은 경우 '사문난적'(요즘으로 치면 국가보안법 위반)으로 몰려 목숨까지 내걸고 새로운 주장과 표현을 용기 있게 글로 썼다. 극단적으로 말하면 에프학점을 각오하고 남들 눈치 보지 않는 글을 써야 비로소 에이플러스학점을 받을 만한 창의적 글을 비로소 쓸 수 있게 된다는 말이다.

🍃 쓰는 과정에서 삶조차 바꾸는 글의 힘

그나저나 너무 어렵게 옛날이야기만 에둘러 늘어놓았다. 이제 여러분의 눈높이 현실로 돌아오자. 이를테면 이렇게 창의적 사고와 좋은 글의 요건에 대해서 정신없이 수다를 떠는 방식조차, 박지원의 「소단적치인」 같은 어려운 한문 원전을 밑줄 쳐서 해석하고 학생들이 받아적는 서당식 훈고 주석 작업을 한다고 납득되는 것이 아니다. 오히려 「제 정석치 문」에서 생생하게 언급한 '술 취한 청년'들의 풍경이 250년이 지난 대학가에도 여전히 반복되고 있음을 느끼게 하는 것이 좋은 글의 예를 설명하는 데 효과적이다. 심지어 이것을 가르치고 있는 지은이 자신도 40년 전 대학 신입생 때 "마구 토하고 머리가 뻐개지며 속이 뒤집어지고 어지러워"로 묘사된 숙취와 똑같은 경험을 했으며, 17학번 신입생 환영회 날에도 동일한 모습이 눈앞에서 재현되는 것을 몸으로 체험해 보았다. 그리하여 박지원 글의 탁월성에 혀를 내두를 지경이라 고백하기도 하였다. 쉽게 예를 들어보자. 좋은 글이란 달리 말하면 잘 썼는지 못 썼는지의 여부를 백일장 심사위원이나 점수를 주는 교수자, 출제자의 의도에 맞추는 것이 아니라 자기 영혼이 감당하는 것이란 말이다. 가능하면 상대를 배려하는 소통의 글쓰기를 하면서 그 과정에서 자기 삶을 바꾸는 글쓰기를 한다면 최상이다. '백일장의 전설'로 불렸다는, 어느 문예 특기생의 다음과 같은 처절한 고백을 예로 들어본다.

어느 살인자의 고백

수업 계획서를 가득 메운 활자들을 바라보았다. 보고서는 교수가 학생을 들볶는 지겨운 숙제 또는 예비쓰레기가 아니라는 소리가 귓속을 파고들었다. 카메라 렌즈의 초점을 맞추듯 흐려졌다가 다시 또렷해졌다가를 반복하는 졸음 가득한 눈을 몇 번 껌뻑이자, 하품이 나왔다. 반사적으로 입을 막으려던 내 손이 순간 멈췄다.

"백일장에서 장원을 했던 학생들이 제 강의에선 오히려 점수가 안 나옵니다."

수많은 단어 중에서 유독 내 귀에 들어온 단어 '백일장'과 '장원'. 친구들이 성적표에 적힌 1부터 9까지 아홉 개의 숫자 사이에서 울고 웃을 때, 나는 장원부터 가작까지 수상자 명단에서 내 이름을 찾으며 울고 웃었다. 그리고 친구들이 글자 수 천 자를 채우려고 논술학원에서 끙끙댈 때, 나는 이백 자 원고지의 정사각형 위를 채우고 있었다. 수험생의 신분으로 보낸 일 년 동안 수없이 반복되었던 그 풍경이 파노라마처럼 머릿속을 스쳐지나갔다. 나는 씁쓸하게 웃을 수밖에 없었다. 그리고 내 왼쪽 가슴을 내려다보았을 때, 누군가 달아 놓은 투명한 명찰 하나가 보이는 듯 했다. '문학 특기자'라고 적힌 부끄러운 나의 초상.

60만 명이 넘는다는 대한민국 수험생, 이름만 대면 누구나 고개를 끄덕이는 소위 '명문대'는 전국에 고작 열 개 안팎. 바늘구멍보다 너 작다는 그 대학의 문을 뚫기 위해 내가 선택한 최선의 길은 문학 특기자였다. 세상이 떠나갈 듯 엉엉 울다가도 책만 쥐어주면 곤히 잠들었다는 나의 유년시절부터 글과 책이란 것은 내게 친구 같은 존재였다. 초등학교 중학교 시절을 거치며 내가 남들보다 글을 조금 더 수월하게 쓰는 재능이 있다는 것을 어렴풋이 알게 되었다. 고등학교 2학년 문학 선생님께서 전국 백일장 공지문을 건네셨다. 머리라도 식힐 겸 가벼운 마음으로 처음 참가했던 백일장, 첫 출전 대회 결과는 낙방이었다.

당시 백일장 시제가 '아버지'였다. 나는 집에 계신 아버지를 떠올리며 솔직한 경험담을 꾸밈없이 써내려갔다. 한 여름 반팔 티셔츠가 흠뻑 젖도록 열심히 썼기 때문에 낙방의 충격은 더 컸다. 그러나 그 이후로 몇 번 더 백일장에 참가하고 나서 나는 그 날 수상자 명단에 왜 내 이름이 없을 수밖에 없었는지 깨달았다. 조금 극단적일 수 있지만, 나는 그 날 아버지를 죽이지 않았기 때문에 상을 탈 수 없었던 것이었다. 그 곳에 글을 쓰러 오는 아이들은 거의 '살인자'였다. 가족이나 주변인을 장애인이나 극빈자로 만드는 아이들은 그나마 양반이었다. 시제를 받고 아이들이 이백 자 원고지를 빽빽하게 채우는 내용들은 주로 가족의 죽음, 병마와 씨름하는 내용, 장애를 극복하는 내용, 가족과의 불화에서 화해로의 과정, 외국인 노동자 이야기 등 마치 자판기에서 캔 음료수를 뽑아내듯 비슷비슷한 것들이었다. 그리고 그 이야기들은 아이들이 당일 시제를 받고 즉흥적으로 써내는 것이 아닌 과외 선생님과 함께 예상 시제를 가지고 미리 머리를 맞대고 내용을 쥐어짜서 퇴고했던 습작들이 대부분이었다. (중략)

그렇게 문학 특기자가 되어 원고지 위를 걷는 나는 평범한 내가 아니었다. 어느 날은 자폐아를 가진 엄마가 되기도 했고, 멀쩡히 살아계신 부모님이나 조부모님의 영정사진을 바라보며 울고 있기도 했고, 말기 암에 걸린 언니를 가진 동생이 되어보기도 했다. 항상 글의 결말은 화해로 가는 열린 결말을 쓰는 것이 좋다는 것과, 첫 부분과 끝 부분을 화려한 집중묘사로 처리해서 문장력을 뽐내주면 심사위원들이 쉽게 작품을 넘겨버리지 못한다는 것도 스스로 터득하게 되었다. 또한 요새는 가족의 죽음이나 병, 갈등을 다룬 속칭 '가족사'를 쓰면 신선함과 발상 면에서 점수를 낮게 받으므로 가족사를 다루되 '가족사가 아닌 가족사'처럼 보이게 화자의 트라우마를 적절히 섞어줘야 한다는 것도 깨달았다. 옛날처럼 진부하게 심사위원의 눈물을 짜내는 최루성 백일장용 글이 아닌, 기본 바탕인 가족사 위에 신선함을 가미한 콩트를 써내야 상위권 대학 백일장에서 수상할 확률이 높다는 것도.

　나는 어느새 치밀하게 살해 범죄 계획을 짜는 고도의 지능범이 되어가고 있었던 것이다. 독자들의 영혼을 치유하는 글을 쓰고 싶다는 초심과는 다르게, 나는 단지 심사위원의 손에서 끝까지 오래 읽히는 글을 써 가고 있었다. 그래야만 수상자 명단에 내 이름 세 글자를 올릴 수 있었으므로. 글은 마음으로 써서 감동을 풀어내야 한다는 가치관은 이미 양심과 함께 버린 지 오래였고, 백일장 전날이면 그 대회의 지난 수상작들을 찾아서 읽고 나름대로 심사위원의 취향을 분석하는 일로 꼬박 밤을 샜다. 조금 더 전략적으로 치밀하게, 그리고 탄탄하게 수상작을 쓰기 위하여 나는 마치 글을 하나의 시험문제로 바라보게 된 것이었다.

아이러니하게도 이런 나에게 가장 처음 장원의 영광을 안겨 준 백일장이 현재 나의 모교 백일장이었다. 살인자의 길을 열심히 걷게 된지 두 달 남짓만이었다. 산문 부문 시제가 '핵실험'이라고 발표되자, 여기저기서 아이들의 탄식이 이어졌다. 쉽게 가족사와 연관시켜서 쓸 수 있는 시제가 아닌 시사적인 다소 난해한 문제였기 때문이었다. 그때 쓴 글은 말기 암에 걸린 언니를 동생이 관찰자 시점에서 바라보는 내용이었다. 사실 '핵실험'이라는 난해한 주제에 가족을 연결시키기가 쉽지 않았지만, 그래도 가족 얘기를 쓸 수밖에 없었던 것은 '핵실험'이라는 단어 자체를 제대로 이해하지 못했기 때문이다. 신문은 아침에 학교 갈 때 내 구두 굽에 한번 밟히는 존재에 불과했으니, 당시 신문 1면을 연이어 장식하는 뉴스의 초점 '핵실험'에 대해 알 리가 없었다. 내 머릿속에는 단지 얼핏 뉴스에서 영상자료로 몇 초 스쳤던 펑펑 터지는 이미지밖에 떠오르지 않았고, 그것을 말기 암인 언니가 항암치료를 받는 장면으로 묘사했다. 다음은 장원 당선작 〈핵실험〉이다.

눈앞에서 꽃다발이 팔랑거린다. 언니다. 아니다, 언니가 없다. 꽃집을 지나가거나 우연히 길을 걷다 꽃다발을 안고 있는 사람과 마주칠 때가 있다. 꽃을 보지 않고 살아가는 방법은 없을까? 아직까진 그 방법을 찾지 못했다. 그래서 가끔 이렇게 환상을 보고 산다.
"핵실험 중이야. 올 때 꽃 한 다발 좀 사다줄래?"
언니의 문자메시지이다. 방금 도착한 것 같지만 일 년도 더 지난 것이다.

언니의 핵실험이 지금은 완전히 끝났는지 궁금해졌다. 눈을 감자 평온해진 언니를 눕혀 놓고 사람들이 염을 하던 게 떠올랐다.

언니는 꽃을 유난히 좋아했다. 나중에 커서 플로리스트가 되고 싶다고도 했다. 그러나 결국 언니는 그 꿈을 이루지 못했다. 바람이 조금만 불어도 흔들리던 꽃. 그 꽃들처럼 언니의 인생도 흔들리기 시작했으니까. 그 시작은 암이라는 질긴 놈으로부터 시작되었다.

재작년 봄에 언니가 받은 암 선고. 청천벽력 같은 일이었다. 언니가 '핵실험'이라는 말을 자주 쓰게 된 것도 그때부터였다. 발견했을 당시 이미 중기를 넘어선 암세포. 언니의 몸속에서 걷잡을 수 없이 퍼져나가는 그 놈을 억제하기 위해선 핵실험이 필요했다. 언니가 핵실험이라 불렀던 그것. 헤아릴 수 없는 각종 약물과 방사선 치료였다. 언니가 버텨내기에 그 핵실험은 힘든 싸움이었을지도 모른다. 하지만 언니는 전혀 내색하지 않았다. 내가 언니에게 해 줄 수 있는 건 별로 없었다. 하루에 한 번씩 언니가 좋아하는 꽃을 안고 찾아가는 것밖에는.

"언니, 많이 아프지?"

"아니 괜찮아. 사실 내 몸 안에서 핵실험이 일어나는 것 같아. 약 먹을 때, 주사 맞을 때, 그 때 마다 '펑' 하고 뭔가 터지는 것 같아."

핵실험은 언니의 몸속에서 하루에도 몇 번씩 계속 되었고, 횟수도 점점 늘어갔다.

 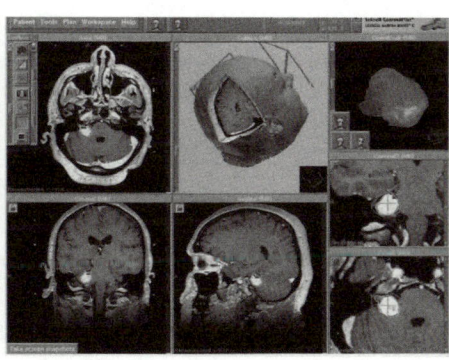

"그런데 진짜 핵이 터지면 꽃들도 다 죽겠지?"

언니가 꽃을 매만지며 심각하게 말했다. 나는 언니의 몸속에서 진행되는 핵실험이 성공적으로 끝나기만을 빌었다. 그리고 언니의 소원대로 정말 핵이 터져도 꽃만큼은 죽지 말기를, 마치 그것이 언니인양 빌고 또 빌었다.

언니의 1년 6개월 투병 생활은 언니를 지치게 했다. 활짝 핀 꽃을 닮았던 언니의 모습은 이제 없었다. 길고 긴 핵실험으로 시든 꽃만 있었을 뿐.

그러던 어느 날. 그 날은 이상한 날이었다. 개운하지 않게 잔 것처럼 몸도 찌뿌둥했고, 어제 꽂아 놓은 꽃도 시들어 있었다.

한 통의 전화가 걸려 왔다. 병원에서 온 전화였다. 언니의 핵실험이 드디어 끝났다고. 그러나 결과는 실패라고.

창백한 언니를 앞에 두고도 실감이 나지 않았었다. 금방이라도 다시 일어날 것만 같은 얼굴이었다. 슬퍼졌다. 그나마 위안이 되었던 건, 평온해 보이는 언니의 옅은 미소였다. 그 미소는 정지된 채, 한 장의 영정 사진으로 완전히 굳어 버렸다.

올해도 어김없이 꽃이 만발했다. 그 길고 긴 핵실험의 끝. 그 끝에서 언니의 소원대로 언니의 꽃들은 살아남았다. 코끝을 간질이는 꽃향기가 아련하게 그려내는 환상. 그 환상 속에는 활짝 웃고 있는 언니가 있다.

꽃 같던 그녀에게 이제 더 이상의 핵실험은 없다.

언니의 몸속에서 핵실험이 진행되고 있고, 그것을 언니는 항암치료라는 단어 대신 핵실험이라고 표현했다는 식의 내용이었다. 글의 결말은 결국 언니의 죽음. 동생인 화자는 글의 맨 마지막 부분에서 이렇게 말한다. '꽃 같던 그녀에게 더 이상의 핵실험은 없다.' 이 문장을 지금 이렇게 바꿔보면 어떨까. '살인자로 변하던 그녀에게 더 이상의 살인은 없었다.'라고. 정말 이 문장대로 이렇게 되었더라면,

그래서 내가 백일장을 마지막으로 특기자의 길을 멈추게 되었더라면, 지금 이 글을 쓰고 있지 않을지도 모른다.

하지만 이후에도 꾸준히 크고 작은 백일장과 소설 공모전에 참가했고 수상에 점점 가까워지는 법을 터득한 나는 화려한 수상실적을 쌓으면서 특기자들 사이에서 일명 '선수'로 불리게 되었다. 고3 여름, 청소년 공모전에서 가장 권위 있는 'ㅇㅇ문학상'에서 대상을 거머쥐면서 나는 '선수'에서 '전설'로 한 단계 상승된 타이틀을 얻게 되었다.

살인자는 살인 후에 죄책감이 있을까? 나는 있다. 물론 실제 살인자는 아니지만 지능적인 연쇄 살인자가 되어서 전국 백일장을 돌면서 심적으로 괴로웠던 일도 있었다. 어느 백일장에서 '틈'이라는 시제를 받고 고민 끝에 원고지를 채워가기 시작한 내용은 이모 이야기였다. "내가 고등학교에 입학한지 얼마 되지 않은 화창한 어느 봄날에 막내 이모가 자살했다." 이 간단한 한 문장을 나는 아직도 주변 사람들에게 쉽게 얘기하지 못한다. 누가 들어도 드라마에서나 나올 법한 일, 그리고 그 당시에나 지금이나 아직까지도 실감나지 않는 일이기 때문이다. 이모의 사망 비보를 전화로 전해들은 시각 새벽 2시, 장례를 치룬 후 매일 새벽 2시가 되면 엄마 품에서 바들바들 떨면서 전화벨 소리 환청을 듣던 나의 얘기를 원고지에 쓰고 있었다. 글의 마지막은 이모의 영원한 집이 되어 버린 정사각형 납골당 틈에 내가 편지를 끼워 넣는 장면이었다. 수상을 위한 고의적이고 계획된 살인이 아니라 실제 경험을 썼지만, 며칠 후 수상자 명단에서 내 이름을 확인하는 순간부터 몇 달 동안 큰 죄책감에 시달려야 했다. 그 죄책감은 단순히 내가 이모 이야기를 썼기 때문에 생긴 죄책감이 아니었다. 아무에게도 쉽게 꺼낼 수 없었던 얘기를 원고지에 써 내려가려고 그 때 일을 회상하고 글의 구상을 잡을 때, 나는 어느새 이모의 이야기를 목표인 수상에 가까워지기 위한 수단으로 떠올리고 있었기 때문이다. 그것을 자각했을 때의 내 자신에 대한 환멸과 충격을 떠올리면 아직도 온 몸이 떨려온다.

나는 단지 내 인생의 단편적인 경험을 글로 옮겼을 뿐이야, 라며 아무리 내 자신을 합리화시키며 죄책감을 덜어보려 해도, 이모의 미소가 자꾸만 눈앞에 어른거렸다. 그렇게 살인자보다 더 추악한 내가 되어 백일장에서 수상을 하고 나서 나는 며칠을 꼬박 앓았던 것 같다. 그렇지만 내 앞에 놓인 현실은 무서웠다. 당장 코앞에 있는 수시를 몇 개월 앞두고 나는 지금껏 걸어 온 살인자의 길을 버릴 수가 없었다. 그 후로 두 번 다시 이모 이야기를 글감으로 쓰지 않았지만 백일장에 출전하는 일은 그만둘 수 없었다. 그렇게 고3 시절을 살인자로 보내고 난 후에 내 손에는 Y, S, E, J대 합격증이 주어졌다. 합격증을 손에 쥐는 순간 비로소 살인이 멈춘 것이었다.

멈춘 것은 살인뿐만이 아니었다. 나는 대학생이 된 이후로 아직까지 단 하나의 소설도 완성시키지 못했다. 단순히 슬럼프인지 아니면 내 스스로가 글 쓰는 것을 온몸으로 거부하고 있는지는 아직 잘 모르겠다. 어쩌면 이모 이야기를 써서 상을 받았던 백일장 후유증이 다시 살아난 것일지도 모른다. 분명한 것은 지금 이렇게 부끄러운 지난날의 양심고백을 하고 있는 이 순간 마음속으로 울고 있다는 사실이다. 모니터를 바라보는 눈시울이 자꾸만 시큰거리고 시야가 뿌옇게 변한다. 명문대 합격증을 드리는 것이 진정한 효도라고 생각해서 살인자가 될 수밖에 없었던 지난날을 회고하면서 말이다.

그렇지만 나는 글쓰기를 멈추지 않을 것이다. 문학 특기생의 길을 걸어오면서 얻은 가장 값진 깨달음은 글을 쓰고 책을 읽는 순간이 가장 행복하다는 것이다. 비록 정기적으로 주변의 누군가를 죽이며 원고지 위를 머리로 채워나갔지만, 이제는 원고지 한 칸마다 뜨거운 내 가슴으로 채우고 싶다. 가슴 속에서부터, 핏줄 아래에서부터, 그리고 뼈 마디마디에서부터 속살대는 언어들로 원고지를 가득 채워 나의 영혼이 담긴 글을 써보고 싶다. 한 페이지마다 누군가를 죽이고, 또 다른 누군가는 장애인을 만들고, 누군가를 극빈층으로 묘사하는, 감동을 인위적으로 포장하는 글이 아니라 단 한 줄을 쓰더라도 울림이 있는 진실한 글을 쓰고 싶다.

이 문장을 쓰면서 나는 순간 고개를 갸웃거린다. 정직한 다짐으로 끝나는 결말은 내가 살인자였을 때 흔히 쓰던 '착한 글'의 결말 구도가 아닌가 하고 말이다. 어쩌면 이 보고서도 '착한 글'의 정석을 그대로 밟고 있는 것이 아닌가 하고 말이다. 피식 웃음이 나온다. 아직까지 나는 완전히 살인자의 습성을 버리지는 못했나보다. 그러나 지금 이 순간이 나의 문학 인생의 완성의 순간은 아니기에, 나는 또다시 원고지를 채우고 책을 펼치고 펜을 잡는다. 대입 레이스를 숨 가쁘게 뛰는 특기생이 아닌, 스무 살 따뜻한 봄날을 캠퍼스에서 만끽하고 있는 내 이름으로. 몇 년 혹은 몇 십 년 후 신춘문에 등단자로 신문 한 귀퉁이에 사진이 실릴 때에는 부디 나에게서 살인자의 미소를 찾을 수 없기를 바란다.

놀라운 글이다. 그는 이미 자기고백을 통해 삶의 한 단계를 도약하는 통과제의를 거친 것이다. 고백적 글쓰기야말로 인간을, 그의 영혼을 한층 성장시키는 주요한 밑거름이 되는 좋은 예라고 생각한다. 종강 무렵 그는 편지를 보내왔다.

존경하는 교수님께,
선생님 저 ○○이예요.
마지막 보고서인데, 역시나 마지막까지 아쉽지 않게 계속 퇴고하다 보니까 이틀 밤을 새고 이렇게 아침 시간에 메일을 보내게 되었네요. 4월에 자서전을 꽤 공들여서 쓰고 분량도 많았던 터라, 5월 보고서 쓰는데 부담감이 더 했습니다. 하지만 '연예인 특례 입학'이라는 평소 관심 있었던 주제를 가지고 나름대로 학술적 글쓰기를 해 보았는데, 만족스럽지는 않지만 최선을 다 했다고 스스로를 다독여 주고 싶습니다. 일단 무엇보다도 고등학교 재학 시절에도 밤을 새본 적이 한 번도 없었는데, 글쓰기 보고서 때문에 이틀 밤을 새고 나니까 지금 사실 제 정신이 아닙니다.
메일을 어떻게 잘 작성하고 있는지도 헷갈립니다. 하지만 이 모든 것이 결국 저에게 좋은 경험과 성장의 과정으로 다가올 것이라고 생각하니, 항상 감사한 마음뿐입니다. 정말 대학에 와서 이렇게 선생님과 인연을 맺게 된 건, 아마 스무 살 전체를 통틀어서 저에게 가장 의미 있는 일이 아닐까 싶네요. 한 가지 기쁜 사실은 이제 더 이상 심사위원의 눈을 속이기 위한 '착한 글'을 쓰지 않아도 될 환경이 저에게 주어졌다는 점이에요. 정말 제가 다루고 싶은 주제와 전개를 통해서, 맘에 쏙 드는 소설을 한 번 완성시켜 보고 싶은데… 응원해 주실꺼죠?

     2008년 5월 30일 금요일 이틀 밤을 새고 아침 먹기 전,
               제자 ○○ 올림

 글쓰기가 영혼의 상처를 치유하는 것을 궁극의 목적으로 삼는다고 말했는데, 이쯤 되면 그야말로 "하산해도 좋다."고 말할 정도로 청출어람의 경지라고 아니할 수 없다.

 남들은 2학점짜리 글쓰기과목 가지고 한 학기 내내 거의 밤을 새다시피 하는 저보고 바보라고 하더군요. 주제도, 내용도, 형식도 자유인 그 보고서 그냥 몇 줄 이것저것 생각을 짜깁기해서 대충 채워 넣으면 되지 않느냐는 권유도 많이 받았고요. 하지만 그럴 수 없었습니다. 단순히 학점을 위해서가 아니었습니다. 첫 시간에 말씀하신 말이 자꾸만 머릿속을 맴돌았기 때문이었습니다. 이 수업은 예비 쓰레기를 만들려고 존재하는 수업이 아니라, 말 그대로 교수님과 학생 개개인의 대화를 위해서 만들어진 수업이라고 강조하셨던 그 말씀

3. 살아 있는 글이 좋은 글

말입니다. 교수님께 드리는 저의 대사들을, 말끝을 얼버무린다거나 알맹이가 빠진 실없는 대화들로만 채울 수는 없지 않겠습니까?

교수님, 항상 수업 시간마다 열정이 넘치시고 인터넷 카페에도 항상 좋은 글들을 올려주시고, 일일이 리플을 달고 보고서에 대한 피드백을 써주시는 것이 쉽지 않은 일이라는 것은 학생들 모두가 압니다. 그러나 학생들은 좀 더 쉽고 빠른 시간 내에 해결하고 술한 잔이라도 더 마실 수 있는 그런 간단한 과제와, 널널한 수업을 원합니다. 하지만 교수님, 절대로, 무슨 일이 있으셔도, 교단에서 내려오시는 그 순간까지, 결코, 학생들이 원하는 그런 여유 있는 수업이 아니라 지금 선생님께서 고집하시는 소위 말해 '빡센' 수업을 유지해 주세요. 글쓰기 때문에 한 학기 동안 밤을 새야 했던 선배가 후배들을 향한 치기 어린 농담 같은 말이 아니라, 정말입니다.

한 학기가 끝날 무렵이 되니, 새내기가 짠 엉성한 1학기 시간표 중에서 그래도 가장 빛나는 과목은 글쓰기더군요. 지금 제가 드리는 이 말 또한 단순한 아부성 발언이 아닙니다. 아마 내년, 그리고 내후년, 어쩌면 이 문집이 모범 문집으로 뽑혀서 한 십 년 쯤 후에 제 문집을 읽게 될 후배들까지 모두 학기가 끝나면 제 말에 공감할 것입니다.

이제 저는, 마지막 페이지를 향해 달려갑니다. 교수님, 제가 교수님 수업을 듣게 되고 인연을 맺게 된 것은 앞으로 평생 '선물' 같은 일로 기억될 것입니다.

04 읽는 이를 배려하기

🍃 내 글의 독자는 과연 누구인가

글을 쓰기 시작하기 전에, 내 글을 누가 읽을 것인지 상대방에 대해 고려하는 것도 중요하다. 이는 읽는 이를 배려하는 글쓰기가 좋은 글이란 이유 때문이다. 여러분이 앞으로 쓰고자 하는 글은 누가 읽을 것으로 예상하며, 독자는 여러분이 쓴 것을 왜 읽을 것인지, 그리고 그가 여러분의 글에서 무엇을 읽어내기를 기대, 예상할 것인가? 나아가 여러분의 글 중 어떠한 점이 독자에게 인상 깊게 다가갈까? 지금 이 순간 글쓰기를 통해 대화하는 '쓰는 이-읽는 이' 우리는 어디쯤에 위치해 있을까?

글쓰기는 의사소통하기이다. 어려운 말로 하면 글쓰기는 글을 쓰고 읽는 사람들이 언어공동체의 성원으로서 해당 담화공동체의 사회적 맥락 안에서 상황을 해석[16]하는 데서 출발한다. 좋은 글은 읽는 이가 쓰는 이의 생각과

---

[16] 원진숙, 「대학생들의 학술적 글쓰기 능력 신장을 위한 작문 교육 방법」, 『어문논집』 51, 민족어문학회, 2015, 57쪽.

아이디어를 될 수 있는 한 명백하고 정확하게 이해할 수 있게 해준다. 이처럼 글쓰기를 맥락을 강조하는 사회적 소통의 의미화 실천으로 정의한다면, 글쓴이의 상황, 글을 쓰는 이유, 글을 통해 성취하고자 하는 목적과 읽는 이의 상황, 교육적, 문화적, 정치적 배경, 글을 읽는 이유 등을 미리 염두에 두어야 할 것이다. 예상 독자에 대한 다음과 같은 이해와 배려가 있어야 좋은 글쓰기를 할 수 있다는 말이다.[17]

독자	• 여러분 글의 독자는 누구입니까? • 이 독자는 여러분 글에 대해 무엇을 알고 있습니까? • 왜 이 독자가 여러분 글을 읽고 있습니까?
목적	• 여러분은 왜 이 주제에 대해 글을 쓰려고 합니까? • 여러분은 무엇을 보여주거나 혹은 증명하려는 것입니까? • 독자가 여러분 글을 읽은 후 무엇을 알게 하고 싶습니까?

레키가 표로 제시한 독자의 상황과 글의 목적은 사회적 맥락(context)이 텍스트(text)적 국면으로 반영된 요소이다. 이 두 요소에 대한 분석을 통해 학생들은 적합한 주제(내용)와 담화 규범(형식)을 설정하게 된다.

대상 설정을 감안한 글쓰기에 대한 이론을 쉽게 요약하자면 좋은 글을 쓰려면 읽는 이를 배려해야 한다는 사실이다. 그러려면 자기 또래끼리의 닫힌 은어를 피해 열린 마음으로 다른 집단, 사회적 소통 규칙에 맞게 글을 써야 한다. 왜냐하면 여러분이 쓰는 글의 최초 독자는 아마도 자기 또래가 아닌 사람, 글쓰기 교실이라면 기성세대인 교수자일 것이 예상되기 때문이다.

---

[17] ILona Leki, *Academic Writing*, Cambridge Univ. Press, 1998, 266쪽.

지은이 입장에서도 마찬가지다. 내가 이렇게 생각하고 그 내용을 저렇게 이야기했으며 다시 글쓰기로 그대로 썼다고 하더라도, 최초의 아이디어가 학생들의 머릿속에 1 대 1로 전달되는 것은 거의 불가능하다. 생각의 100분의 1을 말로 전달하기 어렵고 말한 것의 100분의 1도 글로 쓰기 힘들기 때문이다.

독자가 얼마나 중요한지 이 책을 쓰는 동안 글쓰기 책에 대한 지은이의 생각을 학생들에게 전달하는 과정에서 뼈저리게 실감할 수 있었다. 가령 글쓰기 책을 쓰면서 선진국의 사례가 어떤 것이 있으며 그것을 창조적으로 수용한 대학가의 교재로는 어떤 것이 있고 현 수준의 문제점을 해결하려면 이러저러하게 해야 한다고 현행 교재를 예로 들어 설명하였다. '5. 절차를 지키는 글쓰기'를 강의하면서 외국 책과 국내 교재를 비교(p.105 깊이 읽기 참조)했는데, 학생들의 반응은 의외였다.

다음과 같은 익명글이 수강용 카페의 익명게시판에 떴고, 학생들의 다양한 반응과 이를 둘러싼 논란이 댓글 논쟁으로 벌어졌다.

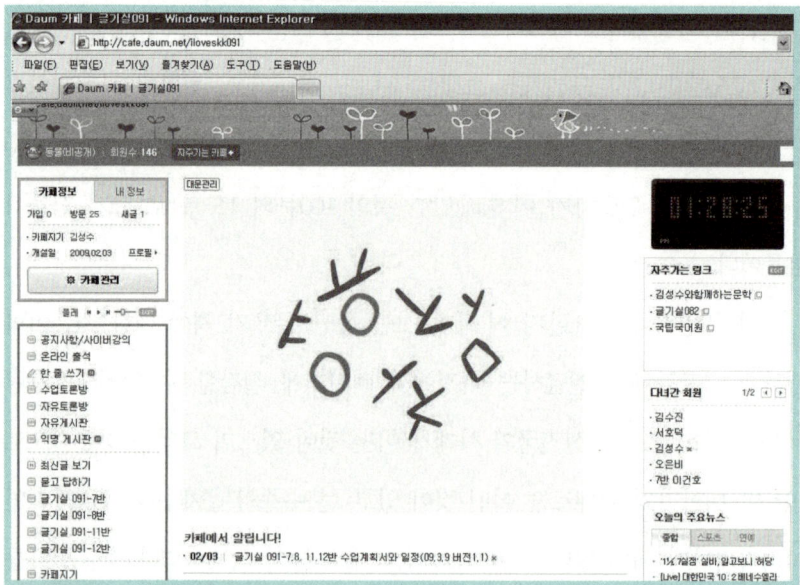

교재자랑…

좋은 교재로 좋은 가르침 얻는 거 알겠습니다.
굳이 매 수업마다 그렇게 "○○대보다 나은", "○○대랑 ○○대는 하지도 않는"을 강조해야 되나요?

> ∟ '상위 1%만 아는 쓰기법', '그걸 나는 가르치고 있다' 이런 식의 이야기「^^?

> ∟ '왜 그렇게 하셨던 말씀을 또 하실까? 우리도 이젠 다 이해했어요.'라는 생각을 하면서도 '교수님께서 우리 학교에 대한 자부심이 대단하시구나.'라는 생각도 듭니다.

> ∟ 과민반응하지 마세요. 자기가 심혈을 기울여서 만든 교재, 그것도 앞서나가는 교재를 자랑하는 게 무슨 문제죠? 그만큼의 노력을 했으니까 자랑할 만한 자격은 충분하다고 봐요.

┗ 사람이라면 자랑하고 싶은 건 당연한 거겠지만, 가끔씩은 교수님께서 '내가 이 교재를 좀 더 창의적이고 여러분에게 어울리게 만드는 데 꽤나 일조했다.'고 말씀하시는 것 같은 느낌이 듭니다. 사실이긴 하지만요 흠…

┗ 만약 여러분이 만든 책이 독자들에게 큰 긍정적인 영향을 주고, 좋은 책이라고 인정받고 있다면 자랑하고 싶은 마음이 많이 들지 않을까요.

┗ ○○대 책을 한 번 보고 싶다는…

┗ 저는 '○○대보다 나은'이라는 말은 들은 적이 없는데요;; 오히려 '○○대가 글쓰기 교육 분야에서 다소 앞서간다'라는 설명만 들었는 걸요.

┗ 저도 그렇게 들었습니다. ○○대 책 좋다는 말씀 몇 번이고 들었어요. 도대체 어쩌다가 저렇게 이해하시는 건지

┗┗ 흠 익게에 글 써도 자기 이름이 남나 왤캐 빠돌이 빠순이들이 많어 ㅋㅋㅋㅋㅋㅋㅋ

┗┗ 빠돌이 빠순이가 아니라 학우님과 생각이 다른 사람들이에요. 수준 떨어뜨리지 마세요.

┗┗ 이런 리플 보려고 인터넷 설치한 게 아닙니다. 자제하시죠.

┗┗ 님은 익게에서만은 참 당당하시네요. 익게에서 하는 말이 님처럼 자기 이름이나 생각하고 하는 말인 줄이나 아시나요.

┗ 교수님이 직접적으로 '이 교재는 ○○대 교재 보다 낫다.'라고 말하신 적은 없지만 '누구누구 말로는 이 교재가 ○○대 교재들 보다 낫다고 하더라.'라고는 하셨습니다.

┗ 녹음합시다.

이와 함께 누군가가 익명게시판의 교수 비판을 임의로 삭제하는 일이 벌어지자 익명게시판에 대한 논란은 더욱 뜨거워졌다.

글을 읽어보면 '누군가'가 바로 지은이 자신이 된다. '오이디푸스'의 역설인가, 휴우우우. 학생의 짐작이 사실이라면 지은이는 학생들의 물밑여론을 조작하는 치졸한 위선자가 될 것이다. 익명게시판에 이 글이 뜨자 역시 댓글 논쟁으로 벌어졌다.

자유롭게 글 쓰라던 익게의 의미는 이미 퇴색됐군요.

강의에 대해 불만을 가진 글을 써서 올리고 그 글이 사람들에게 호응을 받는 쪽으로 가면 글을 삭제되고 오히려 불만을 가진 글을 써도 호응을 받지 못하고 역관광 당하면 보존……
이럴 거면 익게가 왜 있는 겁니까?
이런 식으로 카페 한 학기 쓰고 다음 학기나 다음 학년들에게 봐라, 지난 학기 혹은 지난 학년에 "카페에 잘 참여한 학생들은 교수님에 대한 불만이 전혀 없다, 있다 하더라도 댓글을 보면 그 것을 그 학생만의 의견임의 증명된다." 이렇게 말하시려고 익게가 있는 건가요?
전 개인적으로 교수님의 수업 방식에 별다른 불만은 없습니다. 학교 서열얘기하는 거 뭐 교재 자랑하는 거 그 정도로 잘못됐다고 생각하지 않고 학생들이 과민반응을 보인다고 생각하긴 하지만 그런 학생들의 글을 마구잡이로 삭제하는 건 아니라고 보네요. 이건 뭐 조중동도 아니고……

┗ 관리자가 교수님을 어지간히 두려워하는 것 같네요. 치졸합니다.

┗ 교수님께서 교수님에 대한 비판도 잘 받아주셔서 익명게시판이 활성화될 수 있겠다고 기대했습니다만 지난번 스텝에 의한 글 삭제 사건으로 아예 분위기가 깨졌지요. 교수님께서 잘못하셨다고 생각하지 않습니다. 다만 스텝 중 한사람이 교수님의 의도를 제대로 이해하지 못했으며, 겁이 너무 많았던 게 문제라고 생각합니다.

┗ 이글도 호응글이 달렸으니 곧 삭제되겠군……

┗ 자게 13번을 보세요.

┗ 이건 뭐 조중동도 아니고…〈— 익게라고 해도 어느 정도 예의는 갖춰야 하지 않을까요…

    수강용 카페의 자유게시판 13번에 익명게시판의 이 논쟁이 나오기 열흘 전에 미리 올린 글은 다음과 같다.

누군가 네게 듣기 싫은 소리를 하면 오히려 고마워하라.

익게의 물밑 여론을 중시하는 제 생각에 아무리 불편한 내용이라도 관리자가 함부로 지우지 않았으면 합니다. 제 강의 발전의 주요한 밑거름은 익게의 솔직한 비판과 고통스런 아우성들이거든요. 학점과 부반하기에 더욱 중요하죠. 그들의 이야기가 아무리 듣기 싫어도 전 최대한 받아들이려 합니다. 오죽하면 제 강의가 강남논술학원 강의보다 못하다는 내용을 홈피에 버젓이 올렸겠어요. 그 익게의 비난이 생산적 비판으로 승화되어 제가 모자란 부분을 채울 수 있을 것을 기대하기 때문이지요.

4. 읽는 이를 배려하기   79

🌿 "소통을 가르치는 선생이 자기 의사 하나
제대로 알리지 못했으니 반성합니다"

따서 시계열적으로 사태를 정리[18]하면 지은이가 글쓰기 교재의 현황과 방향을 강의했는데, 그를 잘못 이해한 어떤 학생 누군가가 익명게시판에 비난성 글을 올렸다. 그러자 다른 학생 누군가가 그런 류의 글 중 일부를 삭제했다. 지은이는 글에 대한 찬반호오를 떠나서 익명게시판의 물밑 여론을 삭제하는 인터넷 검열을 하면 안 된다고 공지하였다. 그런데 시간이 지나 그 사실을 모르는 학생 누군가가 익명게시판에 교수가 여론 조작을 시도한다는 주장을 올렸다. 마침 ○○대 교재를 비판하고 자기 교재를 자랑했다는 비난성 글이 옆에 있어 앞뒤가 그럴듯하게 잘 맞는다.

장황하게 부끄러운 경험을 소개한 이유는 다른 것이 아니다. 이만큼 사람들 간의 커뮤니케이션이 어렵다는 사실을 보여주고, 그럼에도 불구하고 더욱 나은 소통을 하고자 노력해야 하며, 그러려면 독자(청중, 수용자, 수신자, 학생)의 입장을 더욱 잘 배려해야 한다는 신념 때문이다.[19] 청중의 수준

---

18 경기 변동을 통계학적으로 예측하는 '시계열 분석(時系列分析, time series analysis)'이란 개념이 있긴 하지만, 여기서는 그리 거창한 개념이 아니라 상황을 시간적으로 재구성하면 진실을 추측할 수 있다는 정도로 사용한다.
19 지은이의 다음과 같은 해명은 강의용 카페에 끝내 공개하지 못했다. 카페지기만 볼 수 있는 '수업준비방'에 두고 교육자로서 반성의 계기로 삼을 뿐이다. "(전략) 제 강의를 두고 학교 서열얘기 하는 거 뭐 교재 자랑하는 거 그 정도로 잘못됐다고" 운운하는 것을 봐도

과 기대에 맞게 말해야 하는 것처럼, 글도 독자를 배려해서 써야 한다는 점을 강조하기 위해서이다.

 글쓴이 입장에서는 내가 쓴 글의 이러저러한 생각을 독자인 상대방이 제대로 이해하지 못했다고 탓하지 말자. 내가 머릿속 생각과 의도를 충분히 글로 나타내지 못한 탓이며 상대방을 배려해서 그의 눈높이로 좀 더 설득력 있게 쓰지 못했다고 '내 탓이야!'를 되뇌자. 그런 반성이 습관화될 때 비로소 좋은 글을 쓸 수 있다.

🌿 마지막 문자세대와 첫 번째 전자세대의 문명사적 대화

 주지하다시피 지금은 21세기 첨단문명의 시대이다. 디지털화된 전자 정보 통신이 눈부시게 발달하여 산업과 문화를 주도하는 사회가 도래하면서, 글쓰기의 비중과 중요성에 대한 인식이 점차 변해간다. 유식한 말로 하면 지금 이 순간 교실에서 선생님과 함께 공부하면서 글을 쓴다는 것은 '마지

짐작이 됩니다. 제가 4주간 말씀드린 70여 개의 예시 중에서 그것만 그리 중요하게 들렸나 봅니다. 듣고 싶은 것만 듣는 거죠. 제겐 중요도가 한참 떨어지는 20위 밖 아이템인데, 흑흑……. 전 망국병인 대학 서열을 '깨야' 한다고 했는데, 더러 어떤 분은 '학교 서열'까지만 늘고 교수가 서열을 은근히 조장한다고 퍼뜨리고요. 전 우리 교재 2004년판, 2006년판, 2016년판이 우리나라 대학 교재 중 어떤 위치인지 설명하고 선진 사례를 창조적으로 받아들인 현재 대학가 최고 교재인 ○○대 교재와는 이런 점이 다르고 이제 우리도 고칠 때가 되어 개인 저서를 준비 중이라고 했는데, 희한하게도 어떤 분들에겐 선생이 교재를 지나치게 자랑하는 게 싫고 ○○대보다 낫었다고 했다는 말을 들었다고 만들어 퍼뜨리는군요. 원한다면 제 강의 녹음파일을 전해드리고 싶군요. 하지만 제 의도와 달리 그렇게 지기기 듣고 싶은 대로 듣고 왜곡해서 생각하는 수강생이 있다면 제 잘못입니다. 소통을 가르치는 선생이 자기 의사 하나 제대로 알리지 못했으니까요. 제가 가르친 수준이 이것밖에 안된다고 반성합니다."

막 문자세대인 교사와 첫 번째 전자세대인 학생 사이의 문명사적 대화'를 나누는 것이기도 하다. 이제 문자 문화의 시대에서 전자 문화의 시대로 전환되면서, 글의 내용보다는 예쁜 활자나 이미지의 활용, 편집의 세련미를 우선시하는 풍조가 대세를 잡은 듯 위세를 떨치기도 한다. 다만 시각적 아름다움에 대한 외모 중시 풍조가 유행이라고 하더라도 글쓰기에 담긴 내면적 가치가 줄어드는 것은 아니다.

이와 관련하여 이남호의 『문자제국 쇠망약사』(2004)의 한 대목을 들어보자.

> 문자 문화 시대에서 전자 문화 시대로의 전환은 혁명적이다. 문자 제국은 쇠망하고, 전자 제국은 융성한다. 전자 제국에서는 문자와 문학과 책의 문화적 주도권이 급격하게 약화된다. 문자를 일상적으로 사용하되 문자를 통해 세계를 인식하고 사유하는 것을 점점 불편하게 느낀다. 그리고 사람들은 문자성이 강한 책으로부터 멀어진다. 이에 대해서, 전자 시대인 오늘날 오히려 더 많은 문학 작품이 발표되고 더 많은 책이 출간되며 또 전자 문화 속에도 문자의 비중과 역할이 크다고 반박하는 사람이 적지 않다. 물론 그렇다. 전자 시대에도 문자와 문학과 책은 여전히 광범위하게 존재한다. 그러나 그 성격과 위상이 달라진다. 로마 제국이 멸망해도 이탈리아 반도와 이탈리아 사람들은 남는다. 그러나 그 땅은 이제 세계의 중심이 아니며, 그 사람들은 세계를 지배하는 제국의 주인이 아니다. 한때 문자 제국의 강력한 군대였던 책은 문자라는 위력적인 무기를 사용하여 세계를 지배했다. 그러나 이제 책은 무장해제 당하고 있다. (중

략) 전자 제국에서도 책은 사라지지 않는다. 문자도 사라지지 않는다. 다만 달라질 뿐이다. 책의 모습과 개념과 위상이 달라지고 문자의 기능과 역할도 달라진다. 책은 문자를 담으려 하지 않으며, 문자는 정보 전달의 수단에 그칠 뿐 이성적 사유와 인식의 도구가 되려 하지 않는다. 문자를 담는 그릇으로서의 책, 이성적 사유와 인식의 도구로서의 문자는 점점 사라져 간다. 이러한 문자와 책의 사라짐은 우리 문화의 천박함이나 지성의 조잡함과 연관되어 있다.

이남호의 『문자제국 쇠망약사』에 보면, 이성적 사유와 인식의 도구였던 문자와 책의 미덕이 사라지면 우리 문화가 천박해지거나 지성이 조잡해질 것을 우려하고 있다. 일견 타당하다. 요즘 책이나 글을 보면 내적 의미보다 외적 장식을 중시하고 세상과 삶, 인간과 자연에 대한 인식과 이해가 본질적인 것을 외면한 채 외적인 것에 지나치게 경도되는 것처럼 보이기 때문이다. 본질을 도외시한 채 외적인 것에 치우치면 우리네 삶은 한없이 가벼워지고, 인간과 세상의 내면에 자리 잡은 아름다움과 보편적 가치가 외면당할지도 모른다.

그러나 이러한 우려는 기성세대의 문자제국에 대한 퇴영적 향수에서 나온 아쉬움의 산물인지도 모른다. 세상은 최첨단 정보사회로 무섭게 빨리 변화 발전하고 있으며 전자제국의 도래는 단지 과학기술문명의 발달이라는 외형적 측면뿐만 아니라 우리네 삶과 생각, 문화 자체를 송두리째 바꾸고 있기 때문이다. 어차피 신세대의 디지털문화가 지닌 도도한 물결을 외면하거나 피할 수는 없다. 장강의 도도한 물결에 스러져가는 서산일락(西山日落)

이 아날로그세대의 운명일지도 모른다. 이런 예상은 이미 한 세대 전에 마셜 맥루한이 『미디어의 이해』(1964)에서 예언한 바 있다.

과연 대학입시 같은 데서나 위력을 떨치는 문자제국의 총아, 종이책은 사라지고 '슈퍼마리오, 스타크래프트, 뮤직비디오'를 통해 자기 영혼의 80%를 키운('나를 키운 건 8할이 '스마트폰, SNS, 웹툰, 유튜브였다'—서정주 시, 「자화상」 패러디') 전자제국의 대표주자, 전자책(가령, 이북 e-book)만 남을 것인가도 의문이다. 여러분 생각은 어떤가. 당분간 문자제국과 전자제국의 상호공존 내지 상생이 유지될 것이라고 생각한다. 이런 생각조차 독자 여러분께 전달될 때는 두 가지가 예상된다는 게 그 증거이다. 아마 여러분은 이 글을 종이에 인쇄해서 유통되는 책이라는 아날로그방식과, 컴퓨터에 친 한글파일 원고를 인터넷 사이트나 블로그, 이메일 같은 전자매체를 통해 불법이겠지만 일부 또는 전체로 유통되는 디지털방식 둘 중의 하나를 통해 읽을 테니 말이다.

문자제국의 마지막 세대인 선생님, 부모님과 전자제국의 첫 세대인 학생들과 어떤 세대차가 있는지 대학 강의를 예로 들어 설명해보겠다. 가령 우리 강의를 녹음하겠다는 디지털세대의 발상 자체를 처음에는 이해하지 못했다. 지은이는 7, 80년대를 경험한 아날로그 문자세대라서 강의의 녹음 자체를 범죄사실의 증거 확보 정도로만 받아들이는 세대적 한계에서 자유롭지 못했기 때문이다. 그런데 2005년 이후 전공과목 수업을 하는데 수강생들이 MP3로 녹음도 하고 녹취문도 만드는 것을 경험한 바 있었다. 더욱이 2008년엔 강의의 단순한 녹음, 녹취 단계를 뛰어넘어, 수업과 병행되어 진행한 온라인 강의용 인터넷카페에 올려 온라인 토론을 자체적으로 진행하는 등 강의 콘텐츠를 훨씬 더 풍부하게 만드는 것을 보았다. 인터넷카페에 하이퍼링크를 걸어서 강의 자체를 하이퍼텍스트로도 만드는 것을 보고 깜짝 놀랐다.

그래서 문자제국 막판 세대인 지은이하고 전자제국 최초 세대인 여러분들 사이에 이루어지는 일종의 '문명사적인 대화'가 학자, 평론가들만의 멋진 말에 그치는 것이 아니라, 우리네 같은 보통 사람들의 강의실에서도 얼마든지 실현될 수 있다는 것을 실감했다. 그것을 계속 실험하고 싶다. (지금 쓰고 있는 이 부분 글도 실은 강의 녹취문에 기초한 것이다.) 강의 내용을 칠판에 적고 강의노트를 보여주고 책을 읽음으로써 아날로그 방식으로 지식을 전달할 수도 있지만, 거꾸로 강의 자체를 여러분들이 녹음을 해서 정리를 하고, 인터넷카페에 올려서 하이퍼링크를 걸어 다양한 댓글과 다른 사이트와의 지적 그물망을 만드는 등 우리 강의를 풍성하게 만들 일종의 '리좀'형 콘텐츠로 만들 수 있다. 그런 예를 전자제국의 최첨단 정보화 기기를 이용해 써보자는 것이다.

그런데 문자제국의 마지막 세대인 글쓴이도 솔직하게 고백할 비밀이 있다. 세대 간 차이를 넘어서기 위하여 문명사적인 대화가 필요하단 말은 달리 말하면 그만큼 부모님세대가 첨단 정보화 기기에 익숙한 학생들의 문화적 변화 속도를 못 따라가고 있다는 사실을 반증하는 것이기도 하다. 그래서 대화가 필요하다. 선생님이나 부모가 아는 지식이나 지혜의 총체를 여러분한테 강제로 주입하는 것이 아니라, 여러분도 선생님, 부모님을 가르칠 것이 있다는 말이다.

예를 들어 지은이 경우에는 처음 컴퓨터용 마우스를 만났을 때 손가락으

'리좀'이란 고구마나 대나무 뿌리 같은 생각의 그물망을 일컫는다. 들뢰즈나 가타리란 프랑스 철학자가 『천 개의 고원』에서 제안한 개념이다(질 들뢰즈 & 펠릭스 가타리, 김재인 역, 『천 개의 고원 - 자본주의와 분열증 2』, 새물결, 2001, 14~20쪽). 리좀(rhizome)이란 위계적인 방식으로 소통하며 미리 연결되어 있으며 중앙집중화되어 있는 나무 모양의 체계와는 다르다. 중앙집중화되어 있지 않고, 위계도 없으며, 기표작용을 하지도 않고, '장군'도 없고, 조직화하는 기억이나 중앙자동장치도 없으며, 오로지 상태들이 순환하고 있을 뿐인 또 하나의 체계가 리좀이다.

천 쪽짜리 번역본을 보고 겁부터 나서 읽을 엄두도 나지 않았고 들춰봐도 잘 이해가 잘 되지 않았는데, 글쓰기 동료 교수였던 배식한의 『인터넷, 하이퍼텍스트 그리고 책의 종말』(책세상, 2000)에서 명쾌한 설명을 얻어 이를 참조했다. 지은이는 문자제국 막판 세대 입장에서 전자제국 최초 세대인 학생들과의 '문명사적인 대화'로서의 문학 강의를 실제로 '리좀놀이'처럼 설계하고 수업을 진행한 바 있다. 아래에 2008년 2학기 문학사 강의 때 처음 시도했던 '하이퍼 강의와 리좀놀이' 제안을 인터넷카페에 올렸던 당시의 원문 그대로 인용한다.

혹시 사서삼경이나 목사님들 보시는 두꺼운 성경 주해서를 본 적이 있는지요? 최초 말씀에 대한 녹취문 밑에 큰 주석, 중간 주석, 작은 주석이 사방팔방으로 붙는 거죠. 예를 들어 보죠.

"밥을 먹으니 배가 부르구나."

(1) '밥', '먹다', '배', '부르다' 4단어의 용어 개념을 정리한다.
　각주의 예) 한국어의 주식, 쌀 원료, 일본에선 스시, 우동, 중국에선 만두 국수, 미국에선 빵, 독일에선 감자
　'밥' 설명과 함께 관련 사진 붙이기 등
　관련 시, 소설, 영화, 문화 텍스트의 일부 인용(하이퍼링크)
　(원래 여기까진 선행학습으로 미리 하길 바랍니다.)
(2) '밥을 먹다', '배가 부르다' 두 문장의 의미 설명과 거기서 파생된 다른 의미들 찾기(링크나 댓글)
(3) "밥을 먹으니 배가 부르구나" 란 말의 의미와 거기서 파생된 다양한 의미망 만들기('리좀'놀이)
　큰 각주의 예1) "사람은 밥만으론 살 수 없다, 하나님 말씀이 필요하다"
　(자명한 진리의 보편성에 대한 회의와 대안(종교 같은) 모색)
　　각주의 각주) 기독교 같은 서양종교의 자장에 너무 빠져 있네요, 밥이 중요하죠
　　(각주에 대한 비기독교인의 반론)
　　　각주의 각주의 각주) 사탄아 물러가라
　　　(각주의 각주에 대한 반론-종교적 신념에 의한 반응)
　　　　각주의 각주의 각주의 각주) 하루 끼니를 걱정하는 이에게 니네 하나님이 밥 먹여주디? 그건 사치에 불과해!(유물론자의 반론)

큰 각주의 예2) "난 밥을 먹어도 배가 부르지 않던데, 뭐... 그녀와 있으니깨!"
(보편적 진리에 대한 사적 반론)
각주의 각주) "그녀가 누구냐?", "솔로부대 염장 지를래, 이 수업에서까지!"
각주의 각주의 각주) 그녀 혹시 지난번 걔 아냐?
각주의 각주의 각주의 각주) 저 아닌데요.

각주에도 원래 말씀(로고스)에 대한 단순 설명이나 개념 정리부터 부연설명, 파생 정보 등이 있고(의견 수용방향), 강의 내용에 대한 질문, 의문, 회의, 이견, 반론, 대안(의견 비판, 부정방향) 등이 있겠죠?

그것도 다양하게 댓글을 붙이는 겁니다.

"이게 뭥미?" / "너무 복잡하죠." / "지송함미. 흠좀무"…

아니면 논술 공부할 때 마인드맵이나 브레인스토밍해봤을 거예요. 그걸 원용해도 되고요.
제 착상과 의욕이 여러분을 괴롭히는 걸 잘 압니다.
머리는 나쁜데 부지런한 직장상사가 최악이며 머리는 잘 돌아가는데 게으른 윗분이 최고랍니다. 게다가 시공을 넘어선 4차원의 강의를 2차원 노트에다가 억지로 3차원 입체로 정리해보려는 '도로(헛수고)'일 수도 있어요.
하지만 가령, 『논어』에 대한 '공자―주자―김종직―이황―송시열―정약용―정인보―성낙훈―최근덕―허권수' 식으로 권위자의 해석의 시대적 계보(도통을 잇는다고 합니다)나, 성경주석서처럼 엄격한 계층과 질서를 가지고 '정교한 각주'의 논리 사다리를 만들자는 게 아닙니다(극단적으로 교수 논문, 제 저서 쓰는 걸 도와주는 각주 하청업자가 아니란 말입니다).
들뢰즈의 '리좀'(고구마나 대나무 뿌리 같은 생각의 그물망) 같은 댓글놀이로 각주가 비계층적으로 붙은 '지금 여기 우리만의' 수강노트를 재구성해보자, 한국문학의 역사를 "한번 갖고 놀아보자"는 말입니다.
따라서 이미 여러분이 제 강의에서 촉발되어 다양하게 올린 '글(담론)'들이 어떤 연결고리가 있는지 노트정리 팀이 일종의 '초(울트라슈퍼)끈'을 만들어서 이들을 분류하고 엮어서 다른 분들, 일반독자들을 도와줘야 합니다. 가령 중요한 대목인데, 설명이 잘못되었거나 아예 빠졌으면 보안해수고, 반론이나 새로운 생각이 나면 덧붙이고 해서요. 그걸 노트정리 팀이 해달란 기대입니다.
함께 고생해봅시다.
카니발, 페스티벌이 될 때까지요.
고통의 축제라?!

— '김성수의 현대문학사'(수강생용 카페, http://cafe.daum.net/kss2008)

로 두 번 콕콕 누르는 이른바 '클릭'을 할 줄 몰라가지고 쩔쩔 맸던 기억이 있다. 물론 칠십 넘으신 노모는 아직도 컴퓨터 자판조차 건들지 않으며 심지어 손전화조차 거부하신다. "그냥 내가 부를 테니 받아 적어라." 이렇게 하신다. "말씀만 하세요, 제가 컴퓨터로 칠 게요." 해도 "아니다, 받아 적어라." 하신다. 아직도 컴퓨터를 못 미더워하셔서 눈앞의 종이 글씨로 확인해야만 안심하신다. 무조건 "말로 부르는 걸 글로 받아 적어라."는 것이 한 시대의 지혜의 총체이신 노인의 소통방식인 셈이다. 그렇다. 이것이 문명사적 대화의 또 다른 측면인 것이다. 이런 현실을 우리 글쓰기의 역사적 맥락에서 알았으면 싶다.

이런 사적인 수다를 떠는 이유는 기성세대와 신세대 사이의 대화가 글쓰기를 통해 지금도 반복되는 문명사적 사건이라는 사실을 일상 속에서 자각했으면 하는 바람 때문이다. 여러분이 술만 많이 마신다고 기성세대가 요즘 대학가의 세태를 걱정하는 이면에는, 그래픽성을 중시하는 전자제국의 디지털세대 문화가 이성과 사유의 도구인 책으로 무장했던 기성세대의 활자문화에 비해 조잡해지고 천박해질 것을 걱정하는 점도 있다는 말이다. 하지만 이런 우려에 대하여 명쾌한 반론도 가능하다. 기성세대의 시선으로 '마지막 문자세대와 첫 번째 전자세대 사이의 문명사적 대화'의 통로로서의 글쓰기를 규정하고 신세대가 지닌 이성과 사유의 깊이 없음을 우려했지만 실은 기성세대도 문제가 많기 때문이다.

이와 관련하여 다음 대화를 들어보자. 아날로그세대인 아버지와 디지털세대인 자식 간의 대화를 통해 세대차를 확인하고 격차를 극복할 바람직한 소통방법에 대해 생각해 보자.

아 들 : 스마트폰을 바꾸었어요. 1600만 화소의 AI 듀얼 카메라에 사용자 안면인식 기능은 기본이죠. 1200Mbps 데이터 전송 속도의 '와이파이 다이렉트', 모바일 결제용 '근거리무선통신(NFC)', 음성인식, 멀티 태스킹과 무선충전 기능 등으로 뭐든지 가능해요. 스마트폰 하나면 다 되는 세상이 된 거죠!

아버지 : 그래, 굉장하구나. 내 손전화에 비하면 정말 대단한걸.

아 들 : 아버지 폰은 정말 구식이네요. 구려요. 카메라도 8백만 화소라 흐리고 멀티 기능도 부족하고…

아버지 : 전화를 할 수 있지.

 대화에서 보듯이 아버지세대는 다기능 멀티미디어에 익숙하지 못하다. 일만 죽어라고 했지 최첨단 정보화 기기의 세례를 잘 받아들이지 못한다. 그들 기성세대는 책을 무기로 때론 대입이나 취업을 미끼 삼아 디지털 신세대를 지배하려 들지만 실은 이렇게 휴대폰 부가기능도 제대로 쓸 줄 모르는 폰맹, 컴맹, 넷맹, 독수리타법의 터치스크린도 잘 못하는 허술함을 드러내기도 한다. 따라서 여러분이 글을 쓸 때는 쓰는 주체의 또래집단만이 대상이 아니기에 세대차가 확실한 분들과의 소통 역시 글쓰기의 주요한 중간 목표로 거냥해야 좋은 글을 쓸 수 있다.

 이쯤에서 과제를 주겠다.

 아버지와 15분 이상 진지하게 대화를 해보자는 미션이다. 17학번 우리 에가 그러는데 요즘 청소년들, 특히 남학생들은 아빠와의 대화, 독백이나 일방적 잔소리 듣기가 아닌 말 그대로의 다이얼로그, 상호 소통형 이야기

나누기를 거의 하지 않는다고 한다. 지난 1년 동안 아빠와 10분 이상 진지한 대화를 해 본 사람이 20%를 넘지 않을 거라고 단언한다. "공부 열심히 해라, 선생님 말씀 잘 들어라, 집에 일찍 들어와라, 술 좀 그만 마셔라, 담배 좀 몰래 피지 말아라, '엄친아(엄마 친구 아들)', '엄친딸'은 그렇게 공부도 잘하고 착하다더라, 근데 너는 뭐하니?" 등의 부모님 잔소리에 "네, 넵, 넹! 웅, 으웅, 알았어! 내가 알아서 할게." 하고 대답하지만 실은 그 언표 밑에 깔린 숨은 뜻은 "싫어, 귀찮아, 잔소리 좀 하지 마, 제발 그냥 둬, 돈이나 더 줘, 기냥 내비둬!"란다. 요즘 부모 자식 간의 대화 없는 세태를 콕 찍어 말한 탁견이라고 생각한다. 물론 아버지도 일과 직장에 몹시 바빠서 예전처럼 대화를 잘 해주지 않을지도 모른다. 그래도 먼저 다가가자. 힘들겠지만 여러분이 먼저 마음을 열고 대화를 시도해보라. "난 아빠 없는데…" 하지 말고. 이때 아버님과의 대화란 여러분을 이 자리에 오게 해주신 그 분, 부모님, 또는 보호자, 후원자를 대표하는 말이기도 하니, 꼭 아빠 없다고 속상해할 필요는 없다. 난 가짜 아들이라고, 혹은 다리 밑에서 주워 온 딸이라고 이불 쓰고 울지는 말라. 후훗. 중요한 것은 마지막 문자세대인 아버지, 또는 보호자 세대와 첫 번째 전자제국의 시민인 여러분이 대화를 시도하는 것이 문명사적 전환이라는 거창한 의미가 있다는 사실을 깨닫는 데 있다.

05 절차를 지키는 글쓰기

🌿 기초가 바로 서야 글도 바로 선다

글쓰기의 본질은 생각 쓰기이며 삶 쓰기다. 스스로 생각하는 힘을 향상시키는 역동적인 의미 구성 행위이자 다른 사람들을 배려하는 대화라는 점에서 의사소통의 도구이다. 또한 쓰기 과정을 통해 처음에 떠올린 착상을 중간과 마무리 과정에서 돌아보고 고쳐나간다는 점에서 자기 생각을 끊임없이 자체 조정해가는 '상위 인지 전략'이 요구되는 역동적인 학습활동의 종합체이기도 하다.

누구나 처음부터 글을 잘 쓸 수 있는 것은 아니다. 그게 어려우면 시·소설·수필 등 남이 쓴 글을 읽고 만화·웹툰·뮤직비디오·영화·드라마를 보면서 그 속에서 자기 자화상을 찾아본 후, "나라면 그 상황에서 어떻게 했을까?" 하고 상상해 보는 것도 한 방법이다. 자신만의 느낌과 생각을 친구 등 주변사람들과의 대화를 통해 교환해보고 그 과정을 글을 쓰면서 시나브로 자신의 삶에 대한 태도를 바꾸는 글쓰기가 바람직한 순서라고 하겠다.

깊이읽기

> 좋은 글을 쓰기 위한 글쓰기 절차로서 어떤 것이 가장 효율적인가에 대해서는 미국 대학에서 오랜 기간 많은 연구와 교육현장에서의 임상실험이 이루어졌고, 최근 10여 년 간 우리나라에서도 열심히 연구되고 있다. 그런데 우리 대학가의 글쓰기 교육에서 선구적인 몇몇 학자와 교수자들의 연구와 수업 방식이 대부분 글쓰기론 선진국이라는 미국의 방식을 별다른 여과장치 없이 받아들이고 있어 문제가 없지 않다. 가령 최근 20여 년 간 우후죽순처럼 설립된 한국 대학의 글쓰기 관련 학부대학, 교양학부, 교육원, 교육센터 등에서 교육방식으로 정착시킨 시스템은 몇몇 교재와 강의방식 등으로 미루어 봤을 때, 대체로 MIT, 하버드, 시카고, 미시건대학 등의 라이팅센터 운영과 교재를 바탕으로 약간씩 변형해서 기초를 세운 것으로 보인다.
> 그런데 미국과 우리나라는 언어 현실과 글쓰기 환경이 같지 않다. 미국의 라이팅은 사실은 다인종·다민족·다언어 연방국가의 혼종적 구성원들을 하나로 통합하기 위한 소통 수단 및 이념적 통합 도구로 언어와 글쓰기를 가르치는 것이다. 영어를 모국어로 하지 않는 국가 구성원들을 위한 제2언어로서의 영어를 가르치는 문제의식까지를 미국식 글쓰기 교육은 포용해야만 했기에 철저히 초보적 기능 위주의 절차를 중시할 수밖에 없다. 학술 목적의 글쓰기도 '삶을 가꾸는' 동아시아의 전통적 글쓰기보다 수준이 높지 않다.
> 우리나라 학생들은 한국어를 모국어로 훈련받으며 성장했기에 언어에 담겨 있는 문화까지 체득되어 있다. 따라서 우리와 글쓰기 환경이 다른 국민 통합 도구로서의 언어를 기능적으로 가르칠 수밖에 없는 미국 나름의 고심의 산물인 '라이팅센터' 방식을 선진국 것이라 하여 번역, 번안, 도입해서 우리 대학에서 그대로 가르치는 게 과연 바람직한 길이라는 것에는 선뜻 동의하고 싶지 않다. 더욱이 미국식 글쓰기 교육, 이른바 '글쓰기(학습)의 매뉴얼화'가 심지어 창의적 사고에 입각한 개성적 글쓰기까지 무리한 일반화를 시도하는 것은 문제가 아니할 수 없다. 학생들의 상상력을 최대한 끌어내야 하는 창의적 글쓰기의 무한한 가능성조차 일정한 틀 안에 가둘 수도 있음을 감안해야 한다.

 글쓰기가 아예 싫거나 아무리 애써도 글이 잘 써지지 않는 경우가 있다. 그에 대한 처방책은 다른 게 아니다. 사전 준비라는 글쓰기 절차를 따르지 않은 데 원인이 있는 경우가 많기 때문에 그것을 고치면 된다. 요즘에는 정보화 기기의 엄청난 발달로 인해 컴퓨터 자판 치기와 손전화 문자 보내기가 일상화되면서 종이에 펜으로 글씨를 쓰는 일보다 자판을 누르는 일이 훨씬 편해졌다. 그런데 머릿속 생각을 빨리 문자로 포착해서 늦기 전에 상대에게 보내야 한다는 조급증이 앞선 나머지, 자기가 쓴 글을 제대로 확인하지 않고 엔터키를 누르는 경우가 비일비재하다. 키보드 자판 두드리기나 손전화 문자 보내기의 영향으로 즉흥적 글쓰기에만 익숙해져서, 준비단계 등의 절차를 지켜 쓰지 않게 되고 그러다보니 글쓰기가 더 힘들어지고 귀찮아지는 악순환이 반복되는 셈이다. 글쓰기를 잘하려면 떠오른 아이디어를 빠른 손놀림으로 문자판에 정착시키는 것도 중요하지만, 그보다는 자기가 쓴 글을 한번이라도 좋으니 독자 입장에서 읽고 수정한 후 상대에게 전달하는 습관을 기르는 것이 필수적이다. 무슨 말이냐 하면 좋은 글쓰기는 반드시 절차에 따라야 한다는 사실이다.

글을 쓰는 행위는 건축물을 창조하는 행위에 비유할 수 있다. 하나의 건축물을 창조하자면 우선 그 동기나 목적에 따라 건축의 양식을 결정하고 설계도를 작성해야 한다. 그리고 그 설계도에 따라 건축 재료를 조립해 나가되, 먼저 건축물의 기초와 뼈대를 구축하고, 각 부문을 완성해 가면서 다양한 장식과 다듬기로 최종 마무리를 짓는다.

글쓰기는 건축 같아서 설계도면이 대단히 중요한데 그 과정을 한 단계씩 설명해 보겠다. 우선 무엇을 쓸 것인가부터 고민을 해야 한다. 글쓰기는 '생각 쓰기'이기 때문이다. 브레인스토밍, 마인드매핑, 연상훈련 등을 통해 생각이 떠오르도록 글감부터 찾아야 한다.

글쓰기는 아이디어의 생성, 조직 및 배열, 그리고 적합한 언어로 표현하는 과정으로 이루어진다. 이러한 과정을 반복함으로써 논리적이고 창의적인 사고 능력을 키울 수 있다. 글쓰기 과정은 자신이 어떻게 생각하고 있는지, 혹은 자신이 어떻게 생각해야 하는지에 관한 여러 가지 통찰을 얻을 수 있는 과정이다. 따라서 글쓰기 능력을 습득함으로써 누구나 논리적으로 생각을 전개하고 창의적으로 문제를 해결하며 비판적으로 현상을 이해할 수 있게 된다.

쓰기 능력과 사고력을 향상시키기 위하여 흔히 주어진 글을 읽고 거기 담긴 핵심내용을 요약하고 논평하면서 문제점을 짚어내거나 대안으로서의 새 주장을 펴기도 한다. 글쓰기, 논술 같은 것을 준비하면서 흔히 했던 방법은 브레인스토밍, 또는 마인드맵, 마인드매핑이라는 것이 있다. 비슷한 것으로 어떤 핵심어(키워드), 나무란 단어를 떠올리면 그로 인해 떠오르는 다른 단어를 옆에 써보고 그 다음 다른 낱말을 또 떠올려 마치 곁가지가

> **깊이읽기**
>
> '과정 중심 쓰기' 교육론에서 특히 강조하는 것이 쓰기 과정에서의 회귀성, 다시 말해서 글쓰는 이 자신의 끊임없는 자기점검과 자기평가가 쓰기능력을 향상시킨다는 문제의식이다. 이를 인지/상위인지(메타인지metacognitive) 개념과 관련시켜보면 차이가 드러난다. 전통적인 '인지학습' 전략에서는 밑줄 긋기, 노트하기, 개요 잡기, 요약하기, 연결 짓기, 생각 묶기 등을 중시하지만 최근의 '상위 인지학습' 전략에서는 자기점검, 자기교수, 자기평가, 자기질문, 자기계획 등을 더욱 중시한다. 인지쓰기 전략에서는 '얼른 떠올리기(브레인스토밍), 다발 짓기, 생각의 그물 만들기(마인드매핑), 돌려 읽기' 등을 내세우며, 상위 인지쓰기전략에선 '자기점검, 자기평가, 자기강화' 등을 제시한다.[20]

---

[20] 이재승,『글쓰기 교육의 원리와 방법-과정 중심 접근』, 교육과학사, 2002.

많은 무성한 나무처럼 생각의 꼬리를 이어나가는 방법, 마인드맵, 생각의 지도 만들기 이런 것들을 하면서 쓸 거리를 찾아서 글쓰기 준비를 했을 것이다. 앞에서 글쓰기를 '생각 쓰기'라고 했으니만큼, 난 쓸 게 없다는 말은 정말 생각이 없는 게 아니라 쓰기 싫다는 말이고, 그렇지 않다면 뇌 속에 들어 있는 생각을 꺼내는 방법으로 브레인스토밍이나 마인드매핑을 해봐야 할 것이다.

🌿 떠오르는 생각을 잘 잡으려면

먼저 글을 쓰기 위한 준비작업으로, 아이디어 생성과정을 생각해보자. 아이디어 생성은 흔히 브레인스토밍, 마인드매핑, 연상법을 통해 이루어진다. '연상 훈련'도 그런 것의 일종이다. 다짜고짜 글을 쓰려고 하면 어려우니까 연상 방법으로 1분 동안 떠오르는 단어를 정리해보자. 그래서 단어들을 나열해보라고 했더니, 어떤 학생이 1분 동안 단어를 떠올린 것이 '밥, 선배, 시계, 지갑, 형, 동생, 부모님, 장래, 여자, 만화책, TV, 친구' 이런 것이었다. 잘 따져보면 '밥, 선배, 시계, 지갑, 형, 동생……'을 보면 이 글을 쓴 사람은 남학생이며 가족들과 떨어서 사는 자취생인 것 같다는 생각이 든다. 늘 부모님과 있으면 부모님이란 단어를 잘 떠올리지 않기 때문이다. 부모님과 떨어져 사는 외지 출신 남자 자취생이 아침밥을 못 먹고 지금 9시 수업에 뛰어온 상황인 것까지 유추할 수 있다. 그런데 다른 학생의 경우 똑같이 1분을 줬는데 특이하게도 다음과 같이 24개 낱말을 쓴 사람이 있었다.

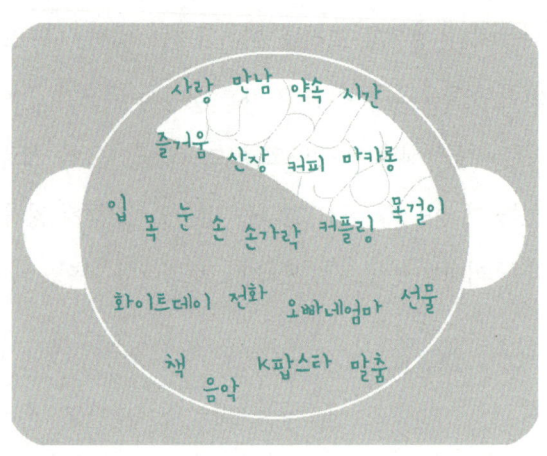

　제시된 낱말들은 영화의 한 장면처럼 모두 연관되어 있다. 마들렌과 입 사이, 오빠네 엄마와 선물 사이에 직접 관계가 없어 보이지만 전체 낱말들로 볼 때 이들의 내적 연관을 짐작할 수 있다. 똑같은 1분 동안 남학생은 13개의 단어를 파편적으로 나열했는데 이 학생은 24개를 썼다. 그리고 앞의 단어들은 무슨 상황인지 잘 연상이 안 되고 막연하게 추정만 되는데 비해, 여학생이 떠올린 단어는 그녀가 처한 상황을 어느 정도 짐작케 한다. 딱 영화 한 장면이다. 뭘까?

　이 사람은 여학생이다. 사랑하는 오빠가 있는 여학생인데 선생님이 뭘 쓰라고 하자 딱 지난 주말에 만난 오빠가 생각났다. 약속시간을 정해 산장 카페에서 만났는데 즐거웠다. 커피를 마시고 마카롱 과자를 먹었는데 커피, 샌드위치보다 바로 앞에 있는 오빠의 눈, 입, 오빠의 손, 오빠의 손가락, 오빠의 손가락에 끼어져 있는 커플링, 그리고 멋진 목걸이를 했으며 화이트데이 때 전화를 걸었는데 마침 오빠의 엄마가 받아서 탁 끊었다. 이런 식으로 머릿속 연상을 단어로 나열하다가 다시 생각의 나래가 화이트데이 때 받은 책 선물로 연결되었고, 그때 '방탄소년단' 같은 케이팝스타 아이돌 댄스그룹과 아재인 싸이의 '말춤'을 떠올렸다.

딱 떨어지는 그림이고 영상이다. 1분 동안 단어를 쓰란 말을 들었을 때 순간 오빠와 함께 했던 데이트 장면이 그려졌던 것이다. 사랑하는 오빠를 만나 함께 커피를 마시고 마들렌 과자를 먹으며 방탄소년단의 음악을 들었던 사람에 대한 연상이기 때문이다. 이 낱말들만으로도 학생의 심리 상태나 관심사가 무엇인지를 추측할 수 있다. 안 봐도 비디오인 셈이다.

이렇듯 주변 사물에 대한 관심 가지기는 집중력 향상에 도움이 된다. 관심거리가 있을 때와 없을 때, 사고의 집중력에는 상당한 차이가 있다. 무엇엔가 관심을 가지면 그에 대해 전에는 생각하지도 못했던 많은 것들이 떠오르는 것을 경험한 적이 있을 것이다. 앞서 한 영역에 두세 개의 낱말밖에 연상하지 못할 만큼 생각이 산만한 것은 집중할 만한 관심거리를 가지지 못했음을 의미한다.

둘 중 어느 것이 글쓰기를 위한 준비단계로서 바람직한 연상인가. 둘 다 글쓰기 준비단계로서 연상법을 사용했는데, 아무래도 앞에 것보다 뒤의 것이 훨씬 더 눈에 그릴 듯 느껴지고 입체적이고 살아 있는 것을 알 수 있다. 물론 앞의 것이 잘못되었다는 것은 아니다. 어렴풋이 생활을 느낄 순 있지만 글쓴이의 생각의 지도가 드러나고 글을 읽는 상대방을 배려하는 단어들은 아니다. 그냥 떠오르는 것을 쓴 것에 불과하다. 연상은 글쓰기의 출발점이다.

> 깊이읽기
>
> 연상(association)은 글쓰기의 출발점이다. 그러나 그것을 하나의 책으로 만들려면 위계가 이루어지도록 난삽한 가지들을 치고 남은 부분들을 다른 부분에 적절히 예속시켜야 한다. 따라서 연상은 책의 세계에서는 단지 예비적인 작업일 뿐이다. 책에서 목차가 제일 먼저 나오는 것은 '연상'이라는 야생마를 말 잘 듣는 경주마로 제대로 길들였다는 자부심, 다시 말해 연상의 난삽함을 극복하고 그것을 체계적으로 정리해냄으로써 어엿한 책의 자격을 갖추었다는 자부심의 표현이다. 또한 자기가 치른 정신적 노동의 산물에 대해서 그만큼의 보상을 받아야겠다는 의사 표현이다. 그렇지만 책에서 연상의 흔적이 완전히 사라지는 것은 아니다. 그 흔적은 책의 제일 뒤쪽에 '색인'이란 이름으로 살아 있다. 색인은 그 책을 보는 새로운 방법을 제시한다. "색인은 독자로 하여금 같은 단어나 구절, 주제를 지니는 문단들을 찾아다니도록 하고 그리하여 책 이쪽저쪽에 넓게 흩어져 있는 문단들을 서로 이어준다. 어떤 의미에서 색인은……다른 책을 정의한다.……그리고 독자로 하여금 다른 방식으로 그 책을 읽도록 한다. 색인은 문단과 쪽을 오직 하나의 순서가 아니라 여러 순서로 보여줌으로써 책을 나무 구조에서 네트워크 구조로 변화시킨다."[21]
>
> 일상적으로 진행되는 우리의 사고 과정을 지켜보면, 두서없이 일어나는 우리의 생각들을 볼 수 있다. 아침부터 저녁까지의 우리의 생각들을 볼 수 있다. 아침부터 저녁까지의 우리의 생각들이 수미일관의 구조를 가지지 않는다는 것은 너무도 분명하다. 때에 따라 상황에 따라 우리의 생각은 각종 연상 작용에 의해 이리 갔다 저리 갔다 춤을 춘다. 바다가 나오는 텔레비전 광고를 보고 있는데 강릉 경포대의 소나무 숲이 문득 스쳐 지나간다. 그리고 갑자기 옛 친구의 이름이 떠오른다. 그리고 종로의 뒷골목이 그려진다. 우리 생각의 마디들은 느슨한 끈으로 묶여 복잡하게 뒤얽혀 있는 것만 같다. 그리하여 어떤 자극이 들어오면 하나의 생각은 느슨한 끈을 통해 다른 생각으로 이동하고 또 그 생각에 엮여 있는 끈을 통해 다른 생각으로 이동한다. 또 이동 후에는 제자리로 돌아오기도 하고 때로는 어디서 출발했는지도 모른 채 어디선가 새로운 출발을 하기도 한다.
>
> 하이퍼텍스트가 우리의 연상 과정을 닮은 것이라면 그것은 우리의 연상 과정이 지닌 장점과 단점들을 마찬가지로 가질 것이다. 우리 사고의 연상 능력은 자유와 창의성이라는 장점이 있는 반면에 무질서하고 체계적이지 않다는 단점도 있다. 우리의 사고라는 동전에는 앞면에 창의성이, 뒷면에 무질서가 새겨져 있다. 동전의 앞면을 보는 사람들은 하이퍼텍스트가 책의 질곡에서 우리를 해방시켜줄 것이라는 희망을 가질 것이고, 동전의 뒷면을 보는 사람들은 하이퍼텍스트를 단지 기술로 치장한 내실 없는 한바탕의 소란 정도로 여길 것이다.[22]

---

[21] Jay David Bolter, *Writing Space : The Computer, Hypertext, and the History of Writing*, Lawrence Erlbaum Associates, 1991, p.22.
[22] 배식한, 『인터넷, 하이퍼텍스트, 그리고 책의 종말』, 책세상, 2000, 38~39쪽.

구경애가(鷗鯨愛歌)

그대를 사랑합니다.
그대의 크고 아름다운 눈망울을
바라볼수록 깊어지는 눈망울을
그대의 마음만큼이나 크고 넓은 몸짓을

혼자 외로이 노래 부를 때면
다가와 노래에 맞춰 분수 같은 물을 뿜어주는 상냥함을
그런 그대를 사랑합니다.

당신을 사랑합니다.
당신의 눈부시게 하얀 피부를
어디나 자유롭게 다니는 자유로움을
당신의 낭랑하고 활기찬 노래 소리를

혼자 외로이 떠들고 있을 때면
찾아와 그 밝은 목소리로 말 걸어주는 따뜻함을
그런 당신을 사랑합니다.

이번에는 방법을 바꾸자. 앞에서 느닷없이 아무거나 단어를 써보라니까 조금은 막막했을 것이다. 그러니까 지각할까 걱정하며 뛰어왔던 지방 출신의 자취생 남학생은 이렇게 단어를 나열할 수밖에 없었고, 엄마가 차려주는 아침밥을 잘 먹고 집을 나선 여학생은 오빠 생각밖에 없는 것이다. 뭐가 낫다고는 할 수 없다. 오빠는 자취생이고 게으르니까 형편없는 글이고 여학생의 것은 사랑이 듬뿍 담긴 글이니 좋은 글이라고 단정할 수는 없다. 그런데 이렇게 하면 어떨까. 이번에는 키워드를 주고, 단어를 주고 한번 연상해보자는 것이다.

가령, '꽃'이라는 열쇳말을 주고 연상되는 단어를 나열한 후 그를 바탕으로 짧은 글짓기를 해보라고 하자, 두 가지 반응이 나타났다. 어떤 학생은 장미, 해바라기, 국화, 벚꽃, 무궁화, 진달래, 개나리, 할미꽃 등의 꽃 이름을 나열한 후 "식물원에 갔더니 꽃이 많네요. 장미, 해바라기, 국화, 벚꽃, 무궁화, 진달래, 개나리, 할미꽃 등이 예쁘게 피었군요."라고 했다. 글쓰기 이면에 숨겨진 심리적 상황을 재구성하면 다음과 같다.

> 벚꽃, 무궁화꽃, 진달래꽃, 개나리꽃, 할미꽃. 더 있겠지. 장미, 해바라기 국화 등. 쓰기 싫어 죽겠어. 어젯밤 선배들과 마신 술도 덜 깼는데 뭘 써야 하나. 어제 식물원에 갔다. 꽃이 참 많더라, 장미, 해바라기, 국화, 벚꽃, 개나리 진달래, 할미꽃 등 예쁘게 피었다. 할미꽃도 예쁘더라. 끝.

이렇게 썼다. 그런데 똑같은 시간에 다른 학생에게 '꽃'이라는 시제를 주고 단어를 나열하고 짧은 글짓기를 하라고 했더니 그 여학생은 '사랑, 장미, 생일, 향수, 키스'를 나열했다. 참 솔직하고 과감한 학생이다. 또는 신입생들의 로망이기도 하다. 이런 단어를 떠올릴 수 있는 사람은 행복할 것이다. 그녀의 글은 다음과 같다.

> 친구가 생일날 남자친구에게 꽃을 받았다고 한다. 속으로 난 굉장히 부러웠다. 내가 스무 살이 되는 날 오빠가 나한테 '장미꽃' 스무 송이와 '향수' 그리고 '키스'(뽀뽀가 아니다!)를 선물해 준다면 난 너무 행복할 것이다. 오빠가 보고 싶다. 오빠는 지금 무엇을 생각하고 있을까?[23]

이 글을 보는 사람들 중 20%는 또 손전화 문자를 꺼내보고 있을 것이다. 차마 쓸 수는 없지만 '오빠는 지금 무슨 생각을 하고 있을까?' 다음에 속맘으로는 '혹시 딴 년 생각? 문자를 왜 씹지?' 같은 심정까지 추측할 수 있다. 그렇다면 이는 학생이 훨씬 입체적인 사고를 하거나 자신의 체험에서 우러나온 생생한 연상을 했다는 증거이다. 적어도 식물원에 갔으니까 무슨 꽃이 있고 무슨 꽃이 예쁘다는 식의 평면적 나열이나 억지 숙제 글을 쓴 것은 아니다. 가식적인 글, 황대경의 글보다는 적어도 박지원의 글처럼 아침 햇살을 받는 살아 있는 글을 쓰는 것과 같다. 물론 뒷글이 꼭 낫다고는 할

---

[23] 이 부분은 손세모돌, 『창의적인 생각, 체계적인 글』(한국문화사, 1997)을 참조하였다.

수 없겠지만, 그래도 그게 더 오래 남을 것이다. 이것이야말로 글쓰기 준비 단계로서의 연상 훈련의 본령을 잘 보여주는 예이며, 연상작용의 위력을 잘 알 수 있게 하는 증거라 하겠다.

좋은 글감을 찾으려면 쓰고 싶은 주제에 따라 다르겠지만, 억지 숙제라는 생각이 아니라 뭔가 문제의식이 있어야 한다. 자기 영혼의 상처를 드러내는 것도 문제의식의 하나이고, 그런 개인적 실존적 차원의 문제 말고 사회적 차원의 비판적 지식인이 되자는 것도 일종의 문제의식이다. 문제의식을 가지고 세상을 보면 지금까지 별다른 문제가 없어보였던 세상이 다시 보이고 곰곰이 따져보고 싶은 글감이 자꾸 떠오르며, 그중 하나를 택해 논지를 세울 수 있다. 논의의 기초를 세우는 일, 이게 없으면 안 된다. 이때 가능하면 자기가 진정 쓰고 싶은 것을 써야 글쓰기가 술술 풀린다.

특정 주제를 정해주지 않고 자기가 쓰고 싶은 것을 자유롭게 쓰라고 하면 새내기들은 겁부터 먹는다. 감수성이 예민한 청소년기에 대한민국 교실에서 자율학습이란 미명 아래 타율을 뼛속 깊이 체득했기에, 자유로운 글쓰기의 취지를 곧이곧대로 받아들이지 않는다. 자유란 또 다른 이름의 교묘한 구속이란 것을 재빨리 간파한다. 아무리 자유라고 해도 보고서는 일종의 권력관계의 산물이기 때문이다.[24] 글쓰기를 가르치고 실습 결과물을 채점할 교수자, 평가자, 출제자의 권력이 작용한다는 것을 부인하기 어렵다. 보고서를 제출하는 사람은 읽는 사람에게서 칭찬이나 비판, 수정 지시, 그리고 평가·학점 등 무엇인가를 얻어내야 하는 입장이기 때문에 더욱 그

---

[24] 탁석산, 『탁석산의 글쓰기 (4) – 보고서는 권력관계다』, 김영출판사, 2006.

러하다. 그래서 교수자의 의중을 알아차리느라 신경을 곤두세운다. 스스로 알아서 글감을 정하라고, 자기가 정말 쓰고 싶은 것을 써야 좋은 글이 나온다고 아무리 강조해도 학생들은 다음과 같은 질문을 꼭 던진다. 그것도 익명게시판에 자기를 숨기면서 말이다.

> **과제가 정말 자유로운 글쓰기인가요?**
> 전 과제의 주제 선정이 자유라고 하셔서 그냥 일상생활이나 어린시절 얘기 등등 이런 소소한 얘기들을 주제로 정해서 쓰려고 했는데 이런 것들도 다 되는 건가요? 꼭 책이나 영화나 사회적 이슈에 대한 논평 같은 글만 되는 건 아니겠죠?ㅠㅠ
>
> ┖ 가벼운 내용을 써도 되는지 저도 궁금해요.
>
> ┖ 아 정말정말 자유주제 맞는 거겠죠? 전 진짜 가벼운 주제로 쓰려 하는데… ㅠㅠ 아 걱정된다.
>
> ┖ 나도 정말 궁금하다… 아마 대부분의 학우들이 가장 알고 싶어하는 질문일 듯… 좋은 학점을 받기 위한 억지 창의적 글쓰기 시간이 되지 않기를…
>
> ┖ 선생님이 좋아하는 영혼의 상처, 트라우마를 써야 좋은 학점 나온다고 선배들이 그러던 걸^^

질문에 대한 답은 물론 '네, 자유입니다.'인데도 이런 질문이 반복되는 이유는 교실에서 학생들이 선생님을 믿지 못하기 때문이다. 좋은 글을 쓰기 위한 준비단계, 워밍업은 어쩌면 글쓰기를 통한 교수자-학생 간의 인간적 신뢰(레포 형성)를 쌓는 일일지도 모른다.

아이디어를 떠올릴 때 '자기 검열'을 하지 말고 마음의 문을 열어 솔직히 쓰겠다고 마음먹는 것이 가장 중요하다. 내가 이 글을 써서 무엇을 얻을 것인지, 쓰기 전의 마음가짐을 다지거나 준비를 한(이를 문제의식, 또는 입론이라 한다) 글이, 그런 준비과정 없이 이것저것 생각이 떠오르는 대로 무작정 쓴 글보다 좋은 결과가 나올 것은 명약관화다.

🌿 초고 고쳐 쓰기 습관을 들여야

글을 쓰려는 의도나 그 속에서 말하고자 하는 목적(이것은 '주제'에 해당한다)이 마음속으로 정해지면, 관련 자료를 찾아봐야 한다. 그리고 자기 생각과 수집된 자료 및 거기 담긴 다른 사람들의 생각들을 엮어서 자신이 글을 쓰려는 애초의 의도를 가장 적절히 드러낼 수 있는 방식으로 전체적인 뼈대를 세운다. 이것을 구상 및 개요(목차) 짜기라 한다. 무엇을 쓸 것인가(what)를 확정하고 그것을 정리하는 작업이 끝나면, 이번에는 어떻게 쓸 것인가(how) 하는 구상과 글의 구체적인 전개가 대두된다. 1단계 작업에서 설정되고 정리된 제재를 구체적으로 어떻게 배열하고 구조화하느냐 하는 안(案)을 짜내는 것이 구상의 단계이다. 구상은 한마디로 설정·수립·정리된 제재들에 서술 순서를 정하고 부분과 전체의 유기적인 관계에 관한 안을 확정하는 작업이라 정의할 수 있다.

그것은 제재를 어떤 방식으로 전개시키느냐로 귀결되는 작업에 해당한다. 구상을 할 때 주의해야 할 기본 원칙으로 '중(中)·요(要)·관(貫)'이 있다. '중(中)'은 중심이 없는 산만한 글이 되지 않도록 한다는 말이고, '요

깊이읽기

지은이가 공동 집필에 참여한 성균관대 교재『창조적 사고 개성적 글쓰기』2005년 초판에서는 글쓰기 절차를 다음과 같이 세 가지 경우로 나눠 설명한 바 있다. 첫째는 ① 주제 설정→② 자료 수집 및 정리→③ 구상하기→④ 개요 작성→⑤ 초고 작성→⑥ 퇴고이다. 이 절차는 수업 시간에 구체적인 과제를 부여받은 경우를 전제한 것이므로 경우에 따라 순서가 바뀔 수 있다. 정해진 주제가 없이 자유롭게 글 한 편을 써야 한다면 무엇을 쓸 것인가부터 고민해야 하므로 '주제'를 먼저 정하기보다는 '글감'부터 찾아야 한다. 두 번째는 다음과 같다. ① 글감 찾기→② 주제 설정→③ 자료 수집 및 정리→④ 구상하기→⑤ 개요 작성→⑥ 초고 작성→⑦ 퇴고. 그런데 어떤 경우에는 자료 수집 단계에서 새로운 자료를 발견하고 아이디어가 생성되어, 거기에서 새로운 글감을 찾은 경우이다. 그리고 그 글감에 대한 주제를 정한 경우 세 번째는 다음과 같다. ① 자료 수집 및 정리→② 글감 찾기→③ 주제 설정→④ 구상하기→⑤ 개요 작성→⑥ 초고 작성→⑦ 퇴고. 2006년도 개정판에선 첫째 절차인 '주제 설정→자료 수집→구상→개요 작성→초고 작성→퇴고'로 일원화시켜 설명하였다.

정희모 외,『대학 글쓰기』(삼인, 2008)에는 글쓰기 절차를 '계획하기→작성하기→고쳐 쓰기'로 크게 3단계로 나누고 작게는 '구상하기→주제 찾기와 내용 생성→구성하기→초고 쓰기→고쳐 쓰기'로 구분되어 있다. 그 책이 이론적 밑바탕으로 참조한 레키의『학술적 글쓰기』에서는 글쓰기 절차를 다음과 같이 정리하였다.

① 글쓰기 일지(working journal)로써 아이디어 모으기
② 내 글을 읽을 독자와 목적을 고려하기
③ 초고를 연습장(종이)에 쓰고 피드백 받기
④ 자신의 글에 대한 주제를 명백하게 표출하기
⑤ 아이디어들을 발전시키고 그 윤곽 잡기
⑥ 초고 쓰기 : 효과적인 서론, 결론, 그리고 제목 쓰기
⑦ 수정하기
⑧ 수정한 초고 편집하기

다만 이 책을 우리 대학의 글쓰기 교본으로 삼을 때는 유의해야 할 점이 있다. 이 책은 이른바 ESL(제2외국어로서의 영어)학습 교재라는 사실이다. 영어를 모국어로 하는 대학생들의 학

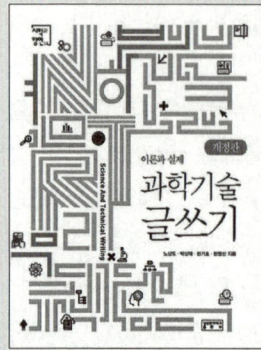

술적 글쓰기 교재가 아니라, 미국으로 유학 간 외국인 학생들에게 영어를 활용한 학문/학술 목적 글쓰기를 시키기 위한 학습모형과 자료가 제시되고 있다. 미국 중심주의와 영어 제국의 위력을 실감케 하는 이 교재를, 한국 대학의 글쓰기 학자들이 본래의 목적과 맥락에 대한 깊은 고려 없이, 선진국의 대학 글쓰기 교육의 모델로 삼아 지도방법에 참고하고 있는 것이 솔직한 실정이다. 마찬가지로 체리 캠벨(Cherry Campbell)의 *Teaching Second Language Writing*, 바바라 크롤(Barbara Kroll)의 *Second Language Writing*, 로널드 카터와 데이비드 누난(Ronald Carter and David Nunan)의 *Teachers of English to Speaker of Other Language* 등이 미국에서 영어를 모국어가 아닌 제2언어로 사용하는 국가 성원을 위한 책이라는 사실과, TESOL도 미국에서 1966년에 결성된 Teaching of English to Speakers of Other Languages과 관련된 학자들의 저서나 논문집임을 염두에 두어야 한다. 이 중 우리말로 번역된 체리 캠벨, 정동빈 역,『제2언어 작문교수』(경문사, 2004) ; 바바라 크롤,『제2언어작문』(강남대출판부, 2003)을 보면 그 취지와 내용을 잘 알 수 있다.

(要)'는 지루한 글이 안 되게 형상화를 한다는 것이고, '관(貫)'은 처음 쓰고자 했던 바를 글을 쓰는 중간에 바꾸거나, 논지가 엉뚱한 길로 들어서지 않도록 일관성을 지켜야 한다는 말이다.[25] '중심을 잃지 않으면서도 지루하지 않으며 일관성을 유지할 수 있는 글'이 되도록 준비단계에서 구상을 잘

해야 할 터이다.

구상 단계에서 '중(中)·요(要)·관(貫)'의 원칙을 잘 지키면 준비 없이 무작정 쓰는 사람들이 흔히 범하는 오류, '용두사미, 중구난방, 횡설수설'식 글쓰기의 함정에서 벗어나 일관성, 통일성이 있는 글을 쓸 수 있다. 구상하기의 결과는 머릿속에 있는 글 전체의 설계도를 직접 개요와 목차로 드러내는 일이다. 처음—중간—끝, 서론—본론—결론 등의 뼈대를 세워 각 부분을 직접 쓰기 시작할 수 있다. 사실 글의 개요나 목차를 어느 정도 만들면 글의 절반은 완성한 것이라 할 수 있다.

그 다음이 초고 쓰기다. 글의 개요나 목차를 만들었으면 자신의 원래 의도를 가장 잘 드러낼 수 있는 '표현방법'을 선택하고, 적절한 소재와 자료를 기초로 글을 쓰기 시작한다. 글의 첫머리와 중간, 끝을 실제로 작성하여 초고를 완성한다. 이때 중간중간 미완의 글을 독자 입장에서 읽어보고 원래의 생각과 결과물이 일치하는지 따져보고 고치면서 더 나은 글이 되도록 수사(修辭)와 표현 기교를 적절히 활용한다. 이렇게 하여 성립된 초고는 자기평가, 동료평가를 통한 수정하기, 퇴고의 고쳐 쓰기 과정을 거침으로써 비로소 완성된다(탈고).

---

25 김성수 외, 『창조적 사고 개성적 글쓰기』 초판본(성균관대출판부, 2005), 35쪽 참조. 초판에 썼던 부분이 2006년 개정판에서 빠졌기에, 여기 복원한다.

지금까지 말한 글쓰기의 절차를 정리하면 다음과 같다.

① 글감 찾기 : 쓸 거리를 찾기
② 문제의식 세우기 : 무엇을 쓸 것인가, 주제 설정
③ 자료 수집하기 : 웹서핑, 복사 / 짜깁기가 아닌 출처 찾아 밝히기
④ 구상 및 개요 잡기 : 설계, 전체 뼈대 세우기, 제목 달기, 목차 만들기
⑤ 초고 쓰기 : 소주제문과 뒷받침문장 쓰기, 단락 구성, 서두와 결말, 참고자료와 출처 밝히기
⑥ 고쳐 쓰기(퇴고) : 독자 입장에서 읽어보고 다시 수정하기, 탈고

자기 마음 내키는 대로 자유로이 글을 쓰라고 하면서 글쓰기에 웬 절차가 이리 복잡하냐고 반문할 수도 있다. 이 경우 3단계로 글쓰기 절차를 더 줄일 수도 있다. '쓰기 전 준비 → 쓰기 → 고쳐 쓰기' 이것도 귀찮다는 '스노우캣' 같은 귀차니스트들이라면 2단계로 줄일 수도 있다. '글쓰기 → 고쳐 쓰기'. 이젠 더 줄일 수 없다. 그만큼 수정, 퇴고의 고쳐쓰기는 글쓰기의 필수절차라는 뜻이다. 아무리 이태백 같은 천재라도 일필휘지하여 단번에 명시, 명문을 쓸 수 없다. 이태백이나 모차르트는 일종의 신화, 판타지로 받아들였으면 한다.

사실 글쓰기 교실의 학생들은 이런 절차를 대단히 귀찮게 생각한다. 이론은 받아들이지만 실습할 때 실천하지 않으니 문제이다. 그들에게는 글쓰기의 절차조차 수능 쓰기영역 문제집에나 나오는 공허한 이론이고 문제를

풀기 위한 수단으로 받아들여질 뿐이다. 그래서 정작 실제로 글을 쓸 때는 대충 글감 찾기-자료 찾기-쓰기의 과정 정도만 거치기 일쑤이다. 글쓰기 절차에서 가장 중요한 '수정하기', 즉 독자의 입장에서 읽어보고 다시 고치기 과정을 생략한 채로 글을 써왔고 이것은 잘못된 습관이라 쉽게 바뀌지도 않는다. 사실 고쳐 쓰기만 충실하게 해도 되고 습관을 들이기 전보다 쓰기 능력이 괄목상대할 만큼 늘어난다는 사실을 수긍하지 않는 경우가 훨씬 많다.

하지만 절차를 충실하게 따랐을 때 글쓰기 수준이 얼마나 향상되는지 실례를 들어보면 다들 감탄한다. 여기 외국인 유학생의 경우를 들어 절차에 따른 글쓰기의 전후 변화를 예문을 들어 살펴보도록 한다. 자기 삶을 있는 그대로 써보라는 과제가 첫 번째 보고서였다. 글쓰기를 배우는 가장 좋은 방법은 실제로 글을 써보는 것이다. 평소 자신이 하던 대로 마음 놓고 글 한 편을 쓰라고 하였다. 이 과제는 선생님에게 평소 자신의 글쓰기 버릇과 글쓰기 능력을 보여주기 위한 것이라고 보충 설명하였다. 다만 절차와 규칙을 상세하게 설명하거나 강요하지 않았다.

❖ 보고서(초고)

나는 중국에서 <u>비행기타고</u> <u>1 시간 20 분</u> 정도 떨어져 있는 한국 ○○대학교에서 <u>공부중 이다</u>. 한국에 <u>온지</u> <u>6 계월</u> 정도 되어가고 있다. <u>6 계월</u> 동안 유학생활을 하면서 느낀 한국이란 나라가 정말 <u>기대 했던</u> 대로 재미있고 열정적인 <u>분위기의 나라 이였다.</u>

첫 <u>4 계월</u>은 ○○대학교 어학원에서 한국어를 배웠다. 그리고

2006 년 12 월부터 대학교 원서를 준비 했다. 외국인은 명문대학교에 들어가는 게 한국인들 보다 쉽겠지만 대신 내야할 원서가 많다. 원서 내는 것은 쉽지만은 않았다. 힘든 점은 원서 제출 기간이 넉넉하지 않은 것이다. 모든 원서는 중국에서 만들고 공증 등 단계를 걸쳐 한국으로 보내는 것까지 시간이 너무 빡빡 했었다. 그런데 나는 한 번에 맞게 제출 하지 못했고 여러 번 걸쳐서 제출했다. 그래도 원서제출은 한 단계 마치고 시험, 면접 등을 통과해서 힘들게고 지치게 느껴질 때가 종종 있었지만 ○○대 입학 허가서를 받는 순간 힘들었고 지쳤어도 참 보람 있다는 생각이 들었다. 이 소식을 부모님들에게 전해 드리자 부모님들은 기뻐서 어쩔 줄 모르신다.

　그리고 수강신청하고 따라서 개강 했었다. ○○대 붙은 기쁨과 대학생활을 기대하는 반면 두렵고 외로웠다. 막상 대학의 길을 들어서 보니 감이 안 잡히고 뭐가 뭔지 파악이 안 된다. 그리고 지금은 학교에서 5 분 정도 되는 걸이에서 자취하고 있다. 새 학교, 새집, 새 환경에서 도저히 적응이 안 되고 학교에서 수업 듣고 끝나면 텅 빈 집에 와서 혼자 울었던 적도 많았다. 하루, 이틀, 일주일리 지나 학교 학생들도 쫌 알게 되면서 고독감은 점점 사라져갔다. 또 뒤 따라 오는 것은 수업이다. 수업 듣는 것은 나에게 고통이다. 왜냐하면 전에 한글 써 본 적고 없었다. 더군다나 내가 한국나라 한국대학에 왔으니까 한국학생들의 수준에 맞추어서 글을 써야 되는 생각에 스트레스를 받곤 했다. 때로는 교수님이 수업 중에 어려운 말 또는 외국인들이 듣기에 좀 힘들겠다는 부분은 보충 설명 해주셨으면 좋겠다고 생각이 들었다.

-2007. 3. 31 글071-7 유학생 ○○

    자기 삶을 있는 그대로 써보라고 하니 당장 한국어 말하기가 서툰데다 한글 글쓰기가 어렵다는 것을 알게 되었다. 제목도 달지 않았고 스스로나(자기 평가, 수정하기) 다른 사람들에게 미리 읽어 보고 논평(동료 평가)을 받지도 않았다. 그래서 아래 질문에 답하면서 자기 글을 진단해보라고 지도하였다.

- 이 글을 쓰면서 당신은 누구에게 '말'을 하고 있었는가? 당신이 쓰는 글을 누가 읽을 것이라고 추정하였는가? 선생님? 같이 수업 듣는 학생들? 모르는 사람들?
- 당신이 쓴 글을 다시 읽어라. 당신이 쓴 글 중 어느 특정 부분, 아이디어들, 구절 아니면 단어들을 스스로 썼다는 사실이 만족스러운가?
- 선생님이 밑줄 친 것은 한글 정서법에 어긋난 표현이니, '흔글' 맞춤법 자동수정기능을 활용해서 고치시오.

    자, 이제 당신이 글을 어떻게 썼는지에 대해 한국인 동료(학생 튜터)들과 이야기를 나눠보라. 다음 질문들을 떠올리면서 대화해보자. 도움을 받아도 좋다.

- 어떤 주제에 대하여 쓸 것인지를 어떻게 정하였는가?
- 실제로 글을 쓰기에 앞서 당신은 잠시 앉아서 생각하거나 구상을 하였

는가?
- 어떻게 시작하였는가? 첫 문장을 먼저 썼는가?
- 무엇을 포함하고 무엇을 제외시킬 것인지 어떻게 결정하였는가?
- 당신이 글을 쓰면서 누구와 의사소통을 하고 있다고 추정하였는가?
- 당신의 글을 읽음으로써 독자들이 무엇을 찾고 싶어 한다고 생각하였는가?
- 이 수업의 첫 글쓰기 과제를 하는 데 즐거웠는가?

초고를 몇 사람에게 읽으라고 준 후 그들에게 글 또는 말로써 논평을 해 달라며 부탁하라고 하였다. 이러한 동료 논평은 다른 사람들이 자기 글을 보는 것처럼 스스로도 글쓴이가 아닌 읽는 이가 되어 봄으로써 독자 입장에서 자신의 글을 '비판적 거리'를 두고 객관적으로 볼 수 있게 도와줄 것이다. 또한 수정이 필요한 부분이 어딘지 찾아내는 것도 도와줄 것이다. 이런 식의 교수자 논평과 가이드라인 제시, 자기평가 및 동료평가를 거치면서 초고를 수정하자, 한 달 후 이런 글로 고쳐졌다.

✚ 유학생의 생활(수정본)

　나는 중국에서 비행기를 타고 1시간 20분 정도 와야 하는 한국 ○○대학교에서 공부 중이다. 한국에 온지 7개월 정도 되었다. 7개월 동안 유학생활을 하면서 느낀 한국이란 나라는 정말 기대했던 대로 재미있고 열정적인 분위기의 나라였다.
　외국인은 명문대학교에 들어가는 게 한국인들보다 쉽겠지만 대신 내야 할 원서가 많다. 원서 내는 것은 쉽지만은 않다. 힘든 점은 원서 제출 기간이 넉넉하지 않다는 것이다. 모든 원서는 중국에서 만들고 공증 단계를 걸쳐 한국으로 보내는 것까지 시간이 너무 빡빡했다. 게다가 한 번에 맞게 제출하지 못했고 여러 번에 걸쳐서 제출했다. 원서 제출, 시험, 면접 등을 통과해서 힘들고 지치게 느껴질 때가 종종 있었지만, 입학 허가서를 받는 순간 참 보람 있었다는 생각이 들었다. 이 소식을 부모님들에게 전해 드리자 부모님들은 기뻐서 어쩔 줄 모르셨다.

그리고 수강 신청하고 개강을 했다. ○○대 붙은 기쁨과 대학생활의 기대가 큰 반면 두렵고 외로웠다. 막상 대학의 길을 들어서 보니 감이 안 잡히고 뭐가 뭔지 파악이 안 된다. 지금은 학교에서 5분 정도 거리 되는 곳에서 자취하고 있다. 새 학교, 새 집, 새 환경에서 도저히 적응이 안 되어 수업 끝나고 텅 빈 집에 와서 혼자 울었던 적도 많다. 하루, 이틀, 일 주일이 지나 학생들도 좀 알게 되면서 고독감은 점점 사라져갔다.

또 뒤따라오는 것은 수업의 고통이다. 수업 듣는 것은 나에게 큰 고통이다. 왜냐하면 전에 한글로 글을 써 본 적이 없었기 때문이다. 더군다나 내가 한국학생들의 수준에 맞추어서 글을 써야 되는 생각에 스트레스를 받곤 했다. 때로는 교수님들께서 수업 중에 어려운 말 또는 외국인들이 듣기에 좀 힘들겠다는 부분은 보충 설명해주셨으면 좋겠다고 생각이 들었다.

-2007. 4. 30. 글071-7 유학생 ○○

자, 어떤가? 많이 나아졌다. 하지만 더 나은 글이 되도록 다양한 내용을 보충하고 감동을 줄 수 있어야 한다. 그 사이에 글쓰기 절차만 가르친 것이 아니라 좋은 글이 어떤 글이며 살아 있는 글을 쓰려면 어떻게 해야 한다고 수업을 진행한 바 있다. 가장 중요한 것은 자기가 스스로 생각하고 속에서 하고 싶은 이야기가 밀려올라와 쓰지 않으면 안 될 내용, 평소 이 이야기는 꼭 쓰고 싶었다는 것을 써야 한다고 하였다. 그것은 다음 장에서 소개할 '영혼의 상처를 치유하는 글쓰기'였다.

두 달 후 다음과 같은 글이 나왔다. 한 학기가 끝날 무렵 글쓰기 수강생들에게 그동안 자기가 쓴 글을 모아 수정하고 편집하여 제본까지 한 기말문집(포트폴리오)을 제출받았는데, 거기 실린 글 한 편이다. 절차를 모른 채 썼던 첫 번째 글과 비교하면 내용과 형식에서 일취월장했음을 알 수 있다.

아아 내 사랑(탈고)

요즘 어떤 책을 읽었는데 거기서 이런 말이 있었습니다. "가장 아름다운 한 글자는 '너'이고, 가장 아름다운 세 글자는 '사랑해'입니다. 가장 아름다운 여섯 글자는 '그대를 사랑해'라고 하면 어떨까요?"라는 말을 보았습니다. 그리고 "단 하루 행복 하려면 카페에 가서 술을 마시고 1 주일을 행복해지고 싶거든 여자 또는 남자와 함께 여행을 떠나며 1 개월 정도라면 새 아파트로 이사를 하고 1 년이라면 결혼을 하는 것입니다. 그러나 평생토록 행복하기를 원한다면 사랑을 하시라고 하고 싶습니다." 사랑이 올 때는 행복합니다. 행복이란 '사람이 마음에 즐거움을 누리는 상태'라고 합니다. 하지만 사랑이란 행복만 있는 것이 아닙니다. 오히려 아픔이 더 많을 수도 있습니다. 그 것은 자기만의 사랑이 아닌 사랑을 선택했기 때문이랍니다. 바로 제가 그런 선택을 했습니다.

제가 한국 와서 적응이 잘 안되고 외로움을 느낄 때 한 사람이 저에게 따듯한 마음을 건네주었습니다. 제가 외로울 때 같이 놀아주고 배고플 땐 밥을 같이 먹어주며 저의 텅 빈 가슴에 사랑과 기쁨으로 채워 주었습니다. 그러므로 저의 유학생활은 활기찬 매일로 보내곤 했습니다. 그렇게 시간이 흘러가고, 7개월이 지난 저번 주 화요일에 태어나서 가장 최악의 날이라고 느껴질 만한 일이 있었습니다. 우연히 거리에서 친구를 만났는데 마침 점심시간 이어서 같이 밥을 먹게 되었습니다. 식사하는 중 친구가 "그 사람 여자 친구 있지? 그렇지?"라고 물었습니다. 그리고 저는 저 외에 그 사실을 모든 사람이 다 알고 있다는 것을 알게 되었습니다. 그래도 믿지 않았습니다.

아니, 믿고 싶지가 않았습니다. 그렇게 따듯한 마음으로 저 한태 행복을 주었고 7 개월이 지난 지금, 그 사실을 저는 믿을 수가 없었습니다. 하지만 친구한테 내색하지는 않았고 집에 돌아와서 그 사람한테 문자를 보냈습니다. 한참 기다려도 답장이 없었습니다. 결국 2 시간이 지나서 저한테 전화 했습니다. "미안해!" 전화 받고 들은 첫 마디. 말이 안 나올 정도로 당황 했습니다. 시험

5. 절차를 지키는 글쓰기 115

있었던 그 날, 물론 시험은 망쳤습니다.

그 날 저녁 그 사람이 찾아왔습니다. 그 "미안해!"를 몇 번 했는지 셀 수도 없었습니다. 저는 확인하고 싶어 용기내서 직접 물어 보았습니다. 진짜 여자 친구 있냐고, 알면서 물어보고 또 그 답에 상처 받아 펑펑 울었습니다. 더 충격적인 것은 곧 결혼한 답니다. 그럼 그동안 저한테 해준 것은 다 저의 집착 이였죠. 그 말을 한 그 사람이 너무 잔인하게 느껴졌습니다. 저의 사랑을 완전 무시해 버렸으니, 그렇게 그 상처를 안고 충격을 받아 항상 강한 제가 몸살이 왔습니다. 시험공부는커녕 매일 병원에만 갔습니다. 모든 교수님이 제가 외국인이라고 잘 챙겨 주셨고, 힘들게 시험지를 내셨는데 실망시켜서 진짜 죄송하게 느낍니다.

어떡하면 그 사람을 잊을 수 있는지 또 어떡하면 제 마음의 상처가 없어 질 수 있는지. 이젠 사랑보다 상처를 더 크게 준 그 사람을 마음속부터 보내야 하니 심장이 터질 것 같습니다. 그래도 후회 같은 것은 없습니다. 비록 혼자의 착각인지 아님 그냥 혼자서 짝 사랑 했는지 모르지만 그 사랑에 올인 했으니까요. 전에 어떤 사람한테 들었는데 마음이 상처 받을 때는 시간이 제일 좋고 효과적인 약 이라고 했습니다. 저는 이제 그 말을 믿고 오직 공부에만 올인 할 것입니다.

-2007. 6. 14. 글071-7 유학생 ○○

> **글쓰기 실습 및 피드백을 통한 상호작용**
>
> 오늘날 우리 대학에서는 모든 현장에서 동일한 글쓰기교육 커리큘럼을 여러 분반에서 동시 실시한다. 이때 '균질화'라는 교육 목표 달성을 위하여 공통 진도로 강의를 진행할 필요가 있다. 교수자는 학생에 대한 풍부한 정보를 바탕으로 한 학습자 자기주도 교육('눈높이교육')을 시행하며 평가방법도 그때그때의 상황과 대상에 따라 다양하게 진행하였다. 가령, 미완성 글까지 평가하는 수행평가가 가능하다. 과정 중심의 평가에서 학생들은 교수자와의 면담을 통해 글의 구상 단계부터 개요 짜기, 초고는 물론 수정본까지 여러 단계에서 실질적인 지도를 받도록 해야 한다.[26]
>
> 여기서, 쓰기과정 중인 글에 대한 교수자의 논평 등 피드백, 특히 대면 첨삭 지도가 필수적이라는 결론이 도출된다. 첨삭 지도를 받고 나면 학생들은 스스로 자신의 글쓰기에서 무엇이 잘못되었는지 파악할 수 있다. 맞춤법 진단부터 문장 구사력, 단락 구분 문제, 논리 체계의 엉성함, 글의 설득력, 창의성 문제 등에 대해 공동관심을 갖고 중간점검을 통해 다시 고쳐쓰기가 이루어진다. 자기평가와 수정, 논평을 통해 학생과 교수자가 함께 만들어가는 일종의 공동작업으로서의 글쓰기가 가능해진다. 가령 강의용 카페의 온라인 '묻고답하기'(Q & A)방이나 대면 첨삭지도 등 다양한 피드백은 대다수 N세대 학생들에게 매우 유용한 글쓰기교육법이다. 평소 오프라인에서 교수자에게 직접 질문하기를 꺼리는 학생들에게 온라인 '묻고답하기'(Q & A)방이 접근성이 용이한 상설적인 글쓰기 클리닉 구실까지 하기 때문이다.
>
> 글쓰기 컨설팅의 주 내용인 피드백 방법만 해도 동료 교수자들과 이론을 공동연구하고 실제 강의에 적용한 후 그 결과를 분석하여 학부대 현실에 맞게 재구성해서 시행하는 방식을 실천하였다. 그 결과 단순한 문법 문장 교정(校正) 같은 미시적 퇴고(推敲)를 도와주는 것은 별반 의미가 없다고 확인할 수 있었다. 대학 글쓰기교육에서 문장 표현 및 문법적 차원의 기초 학습은 필요는 하지만 그것으로 충분하지는 않기 때문이다. 그래서 일방적인 첨삭지도가 갖는 문제점

---

[26] "이러한 과정 중심의 글쓰기 시도는 학생들이 자기의 사고에 힘플되지 않고 자신이 주장하는 바를 어떤 식으로 표현해야 독자에게 제대로 전달할 수 있을 것인지와 관련하여 독자 중심의 글로 변환하는 방법을 체득하게 만드는 효과를 기대할 수 있다." 이정옥, 「대학 글쓰기교육의 새로운 방향 모색」, 『작문연구』 창간호, 한국작문학회, 2005, 183쪽.

에 대한 대안으로 'communication- feedback'을 참조하기도 하였다.[27] 이는 글쓰기 교수자와 학습자가 쓰기를 매개로 하여 일정한 주제에 대해 의견을 교환하되, 교수자의 첨삭 지도가 일방적으로 진행되지 않도록 하고 함께 고쳐쓰기를 하자는 방식이다.

최근 글쓰기교육이론에 의하면 교수자는 글쓰기교육과정에서 학습자가 쓴 글의 최초 독자이자 청중으로서의 지위로 출발한다. 학습과정에서 때로는 코치로서의 역할을 부여받기도 하며 마지막에는 평가자로서의 역할도 해야 한다.[28] 글쓰기 교수자는 상호 모순된 이중적 역할을 수행하기 때문에 평가 기준을 명확히 하는 것이야말로 코치-심판의 의무를 수행하는 대전제가 된다는 점을 감안해야 한다. 그래서 때로는 글쓰기 평가에서 동료 평가를 병행할 수도 있다.[29]

---

[27] 최규수, 「첨삭지도의 원론적 방식과 효율적인 지도 방법의 제안」, 『이화어문논집』 제19집, 이화어문학회, 2001. 참조.

[28] Ilona Leki, 김세중 외역, 「작문 첨삭 지도 : 필답에 대한 문제점」, 『제2 언어 작문』, 강남대학교출판부, 88~89쪽.

[29] 글쓰기 평가와 관련하여, 교수자 일방의 평가보다 학생 간 동료 평가와 자기평가를 복합적으로 활용하는 다면평가가 더욱 효과적이라는 것이 PBL 워크숍에서 터득한 교육학이론이다. 조별 글쓰기과제의 경우 교수자가 50%, 조장 또는 상호평가를 50% 반영한 결과 협력학습에 대한 학생들의 과민한 경쟁의식이 현실적으로 엄존하기 때문에, 교육이론의 이상이 현장에서 실현되기 어려운 점도 없지 않았다. 이와 관련하여 정희모, 『글쓰기교육과 협력학습』, 삼인, 2006.을 참조할 수 있다.

제2부 프랑켄슈타인의 글쓰기
젊은 영혼과 치유의 글쓰기

누구나 처음부터 글을 잘 쓸 수 있는 것은 아니다. 그게 어려우니만큼 시·소설·수필 등 남이 쓴 글을 읽고 만화, 영화, 드라마를 보고 그 속에서 자기 자화상을 찾아보고 "나라면 그 상황에서 어떻게 했을까?" 상상하는 것도 한 방법이다. 자신만의 느낌과 생각을 친구 등 주변사람들과의 대화를 통해 교환해보고 그 과정을 글을 쓰면서 시나브로 자신의 삶에 대한 태도를 바꾸게 되는 글쓰기 과정이 바람직한 순서라고 하겠다.

이런 전 과정을 거쳐야, 가위손을 들고 남의 글 짜깁기를 글쓰기라 굳게 믿던 젊은 프랑켄슈타인이 사랑하는 이를 만나 상처 받은 영혼을 치유하고 사람이 되는 자기 글쓰기를 할 수 있다.

06 영혼의 상처를 치유하는 글쓰기

🌿 근대의 프로메테우스, 프랑켄슈타인

 글쓰기란 무엇이고 어떻게 써야 좋은 글이 되며 그 절차는 어떤 순서를 밟는 것이 좋은지, 앵무새처럼 암기하고 매뉴얼대로 실행하는 실습보다 더 중요한 것이 있다. '상위 인지 전략이 요구되는 역동적인 학습활동의 종합체'라는 학자, 교수자들의 유식한 개념 규정 말고 우리에게 설득력 있게 다가오는 글쓰기의 궁극적인 본질은 영혼의 상처를 치유하는 기능이다.
 다시 묻는다. '글쓰기란 무엇인가'란 무엇인가? "지금 여기 우리(내) 삶에서 글쓰기가 도대체 무슨 의미가 있단 말인가?"란 말로 치환될 수 있는 질문의 답을 찾기 위하여 자기 속내를 털어놓을 차례가 되었다. 중요한 것은 '도대체'의 내용이다.
 글쓰기는 어떻게 우리 영혼의 상처를 어루만지는가? 영혼의 상처를 치유하는 글쓰기(교육)에 관한 한 이미 시민권을 획득한, 이른바 '문학 / 시 치료학'의 이론은 자세히 모른다. 하지만 상처 받은 젊은이들과 글쓰기를 통해 수많은 교감과 대화를 나누었으니 중간 보고를 하지 않을 수 없다.

문학치료의 본고장 이론에 밝지 못하니 비유를 들도록 한다. 다시 프랑켄슈타인으로 돌아가자. 〈프랑켄슈타인(Frankenstein)〉은 1818년 영국 여성 작가 M. W. 셸리가 지은 고딕소설을 원작으로 한 영화다. 1931년 유니버설영화사에서 영화화한 이래 수십 편의 연작과 리메이크가 이루어졌다. 무생물에 생명을 부여하는 방법을 알아낸 제네바의 물리학자 프랑켄슈타인은 사체 조각을 모아 8피트의 인조인간을 만든다. 괴물은 초인적인 힘으로 추악한 자신을 만든 창조주에 대한 증오를 드러낸다. 괴물은 여자를 만들어 달라는 요구가 관철되지 않자 프랑켄슈타인의 동생과 신부까지 죽인다.

복수심에 불탄 프랑켄슈타인은 괴물을 쫓아 북극까지 가지만 탐험선에서 비참하게 죽는다. 괴물은 스스로 몸을 불태우겠다는 말을 남기고 사라진다. 후속편에선 프랑켄슈타인이 사랑하는 신부를 만나 행복해하지만 그 역시 비극적 결말로 끝난다.

원작에선 괴물을 만든 과학자 이름이었던 프랑켄슈타인이 이젠 머리와 얼굴에 땜질자국이 선명한 인조인간의 대명사로 널리 쓰이고 있다. 하지만 원작소설의 부제인 '근대의 프로메테우스(The Modern Prometheus)'야말로 속 깊은 의미가 있다.

그리스 신화에 의하면 타이탄, 거인신인 프로메테우스는 추위에 떨고 뭇 짐승들에게 쫓기는 인간종족을 불쌍히 여겨 제우스 신을 속이고 몰래 불을 가져다 주어 인간들에게 막강한 힘을 준 것으로 알려져 있다. 그 덕분에 제우스의 노여움을 사게 되어 코카서스산 꼭대기에 쇠사슬로 묶여 날마다 독수리에게 간을 쪼여 먹히고 다음날 다시 생겨난 간을 또 파먹히는 고통이 반복된다.

그 와중에 화가 치민 제우스가 프로메테우스의 동생인 에피메테우스에게 미녀 판도라를 보내며 그녀에게 절대 열지 말라면서 상자 하나를 준다. 그러나 호기심을 이기지 못한 그녀는 상자를 열게 되고 거기서 모든 악이 쏟아져 나온다. 다행히 마지막에 '희망'을 뒤늦게 꺼내놓긴 하

만 말이다. 결국 프로메테우스는 인간에게는 고마운 존재지만 판도라의 상자로 인한 모든 불행이 생기게 된 원인을 제공한 신이기도 하다. 하지만 나중에 용서를 받아 헤라클레스의 도움으로 천벌에서 벗어나게 된다.

프랑켄슈타인이 근대의 프로메테우스인 이유는 무엇일까? 그를 만든 프랑켄슈타인 박사가 인간 주제에 조물주·신의 영역을 침범하여 인간을 만들었다는 점에서, 그의 존재 자체가 과학에 대한 절대적 믿음이 강했던 과학혁명의 시대, 근대의 산물이 되는 셈이다. 과학자가 인조인간을 만들 때는 프로메테우스가 인간에게 불을 줄 때의 초심처럼 인간을 도와주려 했으나 결과는 괴물만 만들어냈을 뿐이다. 즉, 과학혁명에 대한 극단적인 자신감으로 '인간 창조'라는 신의 영역에 도전했으나 참담한 결과를 가져온 것을 '근대의 프로메테우스'라 한 것이다.

결국 프랑켄슈타인 박사는 자신이 만든 괴물에 의해 프로메테우스가 간을 파 먹히는 듯한 고통과 비극을 겪은 끝에 죽임을 당한다. 인간에게 불의 위력을 알리지 말라는 제우스의 엄명을 어긴 프로메테우스, 금지된 판도라의 상자를 열어젖혀 세상에 악을 만연시킨 에피메테우스, 신의 영역인 인간 창조에 나선 근대과학 맹신자 프랑켄슈타인 박사······.

이들을 떠올린 것은, 이들이야말로 영혼의 상처를 치유하는 글쓰기의 험난한 길에 나선 우리들의 자화상일지도 모른다는 예감 때문이다. 심지어 글쓰기를 가르치는 지은이조차 이런 접근법은 고통을 자초하는 일임을 모르지 않는다. 그런데 왜 이런 자학을 감행하려 할까?

누구나 처음부터 글을 잘 쓸 수 있는 것은 아니다. 시·소설·수필 등 남이 쓴 글을 읽고 만화, 영화, 드라마를 보고 그 속에서 자기 자화상을 찾아보며 "맞아! 나도 이랬어. 그래, 주변에 이런 사람이 있어, 나라면 그 상황에서 어떻게 했을까?" 상상하는 것도 한 방법이다. 자신만의 느낌과 생각을 친구 등 주변사람들과의 대화를 통해 교환해보고 그 과정을 글을 쓰면서 삶에 대한 태도를 바꾸게 되는 글쓰기 과정이 바람직한 순서라고 하겠다.

이런 전 과정을 거쳐야, 인터넷 바다에서 가위손을 들고 남의 글을 이리 저리 '복붙'한 짜깁기를 글쓰기라 굳게 믿던 젊은 프랑켄슈타인이 사랑하는 이를 만나 상처 받은 영혼을 치유하고 사람이 되는 자기 글쓰기를 할 수 있다. 솔로부대여, 염장 지른다고 속상해하지 말라. 사랑하는 이가 아니라도 괜찮다. 좋은 동료, 선배, 선생님, 사부를 만나 제대로 된 글쓰기, 삶을 위한 진정한 글쓰기를 실천함으로써 '완전체' 인간다움을 되찾는 것도 좋다.

날마다 독수리에게 간을 파 먹히는 고통을 당하는 프로메테우스의 모습에서, 영혼의 상처를 치유하는 글쓰기의 험난한 길을 나선, 우리의 자화상을 볼 수도 있다.

🌿 상처 받은 영혼이 상처 입는 젊은이에게

이 책을 쓴 결정적인 계기는 대학 새내기들의 대학입시 과정에서의 영혼의 상처(트라우마)가 글쓰기의 주요한 원천이었다는 사실을 깨달은 데 있다. 예를 들어 홍세화 님의 칼럼 「그대 이름은 '무식한 대학생'」(2003)을 계기로 촉발된 논란을 통해 매 학기마다 상처 입은 젊은 영혼들과 속살 드러내는 대화를 하였다. 그 상처 드러내기의 고통스런 현장을 〈대학이라는 놀이공원에 몇 백 만 원짜리 자유이용권을 끊고 들어온 새내기들에게〉라는 인터넷 댓글 논쟁으로 보고한다. 그 외에도 개인적 차원의 실존적 상처와 가족사의 문제, 사춘기부터 결혼 직전까지의 젊은이들의 사랑의 기쁨과 아픔, 사회적 차원의 비판적 문제의식까지 상처 입은 어린 영혼들이 피를 토하듯 토해내는 글쓰기는 숱하게 최초 독자인 지은이의 온몸을 뒤흔들었다.

가장 친한 친구에게조차 자신의 진짜 나이를 숨길 수밖에 없었던 삼수생의 나이 고백, 세계적인 셰프가 되려고 요리 배우러 프랑스 유학을 하고 싶은데 넌 공부를 잘하니 무조건 경영대 가서 대기업 취직을 하라는 부모님 선생님의 강요에 못 이겨 입시를 망친 전교 1등, 비인간적인 다이어트의 강요 속에서 거식증과 폭식증에 시달리며 선배, 조교, 레슨 선생님, 교수의 위계에 굴복해야 했던 예체능계 학생의 고발, 경제적으로 무능하고 가장으로서의 의무를 다하지 않은 채 바람까지 피는 아빠의 비겁한 변명에 염증을 느낀 남학생의 원망과 화해, 자기보다 낮은 성적인데도 더 좋은 대학에 진학한 남자친구와 자존심 때문에 헤어진 여학생의 통곡과 절규, 백일장 장원을 휩쓸던 글쓰기의 선수 겸 전설인 특례입학생의 자기는 살인자란 고백과 부쩍 성장한 영혼의 기록, '호모 같은 놈, 레즈, 페미x' 등 온갖 욕을 먹고 혼자 속앓이하면서 공부 하나로 자존감을 간신히 버티어왔다는 어느 성적 소수자 학생의 눈물, 혼자 집 지키다 택배 아저씨에게 성폭행당한 것을 처음 고백한 여학생의 고백적 소설쓰기를 통한 카타르시스 치료, 어렸을 적부터 글을 쓰는 당시까지 오랜 기간 근친에게 성폭행당한 여학생의 놀랍도록 담담한 무채색 자화상 그리기, 사법고시 패스를 통한 집안 일으키기와 자아실현을 위한 배낭여행 사이에서 인생의 가치를 저울질하며 고뇌에 찬 선택을 상담했던 법대생의 편지…….

휴우우우우… 머릿속에 떠오르는 글과 그 속에 담긴 젊은 영혼의 상처들 때문에 글을 잇기 힘들다. 이런 글이 지은이에게까지 온 것은 '치유의 글쓰기'에 대한 학생들의 이해와 사람에 대한 궁극적인 믿음, 그리고 자기 자신이 글쓰기를 통해 영혼의 상처를 스스로 치료할 수 있다는 자신감에서 나온 까닭이라 생각한다. 늘상 말하길, 좋은 글을 쓰려면 무엇보다도 자기가 스스로 생각하고 속에서 욱하고 밀려나와 말하고 싶어 어쩔 줄 모르는 내용, 평소 '이 이야기는 꼭 쓰고 싶었다' 하는 것을 써야 한다고 했기 때문이다. 그러려면 마음의 문을 열어야 한다고, 하지만 자기 속살을 드러내는 고통이 무척 클 것이라고도 하였다. 그러면서 지은이 스스로 쉰세대 아빠나 학점 주는 교수자로 자처하지 않고, 서른 해 저 너머 사춘기 때부터 스무 살 안팎까지의 여러 상처(외모, 성적, 집안, 학교 등 요즘 말로 하면 '스펙'의 열등함)를 스스럼없이 드러내고 아픔을 함께 나누기도 하면서 신뢰를 쌓은 결과이다.

여기 치유의 글쓰기를 시작하는 어느 학생의 글「생각을 보내는 글」도 입부를 보자.

(가)

  난 자존심이 세고 비겁한 사람이에요. 그래서 당당하게 당사자들 앞에서 이런 얘기를 할 엄두조차 내지 못하죠. 그래서 이렇게 글로나마 간접적으로 내가 하고 싶은 솔직한 얘기들을 꺼내보려고 해요. 지금껏 글로도 내 속내를 꺼내 본 적이 한 번도 없었어요. 특히 나와 아주 가깝게 지내는 사람들이 관련된 내 속마음을 말하는 건 조금 미안한 생각이 들고 글로 쓰는 것도 그렇고요. 하지만 어차피 난 이 글을 이 글의 대상들에게 보여줄 목적으로 쓰는 것이 아니기 때문에 한편으론 마음이 편하기도 해요. 하지만 훗날에 우연찮게 누군가에 의해 이 글이 읽혀질 수도 있어요. 그래서 그들이 이 글을 우연하게라도 읽지 않았으면 하고 기도를 드려요. 단지 나는 그 사람들 모르게 이 글이 영원히 묻혀지거나, 나만 이 글을 읽었으면 좋겠어요.

위 학생은 평생 간직한 비밀을 털어놓으려 워밍업(문학치료의 도입단계)을 하고 있다. 지은이는 그에게 글쓰기 첨삭지도와 일대일 상담을 하면서 글에 나타난 개인의 프라이버시와 인격을 존중하고 신뢰하며 그 과정에서 공유한 비밀을 지키기로 약속하였다. 이는 문학치료학에서 지칭하는 문학치료세션의 1단계 준비작업, 소개와 워밍업에 해당된다. 문학치료사는 치료세션에 들어가기 전 워밍업을 통해 침묵을 깨뜨리고 긴장을 완화시켜준다. 참여자들이 안전함을 느끼도록 편안함을 줘서, 자신의 생각과 느낌을 솔직하고 자유롭게 표현할 수 있도록 좋은 환경을 만들어주어야 한다.

그의 속내를 꼭 면담자에게 드러내거나 표현하지 않아도 된다고 안심시켰다. 좋은 방법은 나도 학생과 비슷한 상처가 있음을 털어놓고 이야기함으로써 동병상련을 느끼게 하는 것이다. 이를 수용적 문학치료에서는 '동류요법'이라 하여 면담자와 참여자 사이의 교감을 마련하는 한 방법으로 소개한다.[30] 가령 지은이 자신의 실존적 영혼의 상처를 감싸는 영화 읽기와 글쓰기의 예를 보였다.

팍팍한 일상을 살다보면 너무나 속상한 일이 생겨 누군가의 위로가 받고 싶고 위안 속에 잠들고 싶을 때가 있다. 그 어떤 약이나 술, 위로의 말로도 시린 마음을 달랠 수 없을 때, 시, 문학, 영화 그리고 글 한편은 우리네 가슴 속에 온기를 전하고 따뜻한 손길로 쓸쓸한 등을 어루만져준다. "사람들 사이에 섬이 있다, 그 섬에 가고 싶다."(정현종 시, 「섬」) 같이 마음을 울리는 시 한 구절이 가슴 밑바닥에서부터 행복한 충만감이 차오르는 위안을 선사

---

[30] 수용적 문학치료에서의 '동류요법(Iso principle)'에 대한 설명은 변학수, 『문학치료』(2판, 학지사, 2007), 49~50쪽을 참조할 수 있다.

한다. 남의 예가 아니라 글쓴이의 경우에도 그랬다. 〈동사서독〉이란 영화의 한 장면이 낙척불우했던 마흔 살 앞뒤 쓸쓸한 나날에 얼마나 큰 위로가 되었던가? 살다보면 억울하고 속 터지는 일이 더러 있다. 그 속상함을 자화상에 빗대 글로 쓴 〈동사서독〉 영화 감상문을 예로 들어본다.

■ 자기 영혼의 힘으로 영화 읽기 - 〈동사서독〉을 중심으로

영화 보기란 문학작품 읽기나 사람 사귀기와 비슷하다.

영화 선택과 감상법에 특별한 왕도가 없다. 나한테 재미있고 의미 있는 영화가 반드시 남들한테도 그렇다고 자신할 수 없으며, 반대로 영화 전문가가 훌륭한 영화라 한 것이 내게 감동과 흥미를 보장하지 않는다. 새삼 느끼게 되는 것이 영화 보기란 문학작품 읽기나 사람 만나 사귀기와 비슷하지 않을까 하는 점이다. 짚신도 짝이 있듯이, 일반적인 평가와는 상관없이 자기

영혼을 뒤흔드는 영화가 따로 있게 마련이다. 영화 보기에는 서로 느낌이 다를 뿐 잘못된 느낌이나 틀린 생각은 없다고 하는 것이 옳다. 영화를 보고 '내 느낌은 틀렸나봐, 잘못되었나봐!'라는 생각을 할 것이 아니라 '내 느낌은 남과 다르다'라고 하는 것이 맞다는 말이다. 감독이나 다른 관객과 다른 감수성을 지녔으니 느낌이 다른 것은 당연하다. 문제는 감독이 벌여놓은 잔치마당에서 내가 무엇을

맛나게 먹고 즐길 것인가 하는 것이다. 다만 해석이 분분한 영화는 다른 사람들과 의견을 나누어보는 습관을 갖도록 하면 훨씬 깊이 있는 안목을 갖추게 될 것이다.

이를테면 〈중경삼림〉으로 유명해진 왕가위 감독의 홍콩 무협물 〈동사서독〉을 처음 보면 도대체 이게 무슨 영화인지 종잡을 수가 없다. 무협영화이니까 멋진 무술과 칼싸움이 나오긴 하는데 화면도 흐릿한데다 너무 빨리 지나가고 누가 우리 편인지 알 수 없는 것이다. 게다가 중간중간 눈물 짜는 지루한 화면은 왜 그리도 느릿느릿 진행되어, 리모컨의 빨리감기 버튼을 자꾸 누르게 하는지. 쯧.

우리가 영화, 특히 액션물 내지 홍콩 무협영화를 보는 것은 대개 우리네 일상생활에서 찌들린 스트레스를 화끈하게 풀고자 하는 휴식심리가 무의식적으로 깔려 있게 마련이다. 이를테면 주인공이 칼을 한 번 휘두르거나 장풍을 날릴 때마다 죽어 나자빠지는 악당의 얼굴 속에 평소 내가 싫어했던 인물을 슬쩍 대체함으로써, 소시민다운 심리적 대리보상을 받고자 한 것이 아닌가.

그러나 〈동사서독〉은 무협영화를 통해 심리적 보상을 받으려는 우리네 소시민의 기대를 여지없이 깨버린다. 그 이유를 처음에는 이해하지 못한 채, "왕가위 감독이 〈열혈남아〉, 〈아비정전〉, 〈중경삼림〉 등으로 쌓은 자기 명성을 팔아먹는가보다, 흥, 포스트모더니즘의 상업주의적 타락이구먼!" 하고 쓴웃음을 지으며 넘겨버렸다.

하지만 그 뒤에 우연히 다시 본 영화는 전혀 새롭게 다가왔다. 무협이라는 장르에 대한 선입관을 버리고, 카메라의 위치는 어디에 있으며 왜 중요한 칼싸움 장면 등은 흐릿하게 처리한 '스텝 프린팅, 점프커트' 기법을 썼을까 생각해보니 만만치 않은 영화임을 알게 된 것이다. 거기에는 시간과 공간에 대한 기존의 통념을 깨고 나와 타인, 적과 우리 편, 남자와 여자 등 기존의 이분법적 선입관을 넘어서서 새로운 가치관을 표현하려는 감독의 의도가 숨어 있었던 것이다. 무릇 액션물이란 우리 편이 온갖 어려움을 이기고 적을 물리친다는 줄거리이어야 하는데, 이 영화에서는 적이 잘 보이지 않는다. 그래서 무협영화로선 재미가 없었는지도 모른다. 하지만 줄거리를 포기하고 영상과 소리의 이미지를 포착하려 애쓰자, 마음의 눈이 열렸다.

글쓰기는 거울이다. 때로는 〈동사서독〉의 구양봉(장국영)에게서 지은이 자신의 쓸쓸한 자화상을 본다.

몇 번 다시 보니 주인공 장국영·양가휘·임청하·양조위·장학우·

장만옥 등이 싸우는 대상은 눈에 보이는 물리적인 적이 아니었던 것이다. 〈시간의 재(Ashes of Time)〉라는 영어 제목이 암시하듯, 시간과의 싸움, 운명과의 대결이라는 주제의식과 '시간과 운명에는 이길 수 없다'는 허무주의가 강하게 깔려 있는 것을 어렴풋이 느끼게 된다.

예를 들어 서로 애증에 휩싸인 남매가 한 몸에 실현된 모용연(임청하)의 양성성이 기묘한 매력을 주는 것이라든가, 마적과의 결투에서 당연히 이길 줄 알았던 맹무살수(양조위)가 자기 목에서 피가 뿜어나오는 소리를 듣는 장면이라든가, 자애인(장만옥)이 그토록 거리를 두었던 시동생 구양봉(장국영)에 대한 그리움을 울면서 처절하게 고백하는 장면 등은 하나같이 시간이나 운명의 어긋남 또는 허무함 그 자체로 의미가 모아지는 것이다.

〈동사서독〉은 킬링타임용으로는 너무 지루한 무협영화처럼 보이지만, 때로는 단 한 번도 행복한 결합이 이루어지지 못해 협객의 세계로 나아갈 수밖에 없었던 연인 네 쌍의 비극을 그린 최루성 러브스토리로도 보이고, 현란한 영상기교와 극에서 극을 오가는 중국 전통음악이 절묘하게 맞아떨어지는 모더니즘 실험영화로도 보이며, 운명 내지 시간과의 싸움이라는 형이상학적인 문제를 다룬 포스트모더니즘 영화로도 읽힐 수 있다.

그렇게 저렇게 펼쳐지는 영화의 장면들 속에는 어긋나는 시간과 공간, 대자연 가운데 너무나 보잘것없는 인간이란 존재, 그리고 비극적 운명의 순환고리가 이어진다. 때로는 아무도 사랑하지 않아서 차갑게 식었던 열정이 새삼스레 끓어오르고, 어느 순간에는 허무란 이름의 칼날이 가슴속을 후벼파는 느낌을 받았던 것이다. 이런 점 때문에 살다가 일이 잘 풀리지 않을 때 상처받은 영혼을 치유하는 방편으로 영화 한 장면이 약이 될 수도 있다고 생각되었다.

글쓴이 경우에도 바깥세계에서의 일이 잘 풀리지 않았을 때마다 내면세계에 깊숙이 침잠하여 〈동사서독〉의 한 장면을 몇 수십 번이고 다시 보곤 하였다. 이를테면 직장 상사에게 부당하게 대우받거나 동료에게 억울하게 질시당하고 후배들에게 이유 없이 경원시될 때, 그때 늦은 밤 식구들이 다 잠든 때를 틈타 소주잔을 홀로 기울이면서 임청하의 발악이나 장만옥의 절규를 안주 삼아, 보고 또 보았던 것이다.

훌륭한 영화는 대개 감독이 자기 나름의 작가의식을 가지고 만든다. 우리는 감독이 정교하게 숨겨놓은 의미를 찾아냄으로써 발견의 기쁨도 맛보고, 자신의 영혼을 살찌우고 삶에 보탬이 되도록 할 일이다. 좋은 영화일수록 시간과 장소, 집단에 따라 달리 감상될 수 있는 다층적·다의적 구조를 갖고 있게 마련이다. 그것을 찾아보고 자기 영혼으로 읽어내는 것은 오로지 관객 자신의 몫이다. 결국 '지금 여기 우리의 시각'에서 자기 영혼의 힘으로 감상, 평가하는 것이 가장 바람직하다는 말이다. 남들이 뭐라 그러건 자기 안목으로 영화를 깊이 따져보고, 감동을 받았다면 왜 그것이 자기에게 좋았는지 한번쯤 생각해보도록 하자. 그것이 좋은 영화라면 두세 번 다시 보게 되리라. 그러면 거기 우리네 삶이 거울처럼 비추어질 것이다.[31]

앞글은 10여 년 전 지은이가 뚜렷한 자리를 잡지 못하고 방황하던 시절에 썼던 영화감상문을 빙자한 자화상이다. 이렇게 "윗사람에게 부당하게 대우받거나 친구에게 억울하게 질시당하고 아랫사람에게 이유 없이 왕따 당할 때, 그때마다 술잔을 홀로 기울이면서 영화를 보고 상처 입은 속을 달래곤 했다."고 지은이가 먼저 마음의 문을 살짝 열자, 학생은 비로소 오랫동안 봉인해두었던 자기 영혼의 창을 조금씩 열기 시작하였다. 먼저 상처 받은 영혼이 자신의 치유법을 상처 입고 아파하는 젊은이에게 내보이고 함께 문제를 해결하는 셈이다. 그러자 다음 단계의 글이 진행되었다.

(나)

　이 글의 주인공은 바로 우리 가족이에요. 이 글을 쓰는 궁극적인 이유와 목표는, 내가 말하고 싶은 사람들과 그 사람들의 훗날을 위한 것이고요. (엄마 이야기 중략) 아빠 이야기를 안 할 수가 없네요.

31　김동훈, 「자기 영혼의 힘으로 영화 읽기-〈롱키스 굿나잇〉〈동사서독〉을 중심으로」, 『영화 그리고 삶은 계속된다』(대경출판사, 1998)의 〈동사서독〉 부분만 발췌, 개고

아빠에 대해 할 말이 너무 많아요. 나는 나 다음으로 반성해야 할 사람이 바로 아빠라고 생각해요. 난 아빠에게 불만이 많죠. 우리는 서로 모르는 부분이 많아서 서로를 이해하지 못하면서 서로에게 미안함을 느껴요. 난 아빠가 싫은 건 아니에요. 단지 아빠에게 화가 날 뿐이에요. 어릴 때 난 아빠가 엄마를 괴롭히는 줄 알았어요. 엄마는 고생해서 번 돈을 쓰시지도 않고 저축만 하시고, 아빠는 오로지 자신만을 위해서 생각 없이 흥청망청 돈을 쓰는 모습을 너무도 많이 봐 왔기 때문이에요. 그래서 엄마가 이렇게 된 건 다 아빠 탓이라고만 생각했죠. 이건 아빠가 너무 무책임하기 때문이라고요. 그리고 아빠가 그런 건 할머니를 닮았기 때문이라고 믿게 되었죠. 이건 어렸을 때의 내가 알지 못하는 어른들의 세계가 있는 줄도 모르고 막연하게 판단해버린 것이었어요. 잘못된 생각이었죠. 어쨌든 아무것도 모르는 어린 시절, 우리는 그저 그런 아빠가 좋기만 했어요. 우리는 그 나이 또래의 어느 평범한 어린아이들처럼 맛있는 음식, 예쁘고 멋진 옷과 장난감을 보면 언제나 아빠에게 사달라고 떼를 쓰곤 했죠. 그렇게 어릴 때 아빠는 우리를 위해 못해줄 게 없는 신 같은 존재이셨지만 지금은 아니에요. 이제는 다 큰 어른의 눈으로 아빠의 모습을 보게 되어서 내가 아빠에게 화를 내는 것인지도 모르겠군요.

🌿 '문학/시 치료학'의 도움도 받아

요즘 심리치료에 대한 관심이 늘어나면서 문학을 통해 얻는 위로, 삶의 위기 상황에서 얻는 지혜를 바라보며 우리는 문학의 치유적 기능을 깨달을 수 있다. 치유의 글쓰기와 관련하여 '문학/시 치료(biblio/poetrytherapy, poetry/bibliotherapy)'란 개념과 학문영역이 있어 많은 도움이 된다. 문학치료란 영어로는 포이트리테라피(Poetry Therapy), 비블리오테라피(Bibliotherapy, 독서치료), 저널테라피(Journal Therapy)를 모두 포함한다. 쉽게 말해서 넓은 의미의 문학을 통해 정신적 장애를 가진 참여자(내담자)와 치료사 사이의 치료적 상호작용을 시행하는 것을 지칭한다.

문학치료는 자발적 책 읽기와 창의적 글쓰기를 통한 마음의 치유를 하는 방법이다. 핵심은 잃어버린 언어의 발견 또는 재발견, 즉 마음속에 묻어두고 말할 수 없었던 것, 말하지 못했던 것에 대한 언어를 재생하는 것이다. 문학치료는 치유를 위한 일반적이고 보편적인 책 읽기, 글쓰기, 몸으로 표현하기를 두루 동원한다. 그런 측면에서 정신적 장애를 가진 사람만을 위한 정신과적 전문 치료의 영역보다는 문학을 어떻게 삶과 치유에 적용할 수 있고, 그럴 수 있는 문학자료는 어떤 것이 있으며, 우리가 삶에 대해 어떤 태도를 가져야 할지 알려주는 보통사람들을 위한 방법이기도 하다.

즉, 문학치료는 문학을 촉매로 참여자와 훈련받은 문학치료사 간에 이루어지는 상호작용으로, 참여자에게 문제에 접근하는 새로운 방법을 배울 수 있게 하고, 또 다른 관점에서 그 문제를 생각할 수 있는 통찰력을 제공하여 줌으로써 궁극적으로는 올바른 자아인식에 이르게 하는 과정이다.[32]

이 과정에서 치료사(촉진자)는 참여자/그룹의 성격과 치료목표에 따라 선별한 시, 저널(일지), 영화, 스토리텔링 그 외 여러 형태의 문학을 촉매로 치료적 대화와 토론을 사용하여 참여자를 돕는다.

지은이는 위 학생과의 글쓰기 지도와 면담을 통한 대화를 통해 자연스레 일종의 글쓰기 치료를 시도하였다. 문학치료학에 따르면 이 경우 치료사(촉진자)는 엄선해 온 문학 자료를 나누어 주거나 문학을 이용해 글쓰기 주제를 제시하여 참여자들이 자신의 느낌, 생각, 사상, 개인적 문제들을 이끌어 낼 수 있도록 도와준다. 이상적인 것은 문학작품을 나눠주고 함께 읽어보는 일이다. 특히 다른 사람들의 솔직한 자화상을 읽고 관련된 성장드라마 영화도 보고 대화를 하면서 글쓰기는 더욱 진전되었다.

전문가에 따르면 상호작용 문학치료는 크게 4가지 단계로 이루어진다고 한다. 독일의 경우 문학치료의 과정을 '도입단계→작업단계→통합단계→새 방향 설정단계'로 정하여 치료사와 참여자 사이의 교감이 이루어진다고 한다.[33] 미국에서는 이와는 조금 다르게, '인식단계→탐구단계→병치단계→적용단계' 등 4단계를 정하여 시행하고 있다.[34]

---

[32] A.M. Hynes and Mary Hynes-Berry, *Biblio/Poetry Therapy : The Interactive Process —A Handbook*, St. Cloud, MN : North Star Press, 1994, pp.421~460.
[33] 변학수, 『통합적 문학치료』, 학지사, 2006.
　　　　, 『문학치료』(2판), 학지사, 2007.
[34] 이하 설명은 이봉희, 앞의 글 ; Nicholas Mazza, 김현희 외 독서치료학회 공역, 『시 치료의 이론과 실제』(학지사, 2005) 참조.

미국의 문학치료는 NAPT(National Association for Poetry Therapy, 전미문학치료학회)가 미국 전역의 문학치료 관련 연구, 자격관리, 문학치료사 교육 등을 주관하는 유일한 통합기관으로 세계적으로 가장 오랜 전통과 권위를 가지고 문학치료의 모델과 사례들 제시해 왔다. 따라서 문학치료에 대한 본 연구보고서는 미국 NAPT의 문학치료에 대한 개념과 교육방법, 연구 등을 토대로 이루어지게 될 것이다.

NAPT에서 문학치료사 교육을 담당하고 있는 NFBPT(전미문학치료협회)는 문학치료를 이렇게 정의하고 있다. 포이트리테라피(poetry therapy), 저널치료(journal therapy), 비블리오테라피(bibliotherapy, 독서치료), 시 / 저널치료(Poetry / Journal Therapy), 시 / 문학치료(poetry / bibliotherapy), 시활용치료(Applied Poetry Facilitation), 이 모든 용어는 성장과 치료를 촉진시키기 위하여 문학과 글쓰기를 매개로 사용하는 것을 뜻한다. 포이트리테라피라는 말이 사용될 때 그것은 협의의 시(詩)치료가 아니라 위에 말한 모든 것, 즉 문학, 저널 / 글쓰기 등 모든 문학치료적 방법을 포함한 포괄적인 의미에서의 문학치료를 뜻한다. 수많은 전문가들이 개인의 성장과 치료를 돕기 위해서 시와 저널, 그리고 다른 다양한 형태의 문학을 사용하고 있다.(http://www.nfbpt.com)

문학치료의 정의에 포이트리테라피, 비블리오테라피라는 용어 외에 새롭게 저널치료를 보다 더 적극적으로 포함시키고 있는 것은 그만큼 문학치료의 과정에서 내담자의 글쓰기, 특히 자유로운 표현적 글쓰기인 저널(일기)의 중요성이 입증되었음을 보여준다.

또한 포이트리페라피는 협의의 시 치료가 아니라 상호작용 문학치료와 동일한 의미로 사용되고 있음도 명시한다. 포이트리테라피는 문학 중에서도 특히 은유, 심상, 리듬, 등 시적 요소들의 중요성을 강조하면서 붙여진 이름이다. 미국에서는 현 NAPT의 전신이 시 치료학회(APT)였으므로 붙여진 이름이며 비블리오테라피, 저널테라피라는 말과 함께 모두 문학치료를 뜻하는 말이다.

문학치료에서 말하는 문학은 여러 장르의 상상의 문학, 이야기, 신문기사, 노랫말, 연극, 시, 영화, 비디오, TV드라마, 일기 등 생각과 느낌을 이끌어내기 위해 사용될 수 있는 언어를 표현매체로 사용한 광의의 문학을 말한다. 문학은 치료를 위한 촉매(catalyst)의 역할을 하게 되며 치료 경험은 문학치료사, 시인, 또는 시/문학 치료의 수련을 거친 전문가의 촉진을 통해서 이루어진다. 이것이 책과 독자/환자 간의 독서행위를 통해 이루어지던 종래의 비블리오테라피가 오늘날의 상호작용 시/문학치료 (interactive biblio / poetry therapy)와 다른 점이다.

문학치료에서 사용하는 문학은 예술적/문학적 가치나 위대함이 아니라 깨달음과 자아발견을 위한 도구로서의 가치에 중점을 둔다. 예술로서의 문학의 초점이 문학 자체에 있다면 치료를 위한 문학은 그 초점이 참여자 개개인의 반응과 자기표현을 통한 성장에 있다.

이때 문학은 인쇄된 작품에 국한되지 않는다. 사람의 생각과 감정을 표현하는 또 다른 매체인 비디오, 영화 등은 시각, 청각적 이미지를 첨가하여 개인의 깊은 내면의 반응을 이끌어내는 언어의 환기적 기능을 더욱 증가시킬 수 있다.[35]

---

[35] 이봉희, 「문학치료에 관한 국내외 실증사례 연구」, 『예술의 사회적 기여에 관한 국내외 실증사례 연구』, 한국문화예술위원회, 2008, 108쪽.

첫째, 인식단계(recognition) : 먼저 참여자는 문학작품에 감정적으로 반응하거나 자신과 동일시하게 된다.

문학치료에서 시, 이야기, 영화 등이 참여자의 개인적, 감정적 반응을 불러일으키는 것은 그 문학텍스트가 전달하는 메시지 때문이 아니라 주제나 생각을 표현하는 '언어적 힘' 때문이다. 또한 문학작품 자체만으로는 참여자의 반응을 이끌어 내지 못하는 경우가 많으며 치료사/전문촉진자의 가이드가 중요한 역할을 하게 된다.

둘째, 탐구단계(examination) : 문학치료사(또는 촉진자)의 도움(대화, 토론, 질문)을 받아서 참여자는 문학작품에 대한 자신의 반응이 개인적으로 무엇을 의미하는지 좀 더 구체적이고 상세하게, 그리고 일관성 있게 탐구하게 된다.

셋째, 병치단계(juxtaposition) : 대조와 비교를 통한 상호작용의 과정으로 토론 가운데 서로 다른 반응과 의견과 느낌, 탐구를 통해 자신의 문제와 생각에 새로운 관점과 지혜, 그리고 선택의 기회를 얻게 된다.

넷째, 적용단계(application) : 문학치료사는 참여자를 격려하고 도와서 보다 더 깊은 자아이해와 인지적 차원에 이르도록 한다. 즉 참여자가 자신과 문학을 연결시켜 자신의 문제나 경험에 대해, 그리고 자기 자신에 대해 새로운 깨달음에 도달하게 하며, 이 새로운 깨달음을 현실에 적용할 수 있도록 하는 것으로 문학치료의 궁극적인 목표에 도달하게 된다.

물론 이 단계가 반드시 그 순서대로 나타나지 않을 수 있다. 특히 적용단계는 문학치료모임에서는 이루어지지 않을 수도 있으며 오랜 시간이 흐른 후에 나타나는 경우도 많다. 탐구와 병치단계에서 참여자는 문학/일기 등 글쓰기를 하여 자신의 깊은 내면의 생각을 글로 표현하고 객관적으로 보게 된다. 이때 문학치료사는 글쓰기 유도문(prompt)을 주어서 참여자의 글쓰기를 자극하고 도울 수 있다. 이 유도문은 치료사가 미리 준비해야 하지만 참여자의 인식, 탐구 또는 병치단계에서의 반응에 따라 더 깊은 탐구로 이끌어 줄 수 있는 가장 적합한 글을 찾아내야 하는 통찰력과 순발력이 요구된다.

다음은 이런 과정을 거쳐 아버지한테 지속적으로 성폭행당한 여학생의 후일담을 쓴 글이다.

(라)

　마음의 병으로 인한 지울 수 없는 상처는 어릴 때의 추억을 잃게 하였고 마음의 병이 생기고 나서부터 내 기억을 빼앗겼다. 내 머릿속에 행복했던 어릴 적의 추억은 사라지고 참을 수 없었던 순간의 고통스러운 기억들이 머릿속을 지배했다. 내 어릴 적 기억과 찾지 못한 원래의 내 몸은 아무도 몰래 어딘가에 버려지고 없었다.

　나는 도저히 해답을 얻을 수가 없다. 울면 운다는 부끄러움 때문에, 웃으면 웃는다는 즐거움 때문에 그 기억은 잠시나마 잊혀 졌지만, 매일 살아가면서 피부를 통해 직접적으로 느껴지는 오묘한 감촉으로 떠올려지는 기억들은 언제고 나를 힘들게 하였다.

　아무에게도 말할 수 없었다. 나는 아무 잘못이 없었다. 너무나 착하게 살아왔고 남들에게 피해를 주지 않고 살아왔다고 믿었다. 그것이 당연히 옳다고 생각했다. 그러나 현실과 사람들은 무정했다. 나는 내게 처한 상황을, 나에게 시련을 주고 고통을 받게 하고 나를 힘들게 하는 그때의 현실을 받아들일 수 없었다. 나는 끊임없이 자신에게 묻고 세상에 물었다. 그리고 후에 그것이 내 책임이라는 생각이 들기 시작하자 그저 바보 같게만 느껴지는 나 자신이 미웠고, 남들과 다르다는 생각에 열등감과 괴리감에 휩싸였다. (중략)

(마)

꿈을 잃고 미래는 없었기에 가정의 우리 안에 맞춰진 삶을 살기만 하면 그만이라는 위험한 생각에 빠져 순간의 쾌락을 추구하였다. 그렇게 순간의 욕구와 만족을 누리기 위해 하루 종일 컴퓨터 게임 속 가상 세계의 환락에 빠지게 되었다. 그것이 나중에는 후회할 짓임을 충분히 알고 있었지만, 도저히 멈출 수가 없었다. 그리고 현실을 피할 방법은 그것뿐이라고 생각하여 내가 가진 선택의 권리까지 다 줘 버렸다.

게임의 가상 세계에서는 못할 것이 없었다. 가상세계는 완전히 외적인 면으로 그 사람의 모든 것을 판단할 수밖에 없었다. 돈으로도 충분히 그 안에서 최고가 될 수 있었기에 현실의 돈은 있는 대로 모두 다 가상세계의 나를 꾸미기 위한 것에 써버렸다. 가상세계의 캐릭터, 그것은 현실과 다른 또 하나의 나였다. 그곳에서는 짐승이든 인간이든 원하기만 하면 마음대로 죽일 수 있었다. 그렇게 죽이면 내 품위가 올라갔다. 그리고 현실세계와 마찬가지로 가상세계에서도 신분과 지위가 존재하였다. 낮은 위치와 높은 위치에 있는 것을 등급을 매기었다. 주위의 사람들은 등급이 높은 자를 우러러보고 등급이 낮은 자는 눈길 한번 주시 않았기 때문에 그곳에서도 나를 높이 쌓아 올리지 않으면 안 되었다. 결국은 가상세계에서도 우러름을 받는 자와 보잘것없는 자, 두 부류로 갈렸다. 가상세계도 결국은 현실세계와 나를 섯 없는 것을 알게 되자 게임의 가상세계에서 빠져나올 수밖에 없었다. (중략)

(바)

살지 않을 날보다 살날이 훨씬 많이 남아 있는데도 불구하고 사람의 삶이 무가치하게 느껴져 그것도 별 의미가 없이 느껴졌다. 또 세상물정 모르고 약하게 자라면서 그로인해 잃은 것들이 너무나 많았다. 핍박을 받았고, 기억을 잃었고, 내 몸을 빼앗기면서 수도 없이 마음에 상처를 입었다. 원하지 않는데도 손해를 보는 것을 남들을 위한 희생이라고 속여 믿어왔지만 정작 자신이 그 자괴감에 못 이겨 스스로를 책망하고 급기야 죽을 생각을 하기에 이르렀다.

    죽음을 생각해본 것은 두 가지 이유에서였다. 현실을 도피하고자 하는 탈출구와 삶의 의미가 무엇인지 알 수 없어서 죽음의 끝이 무엇인지가 궁금해서였다. 어느 날, 아무도 없는 곳, 그곳에서 죽음 앞에 나를 의탁하였다. 아아, 깊은 한숨을 토해내면서 유서를 쓰기 시작했다. 그것은 마지막으로 죽기 전 남기는 말이라기보다 죽음 앞에 다다랐을 때를 가정하고 나 자신이 이제껏 어떻게 살아왔는가를 돌이켜보고 과거의 삶을 반성하고자 하는 마음에서 쓰는 이유가 더 컸다. 글을 쓰려는데, 목구멍에 무언가 탁 걸리는 느낌이 들어 삼켜 내렸지만 소용이 없었다. 손이 떨려왔다. 펜을 쥔 손을 주무르며 마음을 다잡았다. 혹시라도 눈물이 날까 눈을 몇 차례 껌뻑이면서 조용히 글을 써내려갔다.

나는 '어떻게 죽어야 할까?'가 아니라 그저 막연한 생각으로 '죽었으면 좋겠다!' 하며 바랐다. 그러나 죽어야 할 이유, 그 이유가 무엇인지도 나 자신은 정확히 알지 못했다. 죽음의 이유가 없다면 죽음에 대한 책임이 있어야 했다. 그러나 나는 유서를 쓰면서 다시 한번 '삶'을 생각해보았다. '내가 살아야 할 이유가 무엇인가. 그것은 죽음과 끝, 그리고 그 이후에 남아 있지도 않을 죽은 가슴 속에 담기 위한 한낱 추억에 지나지 않을 미천한 삶 때문인 것인가.', '내 목숨에 대한 책임이 있는가.'

이번에는 죽음에 대한 회의감이 들었다. '내가 누군가의 가슴에 남을 수 있는가.', '누군가 슬퍼해줄 사람이 있을까.' 그런 생각도 잠시, 세상을 나가면 내 눈에는 보이지 않는 사람들이 상처를 간직한 채 살아가고 있다는 것을 깨달았다. 하루의 삶을 살기도 버거울 정도로 배고픔에 지쳐 쓰러져가는 사람들, 병에 걸려 살날이 얼마 남지 않은 사람들. 나보다 더 큰 아픔을 가지고 살아가는 사람들이 있었다. 그리고 아직 시간은 충분히 많이 남아 있었다. 무엇이든 꿈꿀 수 있는 나이, 고작 십대였을 뿐인 어린 나이에 성인이 되기도 전에 벌써부터 죽음이라는 어리석은 방법을 선택했던 내 자신이 한심해졌다. 살아야 할 이유가 분명하지는 않았지만 죽는 것은 나 자신에게도 죄가 되는 것이었다. 죽음은 이루지 못할 꿈을 해보고서라도, 하고 싶은 것을 다 해본 다음에 생각해도 늦지 않는 것이었다. 나는 손을 멈추어 펜과 함께 종이를 탁자 위에 올려놓고 조용히 노트를 덮었다. 유서 쓰기를 그만두었다. (중략)

(사)

　지금까지 나는 끊임없이 쉬지 않고 달려왔다. 생각으로 행동하고 판단하면서 마음속으로 달렸을 뿐이다. 내 탓이 아니라 남 탓으로 돌리면서 내 앞에 닥친 문제를 그저 피하기에만 바빴다. 그렇게 지금까지 달려오면서도 어딘가 계속 삐걱거렸다.

　어릴 때부터 그리고 지금까지, 타성에 젖은 나는 무엇이든 바라기만 했고 실상 아무것도 알지 못하고 이룬 것도 없었다. 어릴 때의 행복과 추억, 다시 그때로 돌아간다면 나는 많은 것을 이룰 수 있다고 다짐한다. 한 번 그 과정을 겪었기에 매 순간을 소중히 보낼 수 있다고 믿는다. 그러나 또 이런 똑같은 순간이 반복될 것이 뻔했다. 지금이라도 늦지 않다고 말하지만, 결국 어디까지나 말뿐이었다. 꿈을 이루어야 진정한 행복이라면서 현실에 안주하여 무엇에 만족하며 사는 것인지 자신에게 물었다.

스무 살, 20대가 시작되는 순간, 지금 이 순간은 내가 내 꿈을 이루고 선택할 수 있는 마지막 기회가 찾아온 것이다. 대학에 오면서 다시는 전과 같이 무기력하게 헛된 시간을 보내지 말아야겠다고 다짐했다. 다시는 잠이 들기 전에 내일을 바라고 오늘을 후회하지 말아야겠다고 다짐했다. 다시는 유흥에 빠져 방탕하게 생활하고 현실을 피하지 말아야겠다고 다짐했다. 무엇이 먼저이고 무엇이 나중인지, 해야 할 일과 하지 말아야 할 일을 구분하여 시간을 소중히 해야겠다고 다짐했다. 이 다짐이 단지 오늘로 끝나는 것이 아니기를 바란다. 더 많은 것을 알기엔 조금 늦은 것 같다. 그러나 지금 나를 위해서도, 모두를 위해서도, 내가 할 수 있는 일은 그저 내가 바라는 목표에 도달하기 위해 최선을 다하는 것. 다른 이들이 아닌 나 자신에게 실망하지 않도록 나는 다시 달려야 한다.

지금까지 치유의 글쓰기 절차를 따라 진행한 이 학생의 글을 (가) 워밍업 단계부터 (사) 자가치료 후 단계까지 발췌해서 읽어보았다. 단계별 글쓰기와 그를 통한 과정 중심의 학습, 그리고 영혼의 상처를 스스로 치유하는 글쓰기의 대표적 사례라 아니할 수 없다. 처음 이 학생을 가르치고 첫 글을 읽고 피드백을 하면서 면담을 할 때만 해도 '문학 / 시 치료학'의 학문적 실체를 제대로 알지 못했다. 마지막 글을 냈을 때도 여전히 '문학 치료'란 개념을 감히 들이대지 못했다. 그럼에도 불구하고 이 학생과의 만남, 단계별 글쓰기 학습, 그리고 기말문집에 실린 이들 글은 지은이가 이 책을 내는 데 결정적인 계기로 작용하였다.

이 학생은 평소 얌전하고 말이 없어 교실의 동료들 사이에서 별반 눈에 띄지 않았다. 혼자 읽고 감상하기를 좋아하지만 자신의 감정을 글로 쓴 적도 없었던 것 같다. 하지만 그녀는 영화를 보고 시를 배웠으며 절차에 따른 글쓰기와, 글쓰기를 통한 영혼의 상처 치유하기란 지은이의 강의를 듣고 공감했는지 마침내 이 글을 쓴 것이다. 처음엔 머뭇거리다가 어느 순간 속마음을 털어놓겠다고 결심하게 되고, 결정적으로는 지은이와의 면담을 통해서 이런 내용까지 털어놓고 말한 다음 글로 정리한 것으로 짐작된다. 지은이는 개별 면담에서 꼭 보고서나 문집으로 제출하지 않아도 되니 누구나 상처가 있으므로 속살의 상처를 정리하되, 일종의 '아무에게도 보내지 않는 편지'쓰기 라는 기법을 사용하여 지속적으로 '비밀일기'를 써보라고 하였다. 진정으로 자신이 그 상처를 극복할 수 있다면 자기가 쓴 글로부터 한 발 물러나 '비판적 거리'를 가질 수도 있음을 알려 주었다.

어린 시절 성적으로 폭행당하거나 구타 및 학대받은 청소년의 정신적 외상은 평생을 따라다닌다. 한 개인의 자아정체성, 자기 존엄성, 심지어 인격 전체를 파괴시킴으로서 어른이 되어서도 평생 보이지 않는 정신적 고통에 시달리게 한다. 뿐만 아니라 창의력을 사장시키고 사회적 부적응자를 만드는 악순환을 가져온다. 문제아 뒤에는 반드시 문제부모가 있다는 점을 윗글은 보여준다. 하지만 그런 엄청난 시련을 극복하려 애썼다는 사실이 더욱 중요하다. 치유의 글쓰기야말로 그러한 상처를 묻어두거나 회피하지 않고 정면에서 맞서 이겨낸 좋은 약이 된 셈이다.

07 치유의 글쓰기 전통

🍃 교훈적 글쓰기도 치유의 방편

　치유의 글쓰기는 전통이 깊다. 문학 치료의 서양적 전통을 소급하면 가령 고대 테베의 도서관 정문에 "영혼을 치유하는 곳"이라는 글이 걸려 있었다거나, 그리스 신화의 오세아누스가 프로메테우스에게 '언어는 병든 마음을 치료해주는 의사'라고 말한 것까지 나열할 수 있다.[36] 반면 동아시아에서는 중세 이후 수세기 동안 근대적 의미의 글쓰기와 심리치료 사이의 관계가 명확히 밝혀진 것 같지 않다. 다만 치유의 글쓰기가 지닌 동아시아적 전통은 정신과적 심리치료라는 좁은 개념보다는 글을 통한 카타르시스나 교훈, 문학의 실존적 치유 기능처럼 좀 더 폭넓은 편폭을 보인다.
　문학치료학에 대한 지은이의 공부가 워낙 부족해서 치유의 글쓰기가 지닌 동아시아적 전통을 노자, 장자, 맹자, 순자 같은 고전에서 찾지 못했다.

---

[36] 변학수, 『문학치료』; 이봉희, 「문학치료에 관한 국내외 실증사례 연구」 참조.

반면 이런 글을 찾을 수 있었다.

한나라 때 양웅(揚雄)은 「축빈가(逐貧賦)」를 지어, 자기를 지긋지긋하게 따라다니는 '가난'이란 놈의 축출을 시도한 적이 있다. 글을 보면, 먼저 '가난'을 불러내어 내 인생을 이렇듯 고달프게 만드는 연유를 따져 묻고, 이어 잠시도 나를 가만 두지 않고 따라다니는 이유가 무엇이냐고 물은 뒤, 지체치 말고 썩 물러가라고 호통을 친다. 자못 등등한 기세다. 그러자 '가난'이란 녀석이 나타나 물러가는 것은 좋으나 나도 할 말이 있다며 반발한다. 추위를 견디고 더위를 참아내는 법을 어려서부터 가르쳐 주었고, 걸(桀)이나 도병(盜甁) 같은 탐학의 무리를 거들떠보지 않는 기상을 길러 주었으며, 사람들은 모두 겹겹이 둘러싸인 곳에서 지내나 그대는 홀로 툭 터진 곳에서 살게 하였고, 사람들은 근심에 싸여 지내나 그대는 홀로 근심이 없게 하였다. 이것이 모두 나의 공로이다. 이렇게 말을 마친 '가난'은 눈을 부릅뜨고 벌떡 일어나 계단을 내려가며 "내 맹세코 너를 떠나, 저 수양산에 가서 백이(伯夷)·숙제(叔齊)와 더불어 함께 지내리라." 하는 것이었다. 이에 다급해진 양웅이 자리를 피해 잘못을 정중히 사과하며, 다시는 원망치 않을 터이니 내 곁을 떠나지 말아달라고 만류하는 것으로 글은 끝난다.

훗날 당나라 때 유명한 시인 한유(韓愈)가 이를 본떠 다시 「송궁문(送窮文)」을 지었다. 제목 그대로 '궁상을 떠나보내는 글'이다. 가난귀신[窮鬼]을 전송하는 축문을 읽자 가난귀신이 나타나 자신을 몰아내려는 그 행위가 부당함을 조목조목 따진 뒤 해명을 요구한다. 이에 한유가 궁상의 실체를 일일이 나열하며 너 때문에 괴로워 살 수가 없으니 제발 나가 달라고 요청하지만, 가난귀신은 참을 수 없다면서 버틴다. 이에 결국 한유가 굴복하고 마침내 가난귀신을 윗자리로 모셔 앉혔다는 이야기다. 시인이 오죽 가난을 달고 살았으면, 가난을 몰아내고 궁상을 쫓아낼 마음을 먹었을까 생각하니 안쓰럽다. 왜 있지 않은가? 코미디영화 〈다세포소녀〉(2006)에서 '흔들녀' 김옥빈이 '가난이'를 메고 살지 않던가?

영화 〈다세포소녀〉의 김옥빈이 메고 있는 것은 '가난이'

중국에만 시문(詩文, 글쓰기)을 통해 영혼의 상처를 치유하고자 한 노력이 있었던 것은 아니다. 우리 조상들도 글을 씀으로써 마음의 상처를 치유하고 인생의 교훈을 삼는 식으로 글쓰기의 치유능력을 고통스레 밝혀냈다. 때로는 글쓰기의 즐거움을 창작의 고통, 글귀신이 씌었다고 반어적·역설적으로 표현하기도 하였다. 고려 중기의 신진 사인(士人)이었던 이규보도 이와 비슷하게 「시 쓰는 습벽[詩癖]」이란 시를 지어 글쓰기 치료의 한 예를 보이고 있다.

「시 쓰는 습벽[詩癖]」
  나이 이미 칠십을 넘었고
  지위 또한 정승에 올랐네.
  이제는 시 짓는 일 놓을 만도 하건만
  어찌해서 그만두지 못하는가.
  아침에는 귀뚜라미처럼 읊조리고
  저녁에도 올빼미인양 노래하네.
  어찌할 수 없는 시마(詩魔)란 놈
  아침저녁으로 몰래 따라다니며
  한번 붙으면 잠시도 놓아 주지 않아
  나를 이 지경에 이르게 했네.
  날이면 날마다 심장과 간을 도려내
  몇 편의 시를 쥐어짜내니
  기름기와 진액은 다 빠지고

살도 또한 남아 있지 않다오.
뼈만 남아 괴롭게 읊조리나니
이 모양 참으로 우습건만
깜짝 놀랄 만한 시를 지어서
천 년 뒤에 남길 것도 없다네.
손바닥 부비며 혼자 크게 웃다가
웃음 그치고는 다시 읊조려 본다.
살고 죽는 것이 여기에 달려 있으니
이 병은 의원도 고치기 어려워라.

이규보

'시벽'이란 시를 짓지 않고는 못 배기는 병을 말한다. 여기서 시는 한시만 지칭하거나 문학작품만 따로 말하는 게 아니다. 이규보 시대에는 오늘날 같은 예술장르개념의 문학이 따로 있지 않았으니 넓은 의미의 시문(詩文)을 포괄하는 개념으로 보아야 한다. 마치 서양의 poetry가 꼭 현대식 서정시만 의미하는 것이 아니라 문학 전제를 포용하는 것처럼 말이다. 가령 아리스토텔레스의 『시학(Poetica)』은 (서정)시에 대한 이론서라기보다는 문학원론서인 것과 같은 이치이다.

이규보는 고려 중기를 살아가는 13세기 한문 지식인으로서의 시 짓기, 글쓰기의 고통을 과장되게 엄살 떨며 토로하고 있지만, 그 속내는 고통을 마치 축제처럼 득의양양하게 드러내고 있음에 주목해야 한다. 자신이 얼마나 시 짓기를 좋아하며, 시를 지으면서 영혼의 상처를 치유해 왔는가 하는 점을 반어적으로 표현하고 있는 것이다.

이규보는 또한 「구시마문(驅詩魔文)」, 즉 '시 귀신을 몰아내는 글'도 지었다. 시마(詩魔)란 말 그대로 '시 귀신'이다. 이 귀신이 어느 순간 시인의 속으로 들어와 시인으로 하여금 끊임없이 시만 생각하고 시만 짓게 만든다. 이 귀신이 한번 붙고 나면 그 사람은 다른 일에는 하등 관심이 없고, 오로지 시에만 몰두하게 되며, 짓는 시마다 절창이 아닌 것이 없게 된다.

이는 시 귀신, 글쓰기의 본질을 설명하는 데 중요한 단서를 제공한다. 글에서 먼저 생명이 없는 사물에 귀신이 붙게 되면 괴상하고 요사한 일들이 나타난다고 하고, 사람에게도 이러한 귀신이 붙을 수 있다 하였다. 귀신이 자신에게 들어온 뒤 나타난 이상한 증상들을 이렇게 적고 있다.

> 네가 오고부터 모든 일이 기구하기만 하다. 흐릿하게 잊어버리고 멍청하게 바보가 되며, 주림과 목마름이 몸에 닥치는 줄도 모르고, 추위와 더위가 몸에 파고드는 줄도 깨닫지 못하며, 계집종이 게으름을 부려도 꾸중할 줄 모르고 사내종이 미련스러운 짓을 하더라도 타이를 줄 모르며, 동산에 잡초가 우거져도 깎아낼 줄 모르고, 집이 쓰러져가도 고칠 줄을 모른다. 재산이 많고 벼슬이 높은 사람을 업수이 보며, 방자하고 거만하게 언성을 높여 겸손치 못하며, 면박하여 남의 비위를 맞추지 못하며, 여색에게 쉬이 혹하며, 술을 만나면 행동이 더욱 거칠어지니, 이것이 다 네가 그렇게 시킨 것이다.

사람이 처음 태어날 때에는 바탕이 순박하여 꾸밈이 없고 순후 정직하였지만, 한번 시에 빠지게 되면 그 말을 요사하게 하고 괴상하게 하여 사물을 희롱하고 남을 현혹시키니 이것이 모두 시마(詩魔)의 농간이라 하며, 이제 그 죄상을 낱낱이 밝혀 몰아내고자 한다고 엄숙히 선언한다. 얼핏 생각하면 시, 문학, 글쓰기가 시인의 영혼과 행동을 타락시키고 못되게 했다는 것처럼 들린다. 하지만 이규보의 글쓰기 전략을 고려하면 실은 반어적 표현임을 알 수 있다. 시를 통해서 마음의 병, 영혼의 상처를 치유하고 있는 것이다.

이규보의 수많은 설(說. 오늘날의 수필쯤 된다)도 글쓰기를 통해 우리 마음 속에 깊이 잠복해 있는 병통을 치유하는 발상의 전환을 제공하고 있다. 「거울에 대하여[경설鏡說]」란 에세이를 보자.

어떤 거사(居士)가 거울 하나를 갖고 있었는데 먼지가 끼어서 흐릿한 것이 마치 구름에 가리운 달빛 같았다. 그러나 그 거사는 아침, 저녁으로 이 거울을 들여다보며 얼굴을 가다듬곤 하였다.

한 나그네가 거사를 보고 이렇게 물었다.

"거울이란 얼굴을 비추어 보는 물건이든지, 아니면 군자가 거울을 보고 그 맑은 것을 취하는 것으로 알고 있는데, 지금 거사의 거울은 안개가 낀 것처럼 흐리고 때가 묻어 있습니다. 그럼에도 당신은 항상 그 거울에 얼굴을 비춰 보고 있으니 그것은 무슨 뜻입니까?"

거사는 이렇게 대답했다.

"얼굴이 잘 생기고 예쁜 사람은 맑고 아른아른한 거울을 좋아하

동경(銅鏡), 먼지 낀 거울

7. 치유의 글쓰기 전통　159

겠지만, 얼굴이 못생겨서 추한 사람은 오히려 맑은 거울을 싫어할 것입니다. 그러나 잘 생긴 사람은 적고 못 생긴 사람은 많습니다. 만일 한번 보기만 하면 반드시 깨뜨려 버리고야 말 것이니 먼지에 흐려진 그대로 두는 것이 나을 것입니다. 먼지로 흐리게 된 것은 겉뿐이지 거울의 맑은 바탕은 속에 그냥 남아 있기 때문입니다. 그러니 잘 생기고 예쁜 사람을 만난 뒤에 닦고 갈아도 늦지 않습니다. 아! 옛날에 거울을 보는 사람들은 그 맑은 것을 취하기 위함이었지만, 내가 거울을 보는 것은 오히려 흐린 것을 취하는 것인데, 그대는 어찌 이를 이상스럽게 생각합니까?" 하니, 나그네는 아무 대답이 없었다.

먼지 낀 거울을 그대로 사용하는 한 거사의 이야기를 통해 삶과 처세에 관한 관조적인 시각을 보여주는 글이다. 맑은 거울보다는 도리어 먼지가 낀 상태로의 흐린 거울을 취하는 거사의 태도가 얼핏 이해가 되지 않으면서 난해한 느낌마저 든다. 거울의 본성은 원래 맑은 것이지만 먼지가 끼면 흐려진다는 현상을 말하면서 인간에게도 본성이 흐린 사람이 있겠는가 하는 통찰의 자세를 보이고 있다.

이 수필에서 거울은 '흐린 거울'과 '맑은 거울'로 구분하여 제시되는데, 그것은 각각 거울을 이용하는 사람의 '못 생긴 얼굴'과 '잘 생긴 얼굴'에 대응되어 있다. 그리고 작중 화자(작자 자신)는 '못생긴 얼굴'의 주인공으로 '흐린 거울'을 애용하고 있는 상황이다. 거울은 인간의 본성과 영혼을 상징하는 것으로 해석할 수 있다. 즉 누구나 사람의 본성은 맑고 깨끗하지만,

세상의 먼지와 티끌이 끼어 그 본성이 흐려진다는 의미로도 해석할 수 있는 것이다. 역시 맑은 거울보다 흐린 거울이 더 낫다는 역설을 통해 마음의 병을 고치는 이야기치료를 실현하고 있다.

조선 초기 유학자이자 권신이었던 강희맹의 자식을 훈계하는 글, 「훈자오설(訓子五說)」 다섯 편에도 재미난 이야기를 통해 삶의 교훈을 삼고 마음의 병통을 치유하는 본보기로 삼는 예를 볼 수 있다. 그에 따르면 아버지와 자식의 관계를 농부와 곡식의 관계에 비유한다. 농부가 곡식을 잘 가꾸지 못하면 결국 굶주림의 환난을 겪게 되고, 아버지가 자식을 잘 가르치지 못하면 필경 위험한 화를 초래하고 만다.

그러니 곡식을 가꾸기 위하여 거름을 주고 잡초를 제거하는 방법과 마찬가지로 자식을 가르치기 위하여 훈계 편달(鞭撻)을 조금치도 소홀할 수 없다고 한다. 비유와 우화를 통해 자식을 가르치고 그들 마음의 병을 고치겠다는 의도가 잘 드러난다. "남의 아비가 된 자는 나의 이 마음을 체득하여 자식을 가르치고, 남의 자식이 된 자는 나의 이 심정을 민망히 여겨 어버이에게 효도한다면 내 이야기가 부질없는 빈 말이 되지 않을 것이다."라는 표현에서 자식의 영혼을 치유하려는 자애심이 엿보인다. 다섯 가지 이야기 중 가장 재미있는 도둑이야기를 들어보자.

도둑 아들의 이야기 「盜子說」

　도둑질을 전업(專業)으로 삼는 자가 있었다. 그는 아들에게 자신의 솜씨를 모두 가르쳐 주었다. 아들은 자신의 재능을 자부하여 자기가 아비보다도 훨씬 낫다고 생각하였다.

하루는 아비에게 자랑하기를 "저는 아버지의 솜씨에 비해 조금도 손색이 없고 힘은 오히려 나으니, 이대로 나간다면 무엇을 못하겠습니까?" 하니, 아비 도둑이 "아직 멀었다. 지혜란 배워서 이르는 데는 한계가 있는 법이어서 자득(自得)함이 있어야 되는 것이다. 아무런 단서도 남기지 않고 임기응변하는 높은 수준은 자득의 묘(妙)를 터득한 자만이 할 수 있는 것이다. 너는 아직 멀었다." 하였다. 그러나 아들은 건성으로 들어 넘기고 깊이 생각하지 않았다.

다음날 밤 아비 도둑은 아들을 데리고 어느 부잣집에 들어갔다. 아들이 보물 창고 안으로 들어가자, 아비 도둑은 밖에서 문을 닫고 자물쇠를 건 다음 자물통을 흔들어 주인이 듣게 하였다. 주인이 달려와 도둑을 쫓다가 돌아보니, 창고의 자물쇠가 예전처럼 잠겨 있었으므로 방으로 되돌아갔다. 아들 도둑은 창고 속에 갇힌 채 빠져 나올 길이 없었다. 그래서 손톱으로 박박 쥐가 문짝을 긁는 소리를 냈다. 이 소리를 들은 주인이 등불을 들고 나와 자물쇠를 열고 살펴보려는 순간, 아들 도둑이 쏜살같이 빠져나와 달아났다. 주인집 식구들이 모두 뛰어나와 도둑을 쫓으니, 아들 도둑은 다급히 연못가를 돌아 도망치다가 큰 돌을 들어 못으로 던졌다. 뒤쫓던 사람들이 "도둑이 물 속으로 뛰어들었다." 하고는 못가에 빙 둘러서서 찾았다. 아들 도둑은 그 사이에 빠져나와 마침내 천하제일의 도둑이 되었다.

도둑질처럼 악한 일도 반드시 자득(自得)의 묘(妙)를 터득한 뒤에야 비로소 천하제일이 될 수 있었다. 하물며 도덕과 공명에 뜻을 둔 선비야 더 말할 것이 있겠는가. 너도 또한 이 도둑의 경우와 비슷하다. 도둑이 창고에 갇히고 다급하게 쫓기던 것과 같은 곤경을 피하지 말아서 마음속에 자득함이 있어야 한다. 이 말을 소홀히 여기지 말라.

퇴계 이황의 「도산십이곡」이란 연작 시조 첫 수에서도 시조를 통한 영혼 치유의 흔적을 어렵지 않게 발견할 수 있다.

이런들 엇더하며 저런들 엇더하료
초야우생(草野愚生)이 이러타 엇더하료
하물며 천석고황을 고텨 므슴하료.

세상일이란 것이 원래 다 그렇고 그런 법인데 심성을 깨끗이 하는 등 마음의 병을 고치지 않고 굳이 몸의 고질병만 고치면 뭘 하겠는가, 육신 껍데기만 치료해서는 아무 소용없다는 도학자다운 메시지가 쉽게 표현되어 있다. 게다가 이 시조를 한글로 지었다는 점도 중요하다. 연작 시조인 본문 끝에 작품 내용과 관련하여 자신의 창작 동기를 밝혀 놓은 글인 발문을 보면 이황 자신이 왜 「도산십이곡」과 같은 우리말 노래를 지어 부르게 되었는지를 잘 알 수 있다.

아이들로 하여금 조석으로 이를 연습하여 노래를 부르게 하고는 궤를 비겨 듣기도 하려니와, 또한 아이들로 하여금 스스로 노래를 부르는 한편 스스로 춤(舞蹈)을 춘다면 거의 비린(鄙吝, 어리석고 인색

함)을 씻고 감발(感發, 서로 호감을 가짐)하고 융통(融通, 마음이 화락하여 통함)할 바 있어서, 노래 부르는 이[歌者]와 듣는 이가 서로 이익이 될 터이다.

-「도산십이곡」 발문

아이들에게 이 노래, 도산십이곡을 부르면서 춤추게 한다면, 더럽고 인색한 마음이 씻어지고 감화된 마음이 잘 융통하게 되어서, 노래 부르는 이와 듣는 이가 서로 좋을 것이라는 내용이다. 물론 중세 지식인인 그는 한시를 더 높이 평가하였으나, 한시로는 우리말 노래로 부를 수 없는 한계를 인정하고, 노래로 불릴 수 있는 시조가 한시보다 요긴한 것일 수 있다고 하였다. 즉 시조를 통해 노래 부르고 춤을 추기도 하면, 감정을 유발하여 서로 통하게 하는 효과가 더 크며, 노래 부르는 사람과 이를 듣는 사람이 서로 좋은 관계가 된다는 것이다.

이러한 견해는 글이 사람 마음을 움직인다는 감동적 효과를 깊이 통찰한 데서 나온 것이다. 글쓰기의 올바른 경지는 마음을 토론하는 이의 '온유돈후'의 경지라 하였다. 이황은 노래를 부르면서도 마음에 어긋남이 없는 경지인 '사무사(思無邪)', 즉 '온유 돈후'의 태도를 지향하고 있었던 것이다. 이러한 점에서 이 글은 효용론적인 문학관을 토대로, 한글문학이 궁극적으로 지향해야 할 바를 이황 나름대로의 관점에서 깊이 제시하고 있다 하겠다. 이는 이황의 문학관을 알 수 있는 글이기도 하면서 동시에 중세적 방식의 치유 글쓰기의 한 예가 된다고 하겠다.

🌱 지식 도둑질은 이제 그만

조선 후기 정조 때의 실학파 지식인의 대부격이었던 연암 박지원의 소품문 「재맹아(再盲兒)」도 글쓰기 치료의 좋은 예를 보여준다. 길 가다 보니 웬 청년이 울고 섰다. 왜 우느냐고 물었다. 자기는 원래 어려서부터 시각장애인으로 20년을 살아왔는데, 오늘 길을 가다가 갑자기 눈이 떠지는 기적이 일어났다. 그런데 문제가 생겼다. 너무 기뻐 집으로 가려 하니 골목은 갈림길이 많고 대문은 다 같아 제 집을 못 찾아 운다고 했다. 외형적인 감각은 회복했는데 마음속 영혼은 오히려 전보다 더 혼란스러워진 새로운 심리장애가 생겨버린 아이러니한 상황이다. 글쓴이가 제시하는 처방은 "도로 네 눈을 감으라."는 역설이었다. 눈을 감고 집에 가서 눈을 뜨라는 것. 너는 그저 장애인으로 살란 말이 아니다. 한번 떠진 눈은 다시 감아지지 않는다. 문제는 집에서 눈 뜨지 않고, 길 가는 도중에 눈을 뜬 데 있다. 그래서 눈을 뜨는 순간 그는 다시 눈이 멀고 만 것이니 이런 이치를 잘 헤아려 마음의 눈을 뜨라 한 것이다. 청년은 기뻐하며 눈을 도로 감고 지팡이를 더듬어 문제없이 제 집을 찾아 갔다. 이야말로 명쾌한 글쓰기 치료가 아닐 수 없다.

「재맹아」이야기는 단지 개인 차원의 심리치료담, 글쓰기 치유의 얘기가 아니다. 실은 의미심장한 문명사적 비유이기도 하다. 바뀐 세상에서 길을 잃지 않으려면 본래의 자리로 돌아가 '나'를 세운 뒤 출발해야 한다는 점에서, 조선 후기 지식인들에게 주체의 각성을 중시하라는 메시지를 띰고 있다. 박지원의 생각에, 생물학적 눈은 떴으되 마음의 눈은 여전히 어두운 눈

뜬 장애인이 바로 당시 조선의 한문 지식인들이었다. 눈만 뜨면 뭣 하는가? 정작 자아의 주체를 세울 수 없다면 눈 뜬 환희는 새로운 비극의 시작일 뿐이다. 기껏 살아왔던 자신의 삶조차 가치를 잃고 헤매지 않으려거든 도로 눈을 감으란 역설이 그래서 나왔다. 본래의 자리로 돌아가 다시 출발하라. 오늘날처럼 한층 넓어진 세상, 정보 과잉의 인터넷 전자제국 시대일수록 자기 줏대를 세우는 무게중심 잡기에 힘써야 한다. 동아시아든 서유럽이든 팩스아메리카나든 남의 문화만 좋다고 여겨 우리 고유의 주체성을 버린다면 새로운 길은 없다는 것이다.

바깥세상에 휩쓸리고 눈에 보이고 귀에 들리는 것에만 마음을 빼앗기면 병통이 된다. 박지원의 「하룻밤에 강을 아홉 번 건너다(一夜九渡河記)」를 보면 글쓰기 치료의 지혜를 확인할 수 있다.

> 강물 소리는 어떻게 듣느냐에 따라 전혀 달라진다.
> 내 집은 깊은 산속에 있다. 문 앞에 큰 시내가 있는데, 매번 여름철 큰비가 한 번 지나고 나면 물이 급작스레 불어나 항상 수레와 기병, 대포와 북이 울리는 듯한 굉장한 소리를 듣게 되고 마침내 그것은 귀에 큰 재앙이 되어 버렸다.
> 내 일찍이 문을 닫고 누워 가만히 이 소리들을 비교하며 들어본 적이 있었다. 깊은 소나무 숲이 퉁소 소리를 내는 듯한 건 성난 마음으로 들은 탓이요, 개구리 떼가 다투어 우는 듯한 건 교만한 마음으로 들은 탓이다. 만 개의 축(筑)이 번갈아 소리를 내는 듯한 건 분노한 마음으로 들은 탓이요, 천둥과 우레가 마구 쳐대는 듯한 건 놀

란 마음으로 들은 탓이요, 찻물이 보글보글 끓는 듯한 건 흥취 있는 마음으로 들은 탓이요, 거문고가 우조(羽調)로 울리는 듯한 건 슬픈 마음으로 들은 탓이요, 한지를 바른 창에 바람이 우는 듯한 건 의심하는 마음으로 들은 탓이다. 이는 모두 바른 마음으로 듣지 못하고 이미 가슴속에 자신이 만들어 놓은 소리를 가지고 귀로 들은 것일 뿐이다.

(중략)

이토록 위험한데도 사람들은 모두 하나같이 이렇게 말한다.

"요동벌판은 평평하고 넓기 때문에 강물이 절대 성난 소리로 울지 않아."

하지만 이것은 강을 몰라서 하는 말이다. 요하(遼河)는 울지 않은 적이 없었다. 단지 사람들이 밤에 건너지 않았을 뿐이다. 낮에는 강물을 볼 수 있으니까 위험을 직접 보며 벌벌 떠느라 그 눈이 근심을 불러온다. 그러니 어찌 귀에 들리는 게 있겠는가. 지금 나는 한밤중에 강을 건너느라 눈으로는 위험한 것을 볼 수 없다. 그러니 위험은 오로지 듣는 것에만 쏠리고, 그 바람에 귀는 두려워 떨며 근심을 이기지 못한다.

나는 이제야 도를 알았다. 명심(冥心 - 깊고 지극한 마음)이 있는 사람은 귀와 눈이 마음의 누(累)가 되지 않고, 귀와 눈만을 믿는 자는 보고 듣는 것이 더욱 섬세해져서 갈수록 병이 된다.

길을 잃은 청년, 밤중에 강을 건너는 선비의 심정으로 돌아가, 독후감 과제로 낸 두 학생의 다음 글을 읽어보자.

■『누가 내 치즈를 옮겼을까?』 독후감

　이 책은 쥐와 인간을 활용하여 인간사를 탐구한 책이다. 쥐 두 마리와 사람 두 명이 각기 치즈를 찾는 방법에 대해 고찰했으며, 여기서 '치즈'는 우리가 추구하는 모든 것……. 즉 돈, 권력, 자유, 건강을 뜻한다. 사람들 각각은 나름대로 자신만의 '치즈'를 추구하며 살아가며, 그 '치즈'를 얻게 되면 그것에 집착하며 변화를 두려워한다. 쥐는 치즈가 없어질 것(변화)을 대비하지만 사람은 위기가 닥쳤을 때 비로소 변화를 감지하게 된다. 쥐는 계속 새로운 것을 찾아 나서지만 두 명의 사람은 원인을 밝히느라 전전긍긍한다. 안락한 자리를 떠나기가 싫은 것이다. 한 명은 다른 창고를 찾아 다시 미로를 헤매고 찾아내어 이번에는 매일 변화를 체크하게 되지만 다른 한 명은 그냥 그 자리에 남는다. 한마디로 사람은 변화하는 환경에 적응하지 못하면 도태된다는 의미를 담고 있으며, 자신의 치즈는 무엇인가에 대해 토론하며 끝이 난다.

　이 책이 베스트셀러가 된 것은 사람들 각각의 아픈 곳을 찔렀기 때문뿐만 아니라, 자신의 본질에 접근하고 싶은 심리를 자극했기 때문이라고 본다. 이 책을 읽으면서 나도 정곡을 찔린 느낌이었으니까……. 그리고 내 치즈의 우선순위를 다시 한번 매겨보았다. 아직 나는 내 인생을 변화시킬만한 책을 만나지는 못했다. 다만 이 책은 내가 안주하지 않도록 채찍질을 해주었다. 그리고 안주하고 싶을 때마다 이 책을 꺼내 볼 것이다. 적어도 이 책은 내가 확실히 그냥 그 자리에 남은 '한 사람'이 되지 않으리라는 것을 확신시켜 주었다.

■ 내가 삶의 주체-『누가 내 치즈를 옮겼을까?』를 중심으로

오랜만에 고향 내려간다는 생각에 잠도 오지 않고 따분해 하던 중에 가방 속에 넣어 둔 책 『누가 내 치즈를 옮겼을까?』가 생각났다. 글자도 크고 내용도 얼마 안 되고 해서 쉽게 읽을 수 있었다. 이솝우화를 읽는 느낌이었다. 읽으면서 썩 재미있었다는 생각은 못했다. 내용도 대충 예상되었다. 그래도 한 장 한 장 넘어가면서 뭔가 하나씩 느껴졌다. 지금의 나에게 가장 중요하고 가장 부족한 것들을 알려주고 있었다.

책의 곳곳에 적혀있는 짧은 글 하나하나를 보면서 무언가를 어렴풋이 알았다. 나에게 중요한 무언가를……. 나의 짧은 글 실력으로 표현하기가 쉽지 않지만 머릿속에, 아니 가슴속에 막혀있던 뭔가를 풀어낸 느낌이었다.

- 변하지 않으면 살아남을 수 없다.
- 두려움을 없앤다면 성공의 길은 반드시 열릴 것이다.
- 변화를 즐겨라. 모험에서 흘러나오는 향기와 새 치즈의 맛을 즐겨라.
- 자신도 변해야 한다. 치즈와 함께 움직여라.
- 변화에 신속히 적응하라.

이것들이 내가 이 책을 읽고 다시 한번 더 읽었던 구절들이다.

변화……. 괜히 무기력하고, 내 의지로 하루하루를 보내는 것이 아니라 누구에겐가 이끌려가고 있는 듯한, 매일 같은 생활만 반복하고 있는 나에게 가장 필요한 것 같다. 변화와 그 변화에 대한 두려움을 이겨낼 수 있는 용기…….

그동안 20년이라는 짧다면 짧은, 나름대로 길다면 긴 시간을 살아왔다. 초등학교에서 중학교, 고등학교……. 그리고 지방에서 서울로……. 지금까지 내 환경의 굵직굵직한 변화들이다. 이런 환경의 변화에 나름대로 잘 적응해왔고 그 결과로 대학에 들어왔다. 하지만 이런 큰 변화들이 닥쳐왔을 때, 난 그 변화를 두려워했고, 거기서 오는 긴장과 스트레스를 기분 좋게 받아들이지 못하고 피하려고만 했다.

이제는 즐겨야겠다. 내 자신이 변함을, 그리고 나의 변화로 인해 내 주위의 환경이 변함을 지켜보면서 그 변화를 더욱 즐겨야겠다. 그 변화의 첫 번째 결과가 이 감상문이 아닐까 싶다. 남들이 보면 "저 놈 점수 받으려고 별 짓을 다한다."고 생각할지도 모른다. 얼마 전까지 내가 다른 애들을 보며 가졌었던 생각이다. 하지만 이제는 변할 것이다. 나의 이 변화로 인해 조금이나마 더 잘 나올 학점과 내년의 전공 배정을 기대하며 즐길 것이다.

중요한 것은 전공 배정을 받기 위해, 학점을 잘 받기 위해 변하는 것이 아니라 내가 변함으로써 전공 배정에 유리해지고 더 나은 학점을 받을 것이라는 사실이다. 나 자신이, 내가 주체가 되어 변하고 그 변화로 인해 내 주위 환경들을 변화시킬 것이다. 그러기 위해선 우선 변화에 대한 두려움을 없앨 수 있는 용기가 필요할 것이다. 난 내가 변하는 모습을 지켜보며 그 변화를 즐길 것이고, 그 즐거움으로 변화에 따른 두려움을 이겨내야겠다.

『누가 내 치즈를 옮겼을까?』 여기에 앞으로는 자신 있게 대답할 수 있는 내 모습을 만들어 나가야겠다. 내 치즈는 내가 직접 옮겼다고……. 내가 직접 옮길 것이라고……. 자, 이제 변하자……!

「재맹아」, 「하룻밤에 강을 아홉 번 건너다(一夜九渡河記)」 이야기를 하다가 『누가 내 치즈를 옮겼을까?』 독후감 두 편을 예로 든 것은 글쓴이의 주체성 문제 때문이다. 글 속에 글을 쓴 주체의 자의식인 '나'가 빠진 글은 전자처럼 얼핏 빼어나 보이지만 문제가 없지 않고, 글쓴이의 자취가 남아 있는 후자는 서툴지만 주체적 고민의 흔적을 찾을 수 있어 믿음을 준다고 생각한다. 남의 작품을 감상하는 글에서도 주체의 시각이 「재맹아」 우화처럼 번뜩여야 한다.

독후감은 감상문의 일종이면서 책을 쓴 저자의 학식을 소화하여 독자의 지식을 키우고 판단력과 비판력을 기를 수 있으며 바람직한 인생관과 가치관 형성에 도움을 받을 수 있는 글쓰기이다. 독후감은 딱히 정해진 일정한 형식은 없다. 줄거리 요약과 책에 대한 정보를 나열하는 것은 독후감이 아니라 일종의 책 소개 기사문이니 피하는 것이 좋다. 책을 읽지 않은 사람들에게 내용을 안내하는 것은 독후감이 아니다. 이 점은 영화평 등 대중문화감상문도 마찬가지이다.

첫 번째 예문은 독후감을 써야 할 책 내용을 잘 설명하고 있다. 우리 인생에서 '치즈'가 의미하는 바가 무엇이고 그 숨은 뜻을 찾아 자기 삶을 변화시켜야겠다는 각오로 끝맺음으로써 책을 제대로 소화했다는 평가가 가능하다. 장황한 내용 소개나 군더더기가 없이 한두 줄씩의 단상만으로 내용 요약과 감상을 효율적으로 적고 있다. 두 번째 예문은 책 속에서 읽은 감명 깊은 대목을 몇 가지 예로 들고 대학 1학년생으로서 돌이켜본 자기 삶을 실질적으로 변화시키겠다는 각오로 끝맺는다. 전자처럼 추상적이고 막연한 결론이 아니라 실질적 내용이 있다고 판단한 이유는 바로 이 감상문을 보고서로 제출해 학점을 잘 받고 그것을 근거로 2학년 진급시 원하는 전공에 배정 받고자 하는 욕구를 솔직히 드러냈다는 점 때문이다.

독후감은 감상한 텍스트의 내용 전체를 제대로 이해하고 작자나 만든 이의 의도를 포착하며, 나아가 감상자가 주체적 입장에서 느낀 것과 의문 나는 것을 비판적으로 쓰면 좋을 것이다. 다만 줄거리를 길게 소개하거나 내용과 관련이 적은 주변 정보를 장황하게 소개하는 것은 바람직하지 않다. 가능하다면 자기 자신의 생각과 느낌을 솔직하게 드러내면서 이를 자기 삶과 어떻게 연관시킬지에 대해 쓰는 것이 좋다.

여기서 진짜 심각한 문제점 하나를 지적해 보기로 하자. 바로 오늘날 인터넷을 통해 숱하게 자행되고 있는 학교 숙제 베끼기다. 대학가에 널리 유행하고 있는 지식 도둑질 문제를 짚고 넘어가지 않을 수 없다. 컴퓨터와 인터넷 덕분에 남의 글을 베끼고 짜깁기하는 일이 다반사가 되었다. 인터넷에서 우리는 흔히 이런 글을 만나고 실소하지만 남의 일만도 아니다.

"살려주세요, 급구!"

"급함, 내공 있음!"

　　네이버 지식인에 초·중·고딩처럼 이런 글을 계속 올려야겠는가? 아니다. 아니다. 동트기 전 예수를 세 번 부정했던 베드로처럼 세 번 다 아니다. 물론 이들은 죄인이 아니다. 다만 자기 생각을 정리해 글로 적는 경험과 훈련이 너무 부족해 과중한 숙제와 부담스런 보고서에 시달리다 'OTL' 세 글자를 친구에게 문자로 날리는 젊은이들인 것이다.

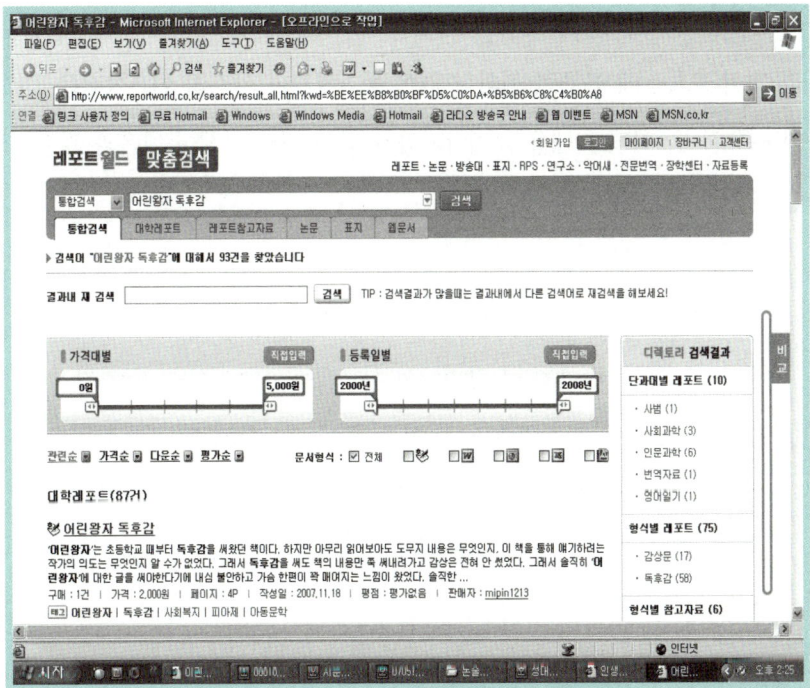

심지어 '레포트 ○○', '○○ 캠퍼스' 같은 숙제 도우미용 인터넷 사이트에서 검색을 한 후 다운로드한 관련 자료를 적당히 짜깁기, 편집해서 과제로 제출하는 경우도 적지 않다. 이러한 잘못된 관행이 당연시되는 상아탑의 비뚤어진 초상은 이제 없어져야 한다. 흔히 하듯 작품집 뒤에 나오는 해설이나 남들이 쓴 참고서, 논저를 보고 작가·작품에 대해서 아는(척하는) 것이 아니라 자기 스스로, 자기 영혼이 느낀 것을 말할 수 있게 되길 바란다. 앞의 독후감 중 첫 번째 예문이 바로 인터넷 검색엔진에서 그대로 따다 보고서로 제출한 거짓 감상문, 표절이다(원 출처 : http://www.joungul.co.kr/after/after1/독후감_10863.asp).[37]

차라리 박지원의 글 「재맹아」처럼 도로 눈을 감아라. 영혼에 눈 먼 자들의 지식 도둑질에 아무런 죄의식 없이 동참하느니 차라리 에프학점을 감수하도록 하자. 이러한 내용을 이야기하자 당장 어느 학생이 다음과 같은 글을 증거로 제출했다.

> 3월 개강 날 정문 앞에서 누군가가 건네주는 공짜 노트를 받고 좋아했는데, 오늘 교수님 강의에서 본 '레포트 ○○'라는 글자가 버젓이 그 표지에 적혀있네요. 속지를 훑어보니 '레포트의 수준을 높인다. 레포트 ○○' 이렇게 뻔뻔히 홍보도 잘 하고 있군요. 전 오늘 교수님께서 하신 말씀 중에 "근 10년간 대학생들의 지식량은 줄었

---

[37] 『누가 내 치즈를 옮겼을까?』 독후감 논평과 표절 문제 서술부분은, 김성수 외, 『창조적 사고 개성적 글쓰기』 초판본, 성균관대출판부, 2005, 274~279쪽 참조. 초판에 썼던 부분이 2006년 개정판에서 빠졌기에 여기에 다시 소개한다.

을 것이다. 본래 있던 레포트만 계속해서 이리저리 사고 팔리고 있기 때문이다."라는 말이 가장 기억에 남습니다. '인터넷과 지적 윤리'에 관한 경고문이죠.

영화 〈연을 쫓는 아이〉에 이런 대사가 나온다.

"세상에서 가장 큰 범죄는 바로 살인인가? 아니다. 가장 악질 범죄는 바로 도둑질이다. 사람을 죽인다면 그것은 한 생명을 도둑질하는 짓이다. 그의 아내에게서 남편을 훔치고, 그의 자식들에게서 아버지를 훔치는 것이다. 거짓말을 하는 것은 진실을 도둑질하는 짓이고, 속임수를 쓴다면 공정함에 대한 권리를 도둑질하는 짓이다."

이런 잘못된 관행이 통하지 않게 학생은 솔직하고 성실하게 자기 생각을 쓸 수 있도록 애써야 한다. 누구에게 보이기 위해서 또는 학점을 따기 위해서가 아니라, 자기계발과 사기생신을 위한 노력의 하나로서 주체적이고 비판적인 책 읽기와 글쓰기가 이루어졌으면 한다. 그러나 자신의 솔직한 자화상을 고백하는 글쓰기는 의외로 힘든 작업이다.

7. 치유의 글쓰기 전통

08 자화상 그리기의 고통

🍃 그대 이름은 '무식한 대학생'인가

글쓰기를 통한 영혼의 상처 치유의 실례는 너무나 많다. 열아홉, 스무 살 때면 누구나 겪는 성장통이 숱한 사연을 낳게 마련이다. 이 나이 때 가장 흔한 것은 대학 입학까지의 고통이다. 하지만 글쓰기를 통해 얻게 되는 영혼의 상처 치유가 꼭 대입과정에서의 숱한 역경과 좌절에 국한되는 것은 아니다. 얼핏 떠오르는 예만 들더라도 외모, 집안, 성적, 학교, 전공, 애정, 가치관의 갈등 등 끝이 없다.

하지만 이들 예처럼 자신의 속살을 드러내는 고통스런 좌절과 실패의 경험만 치유의 글쓰기에 속하는 것은 아니다. 자기 영혼의 상처를 드러내고 객관화시킴으로써 보다 더 인간적으로 성숙하고 발전하는 계기로 삼는 글도 적잖이 보았다. 상투적인 반성문이 아닌 경우에도 자기 속살을 드러내는 고통을 인간적 발전의 밑거름으로 승화시키는 긍정적인 카타르시스의 예도 얼마든지 있었다. 가령 백일장계의 선수 겸 전설이라 자처했던 어느 문예 특기생의 고백이나 사시 공부와 배낭여행을 두고 고뇌하는 법대생의 편지 등이 그랬다. 아버지와의 평생에 걸친 불화를 고발하는 글이 있는가 하면 치유의 글쓰기를 통해 부모의 잘못을 용서하고 화해를 하겠다는 철든 젊은이도 있었다. 그 어느 경우에도 그들은 눈물을 흘렸다. 남학생, 여학생 가리지 않고······.

이러한 이들 가위손, 프랑켄슈타인 같은 젊은 영혼들의 공통된 상처가 하나 있었으니 바로 대입과정의 트라우마이다.「그대 이름은 '무식한 대학생'」이란 칼럼을 읽고 토론했던 지난 몇 년간의 세월이야말로 대학 새내기들의 솔직한 자화상 그리기가 얼마나 큰 고통인지 잘 알게 된 나날이었다. 대학 신입생의 현실에 대한 비판적 문제 제기를 한, 다음 칼럼을 읽고 찬반 의견을 나눈 후 글로 써 보자.

✚ 홍세화 칼럼_그대 이름은 '무식한 대학생'

그대는 대학에 입학했다. 한국의 수많은 무식한 대학생의 대열에 합류한 것이다. 지금까지 그대는 12년 동안 줄 세우기 경쟁시험에서 앞부분을 차지하기 위해 부단히 노력했다. 영어 단어를 암기하고 수학 공식을 풀었으며 주입식 교육을 받아들였다. 선행학습, 야간자율학습, 보충수업 등 학습노동에 시달렸으며 사교육비로 부모님 재산을 축냈다. 그것은 시험문제 풀이 요령을 익힌 노동이었지 공부가 아니었다. 그대는 그동안 고전 한 권 제대로 읽지 않았다. 그리고 대학에 입학했다. 그대의 대학 주위를 둘러보라. 그 곳이 대학가인가? 12년 동안 고생한 그대를 위해 마련된 '먹고 마시고 놀자'판의 위락시설 아니던가.

그대가 입학한 대학과 학과는 그대가 선택한 게 아니다. 그대가 선택 당한 것이다. 줄 세우기 경쟁에서 어느 지점에 있는가를 알게 해주는 그대의 성적을 보고 대학과 학과가 그대를 선택한 것이다. '적성' 따라 학과를 선택하는 게 아니라 '성적' 따라, 그리고 제비 따라 강남 가듯 시류 따라 대학과 학과를 선택한 그대는 지금까지 한 권도 제대로 읽지 않은 고전을 앞으로도 읽을 의사가 별로 없다. 영어영문학과, 중어중문학과에 입학한 학생은 영어, 중국어를 배워야 취직을 잘 할 수 있어 입학했을 뿐, 셰익스피어, 밀턴을 읽거나 두보, 이백과 벗하기 위해 입학한 게 아니다. 그렇다면 차라리 어학원에 다니는 편이 좋겠는데, 이러한 점은 다른 학과 입학생에게도 똑같이 적용된다. '인문학의 위기'가 왜 중요한 물음인지 알지 못하는 그대는 인간에 대한 물음 한 번 던져보지 않은 채 철학과, 사회학과, 역사학과, 정치학과, 경제학과를 선택했고, 사회와 경제에 대해 무식한 그대가 시류에 영합하여 경영학과, 행정학과를 선택했고 의대, 약대를 선택했다.

한국 현대사에 대한 그대의 무식은 특기할 만한데, 왜 우리에게 현대사가 중요한지 모를 만큼 철저히 무식하다. 그대는 『조선일보』와 『동아일보』가 '민족지'를 참칭하는 농안 진정한 민족지였던 『민족일보』가 어떻게 압살되었는지 모르고, 보도연맹과 보도지침이 어떻게 다른지 모른다. 그대는 민족적 정체성이나 사회경제적 정체성에 대해 그 어떤 문제의식도 갖고 있지 않을 만큼 무식하다.

그대는 무식하지만 대중문화의 혜택을 듬뿍 받아 스스로 무식하

8. 자화상 그리기의 고통 179

다고 믿지 않는다. 20세기 전반까지만 해도 읽지 않은 사람은 스스로 무식하다고 인정했다. 그러나 지금은 대중문화가 토해내는 수많은 '정보'와 진실된 '앎'이 혼동돼 아무도 스스로 무식하다고 말하지 않는다. 하물며 대학생인데! "당신의 능력을 보여주세요!"에 익숙한 그대는 '물질적 가치'를 '인간적 가치'로 이미 치환했다. 물질만 획득할 수 있으면 그만이지, 자신의 무지에 대해 성찰할 필요조차 느끼지 않게 된 것이다.

　그대의 이름은 무식한 대학생. 그대가 무지의 폐쇄회로에서 벗어날 수 있을 것인가. 그것은 그대에게 달려 있다. 좋은 선배를 만나고 좋은 동아리를 선택하려 하는가, 그리고 대학가에서 그대가 찾기 어려운 책방을 열심히 찾아내려 노력하는가에 달려 있다.[38]

　글쓰기 또는 문학은 사람들의 내면에서 연상 작용을 일으키고 의식적·무의식적 기억과 생각을 환기시켜 뭔가를 이끌어내는 강렬한 힘이 있다. 또한 다른 사람이 쓴 글과 문학에 대한 개인적 반응을 말로 하든 글로 쓰든 아니면 자신만의 경험과 감정을 글로 쓰든, 글쓰기 과정에서 남에게 결코 드러내고 싶지 않은 영혼의 상처를 치유하는 놀라운 치유력이 있다.

　누구나 아픔이 있다. 드러내고 싶지 않은 실존적인 트라우마가 있게 마련이다. 이 자리에 있는 많은 사람들의 공통적인 상처부터 말해보자. 맘 속

---

[38] 홍세화(한겨레신문 기획위원), 「그대 이름은 '무식한 대학생'」, 『대학생신문』 2003년 2월 18일자. 생각 있는 독자라면, "『조선일보』와 『동아일보』가 '민족지'를 참칭하는 동안 진정한 민족지였던 『민족일보』가 어떻게 압살되었으며, '보도연맹'과 '보도지침'이 어떻게 다른지" 사실관계를 확인했으면 좋겠다.

깊숙이 상처가 아물려고 하는데, 사적인 수다의 영역에선 술 한잔 마시고 털어놓을 순 있지만 공론의 장에선 누구든지 절대로 드러내놓고 말하고 싶지 않은 주제가 있다. 바로 대입 과정에서의 마음속 상처이다. 대한민국 국민이면 대부분 피해갈 수 없는 통과의례인 '입시과정에서의 생채기'이다.

칼럼을 읽다 보면, 남에게 절대로 내보이고 싶지 않은 감추고 싶은 상처가 스무 살 안팎 젊은 영혼들에게는 누구나 있다는 사실을 알게 된다. 가령 "우리가 입학한 대학과 학과는 그대가 선택한 게 아니다. 선택 당한 것이다. 줄 세우기 점수 경쟁에서 어느 지점에 있는가를 알게 해주는 수능 / 내신 / 고교등급을 보고 대학과 학과가 우리를 선택한 것이다. '적성' 따라 학과와 전공을 선택한 게 아니라 '성적' 따라, '유행' 따라 대학과 전공을 선택한 것이다."라는 말을 부정할 수 있을까 의문이다.

물론 예외도 있다. 대학 내지 명문대에 대한 선망과 기대가 '수능 대박' 등으로 실현되어 대학생활의 출발을, 벅찬 감격 속에서 한 사람도 있을 수 있다. 하지만 '박제가 되어버린 천재를 아시오?'(소설 『날개』의 서두)라는 식으로 자신의 처지를 회색빛 우울로 그려내는 이상(李霜)의 후예도, 적긴 하겠지만 없지 않을 것이다.

더욱이 대학 이름, 사회적 평판만으로 인생의 성공이 보장되는 극소수 명문대도 아닌 우린 어떻게 살 것인가? 심하게 말한다면 우리 사회의 고착화된 학벌, 학연, 연고주의 풍조가 지속된다면 우리는 4년간 학업에 애쓰지 않고 놀고먹어도 이 학교 출신이며, 미친듯이 열심히 공부해도 이 학교 출신이란 낙인이 평생 따라 붙을 것이다. 문제는 대학 간의 서열이 엄존하고 있으니만큼, 이런 잘못된 관행과 사회의 평판, 그를 뒷받침하는 학벌주의와 학연, 연고주의 시스템을 깨야 한다는 사실이다. 그런데 현실은 그렇지 않다. 우리가 발전하려면 이러한 학벌, 학연을 근본부터 없애야 하는데 그렇기는커녕 혈연, 지연 같은 전근대적 연고주의에 더해 학벌·학연주의가 만연하고 일부는 거기에 편승, 안주하려 하니 문제가 자못 심각하다. 더욱이 대다수는 그러한 문제의식조차 귀찮게 여기고 감옥살이 같은 고3 시절과 재수, 삼수하는 동안 너무나 힘들었으니, 새내기 때 한번 술과 연애, 게임, 당구, 야동으로 신나게 놀아볼 수도 있지 않을까 유혹에 빠진다.

살다 보면 현실 안주의 유혹을 물리치고 뭔가 열심히 해보겠다고 나서도 기대대로 일이 풀리지 않는 경우가 있다. 현실의 장벽은 그리 만만치 않기 때문이다. 아니, 도저히 넘을 수 없는 거대한 벽으로 다가온다는 게 솔직한 심정이다. 아무리 열심히 해도 원하는대로 되지 않는 일이 있게 마련이니까. 그러면 대개 이런 생각을 하게 된다. "그래, 맞아! 이렇게 해봤자 뭘해. 어차피 세상일이란 다 그런 건데, 뭐!" 하지만 이렇게 생각한다면 '지는' 거다. 억울하다고 남 탓을 하는 순간 그 생각이 상처로 남게 된다. 이럴 때 내가 누구인지 지난 삶과 현재 위치, 그리고 미래의 비전을 있는 그대로 정직하게 정리해봄으로써, 이런 과정을 정리하는 자전적 글을 씀으로써 이러한 상처를 치유할 수 있다.

이런 의도에서 홍세화 칼럼과 관련하여 '대학이라는 놀이공원에 수백 만 원짜리 자유이용권을 끊고 들어온 학생들에게'라는 특강을 한 후, 이에 대한 찬반의견을 글쓰기 수업시간에도 토론시키고 아예 홈페이지와 강의용 카페에 올려 수시로 진행되는 댓글 토론의 장을 열었다. 처음 나온 글을 보도록 한다.

글을 읽고 대학생들의 나태함과 무지함을 깨닫게 되었다. 물론 모든 대학생이 그렇다는 것은 아니다. 하지만 이제 대학에 왔으니 조금은 느슨하게 공부하고 생활해도 되겠다는 생각을 한 것이 사실이다. 이 글을 통해 다시 한번 반성하게 되었고, 열심히 공부해야겠다는 생각을 하게 되었다. 또, 우리가 지금까지 배워왔던 주입식 교육의 산물에 의존하지 않고 다양한 사고를 통해서 우리가 스스로 우리에게 주어진 과제와 질문을 해결해 나갈 수 있도록 길을 제시해 주기에 배워야 한다고 말이다.[39]

---

[39] '김성수와 함께하는 문학, 영화, 그리고 삶'의 '토론장'(http://www.kimss.x-y.net) 참조. 2018년 현재 이 사이트는 폐쇄되었으나, 대신 매 학기 온라인 글쓰기 강의실(다음사이트의 강의용 카페) '창의적글쓰기121(cafe.daum.net/iloveskk121)'부터 '창의적글쓰기182(cafe.daum.net/iloveskk182)'에서 실시간으로 자발적인 온라인 토론을 이어가고 있다.

이 글은 모범생의 반성문처럼 보인다. 홍세화 칼럼은 웬만한 자극에는 속내를 털어놓지 않는 요즘 신세대의 속살을 건드리려고 의도적으로 도발적인 글쓰기 전략을 택하고 있다. 일반화의 오류를 감수하면서까지 젊은 영혼들을 격동시켜 활발한 토론을 이끌어내려는 전략적 글쓰기의 산물이라 다소 과장된 문제 제기를 한다. 그런데도 논술 답안 쓰듯이 출제자의 의도에 맞춰 자신을 숨기는 반성문을 제출한다. 드러내놓고 아파해야 할 영혼조차 예상되는 모범 반응을 암기한 것일까? 물론 대부분은 그렇지 않았다. 격렬한 반응을 보인 반론성 글도 적지 않았다.

@ 님의 글은 눈물이 날 정도로 자극적이었다. 특히 대학은 놀이 공원이며 학생들은 300만 원짜리 자유이용권을 갖고 놀고 있다는 보충설명은 참으로 인상적이었다. 결국은 나를 욕하는 그 글을 들으면서 내가 화조차 낼 수 없었던 것은 자명한 사실이었기 때문이다. 그 글은 내게 '대학에 무엇을 하러 왔는가?'라는 새삼스런 질문을 던졌다. 대학을 가야 한다는 것은 어릴 적부터 그저 당연한 일처럼 여겨져 왔다.

그래도 고등학교 때는 대학 생활에 대한 작은 꿈을 꾸기도 했었다. 대학에만 가면 하고 싶은 공부를 스스로 골라서 하고, 다양하고 특이한 사람들을 만나 친구가 되고(나는 나의 감성을 꼭 닮은 그런 사람을 만나고 싶었다.) 여유로운 시간 속에서 많은 것들을 즐길 수 있겠지. 나는 정말 내가 새로 태어나는 계기가 될 것이라 믿었다.

하지만 지금 학점 채우기에 초조해 했고, 혼자 청승 떨며 글을 쓰고, 통학시간이 길다는 핑계로 동아리도 포기했다. 그렇게 기대란 죽어 마땅한 것이었고 허무한 일상 속에서 나의 영혼은 오히려 더 비어가고 있다. 서태지처럼 음악에 대한 천재성과 열정이 없어서 남들 다 가는 대학 따라온 것도 맞다. 취직 못해서 굶어 죽을 순 없지 않은가? 하지만 최소한 무언가는 알고 싶다. 어떤 것이라도 얻어가고 싶다. 상처와 좌절 따위뿐일지라도 텅 비어 버린 나의 영혼의 아주 작은 부분이라도 채울 수 있는 것은 무엇이든지.

@ 솔직히 슬그머니 화가 났다. 이 땅의 대학생들을 그런 식으로 신랄하게 비판하는 글은 일찍이 들어본 적이 없었다. 어느 정도의 비판은 있어 왔지만 비난에 가까운 글은 처음이었다. 흥분을 가라앉히고 다시 읽어 보았다. 그러고 나서 든 생각은 부분 긍정, 부분 부정이라는 것이다. 우선, 학교 앞의 거리를 보라. 책방이 하나밖에 없다. 우리 학교 학생이 몇 명인데, 서점 하나 버텨내지 못하고 떨어져 나가게 하는가. 책을 읽기는 하는가. 생각을 하기는 하는가. 학교 앞에는 줄잡아 수십 개의 술집이 있다. 대부분 망하지 않고 잘만 버텨가며 또 새로이 생기고 있다. 그런데 서점은 왜……? 대학 앞의 풍경이 언제부터 이렇게 온통 술집에 노래방 일색이 되었을까. 진리의 상아탑, 학문의 메카로 불리는 대학에 다니는 학생들은 일 년에 수백만 원씩 학비를 들여가며, 또 엄청난 술값과 유흥비를 들여가며 대학에 다닌다. 일 년에 교재를 제외한 책값으로 얼마를 쓸까. 대부분의 학생들이 한 번 술 먹는 돈 보다 더 적게 쓰지 않을까 싶다.

예전에는 그래도 술 한 잔 기울이며 열띤 목소리로 정치를, 경제

8. 자화상 그리기의 고통

를, 우리네 삶을 걱정하는 이야기들을 했다고 한다. 선배들, 부모님들은 우리를 보고 우리들은 너희처럼 온통 이성에 대한 이야기, 연예인에 대한 이야기, 텔레비전 프로그램에 대한 이야기뿐만은 아니었다고 한다. 세상이 어떻게 돌아가는지 도통 관심이 없다고 말하며 우리를 비웃고, 꼬집어 댄다. 인정할 수밖에 없다.

자신의 적성과 흥미와 무관하게 과를 선택하는 사람이 많다는 것, 인정한다. 뭐하러 재미도 없고 어렵기만한 경제나 경영학부를 선택하겠는가. 취업 때문이다. 먹고 살기 위해서 내 적성과 무관한 공부를 선택하고, 책 한 번 읽고, 좋은 공연 볼 시간에 토익 점수 올리기에 급급한 게 우리나라 대학생의 현실이다.

그렇지만 부끄럽게 생각하고, 안타깝게 생각하고, 반성하고 있기 때문에 새로운 기회가 내게는 있는 것이다. 내 곁에는 좋은 선배들이 많으며, 나보다 생각이 깊고 열심히 살려고 노력하는 동기들도 많다. 그리고 변화하는 나를 보며 함께 해 줄 후배들도 있다. 나는 변할 것이다. 그러한 비판을 온 몸으로 받아들여 좋은 방향으로 나아갈 것이다. 보다 발전할 것이며, 그러한 내가 언젠가는 바람직한 이 시대의 진정한 대학생의 모습이 되기를 바란다.

@ 그러나……. 이렇게 자성하고 자책하는 태도 자체는 좋은 것 같지만……. 과연 우리가 그렇게 잘못해서 대학이 이모냥 이꼴이 된 건지……. 홍세화, 대단한 사람임에는 틀림이 없지만……. 과연 그 사람이 이런 대학 생활을 청산해 주고 우리에게 사상과 자유에 대

해 토론할 수 있는 세상을 만들어줄 수 있는지에 대한 의문이 듭니다. 또한 술자리에서 과연 정치에 대해 논해야 진정한 대학생인가요? 지금 우리가 그저 술 마시고 놀고 있다고 생각할 수 있지만……. 시대는 바뀌었습니다. 오히려 학생운동이 가장 치열한 시기는 바로 우리나라의 경제가 가장 호황이었던 시절이었다라는 한 선배의 말이 생각나는군요. 그 선배는 경제학 복수전공이었고 대한민국 경제사에 지대한 관심을 가지고 있었습니다.

선생님께서 수업시간에 자신의 대학 생활을 이야기 해주신 적이 있었습니다. 그 때는 그랬다는군요. 학과에서 1등을 하고 장학금을 받는 학생이 주로 가는 길은 교사이고, 그 다음에 학생들이 택하는 것이 대학원이었고, 맨날 술 먹고 놀고 당구 치던, 홍세화 씨가 그렇게 비난하고 비판하는 노는 대학생들이 방송국 피디, 신문사 기자, 대기업 사원이 되었다고…….

물론 홍세화 씨는 자신의 사상을 위해 프랑스 망명에 올랐고 거기서 택시를 몰며 고생한 분이기는 했지만 홍세화 씨가 다니던 대학은 적어도 '취직'이라는 것은 걱정 안 해도 되는 때였습니다. 게다가 서울대 출신인데……. 쩝……. 결국 이집트 피라미드에도 이렇게 써있다죠? "요즘 젊은 것들은 버릇이 없다." 과연 홍세화 씨가 얼마나 지금의 대학생들을 이해하고 저런 글을 썼는지 모르겠습니다.

물론 새겨들어야 할 말이 없는 것은 아니지만, 홍세화 씨의 논리는 자본가들이 노동자들을 탄압할 때 쓰는 전형적인 논리처럼 들리는군요. '기회는 평등하지 않느냐, 결국 네가 능력 없어서 공돌이된

거다.'

마찬가지, '대학생이지 않느냐……. 결국 네가 무식해서 날라리 대학생된 거다…….'

인간은 사회 구조를 벗어날 수 없습니다. 물론 누구처럼 함께 하던 동지들을 버리고 다른 나라로 망명할 수는 있지만……. 결국 거기 가서도 사회의 일원이 되어야 하죠. 대한민국이라는 청년 실업률이 10%에 가까워지고 있는 작금의 현실을 무시하고 저런 글을 쓴다는 것, 그것이야말로 무식한 태도가 아닐는지요. 홍세화 씨가 나 먹여살려줄 것도 아니면서……. 쩝 -.-;;; 그나저나 위에 글 올린 ㅇㅇ아, 밥은 먹고 다니냐?

@ 좀 더 다른 측면에서 생각해 볼 문제 아닐까 싶네요. 토익점수가 과연 사람간의 인간관계 능력보다 더욱 중요한 것인가? 과연 역사학이나 문학을 전공하는 것이 개인의 능력과는 무관한 일인가 하는 문제 말이죠. 사실, 지금의 경영과, 영문과, 의치과대 인기는 사실 허울이 아닐까 합니다. 사람과 사람 사이의 끈을 잇는 능력, 협동심, 리더십, 상황을 날카롭게 비판할 수 있는 사고, 다른 사람의 마음을 헤아릴 수 있는 사고, 열리고 깨우쳐진 생각. 이런 것들이 오히려 경영학 학사과정 졸업하는 것보다, 토익점수 800점에서 900점으로 끌어올리는 것보다, 정말 "실질적인" 사회활동 능력면에 있어서 상당한 "재능"을 의미한다고 믿고 있습니다. 자신이 원하는 공부를 하고, 사람들을 많이 만나고, 술을 마시고, 대화하고, 함께 생각하고, 이러한 일

련의 "쓸모없는 행위"들이, 언젠가는 "쓸모있는 경험"이 되는 사회. 그러한 사회적 여건이 주어진다면, 한번 신나게 공부해보고 싶군요.

@ 저도 처음에 대학에 와서 정말 많이 놀랐습니다. 대학가에 술집이 이렇게 많을 것이라고는 생각하지도 못했습니다. 그런데 선배님들과 동기들과 함께 잦은 모임을 가지면서 느낀 것이 대학에서 공부가 전부가 아니라는 것입니다. 많은 사람들과의 관계 속에서 그들에게서 많은 조언을 얻고 인생에서 중요한 도움을 받게 된다고 생각합니다. 특히 신입생들은 계열제로 들어왔기 때문에 자신의 적성에 어떤 것이 맞는지, 자신이 생각하고 있던 과가 사실과 많이 다르진 않은지……. 별로 잘 알지 못하는 상황에서 선배들의 말 한마디가 큰 도움이 될 수 있습니다. 홍세화 씨는 대학생들이 무식하다고 신랄하게 비판했지만 제가 대학에 와서 느낀 것은 겉으로 보이는 것과는 달리 많은 학생들이 깊은 생각을 가지고 있고 사회에도 진지한 관심을 가지고 있다는 것입니다. 물론 대학에 와서 모두가 자기가 하고 싶은 공부를 하고 있다고 말 할 순 없지만 대학생들을 비판하기 전에 이렇게 될 수밖에 없게 만든 사회에 대해 진지하게 생각해 봐야 한다고 생각합니다.

@ 저 역시 홍세화 님의 신랄한 비판에 저절로 고개가 숙여졌습니다. 저는 고등학교 시절이 너무나 고통스러웠기 때문에 제발 대학만 가자, 대학 가서 사람답게 살아보자 라는 생각에 대학에 대한 환상

이 너무 컸었습니다. 고등학교 때는 하기 싫은 공부를 해야 하고 내가 읽고 싶은 책도 읽지 못하고 선생님들에게 무시당하고……. 나에게 고등학교란 추억보다 고통이 더 많았던 것 같습니다. 그래서 저에게 대학은 한마디로 환상 그 자체였습니다. 내가 좋아하는 책도 마음껏 읽을 수 있고 내가 가고 싶은 국제 봉사단에도 가입해서 열심히 봉사할 수 있고 마음껏 교수님과 토론도 펼치고 친구들과 나라 얘기를 하면 열띤 토론도 하고……. 저는 대학 와서 술을 이렇게 많이 마시는지는 꿈에도 생각지 못했고, 이렇게 놀기만 하는 대학인지는 몰랐습니다. 소위 명문대라는 대학에 와서 내가 살아가면서 마셔야 할 술들을 다 마신 것 같습니다. 저는 대학생들이 각성을 해야 한다고 생각합니다. 광화문에서 촛불시위도 하면서 젊음을 분출하고 다독을 해서 아는 것이 많아지고 자신의 여가 진흥을 위해 열심히 동아리 활동도 했으면 좋겠습니다. 대학생이라는 지위를 마음껏 누렸으면 좋겠습니다.

@ 홍세화 글을 본 순간 저도 모르게 소름이 돋았습니다. 애써 부인하고 싶었지만 어떻게 보면 우리의 현실을 조금은 극단적이지만, 적나라하게 표현한 말인 것 같았기 때문입니다. 저 또한 대학에 들어가기만 한다면 원 없이 놀 수 있을 것이란 안이한 생각을 가지고 고등학교에서의 3년을 독하게(?) 버텨왔습니다. 그런 저에게 대학이 준 건 '인기 전공 배정을 위한 경쟁'이었고 경쟁에서 살아남기 위해 발버둥치는 저의 모습을 발견할 수 있었습니다. '이건 아니다' 싶지

만 현실을 직시해야 한다는 핑계로 진정한 공부의 의미를 외면하고 있는 건 아닌지, 제 자신에게 부끄러워지기도 합니다. 그러나 아직 늦지 않았다고 생각합니다. 꿈이 있는 한 모든 것은 가능하다고 생각하기 때문입니다.

@ 개인적으로 고3 때 학교에 갇혀 살았다. 1년 중 쉬는 날은 추석 이틀뿐이었고 일요일에도 공휴일에도 강제 자율학습은 이루어졌다. 강압적인 교육제도의 틀에서 벗어난 대학이란 곳은 정말 천국 그 자체였다. 작자가 말했듯 놀이공원이라 생각될 만큼 자유롭고 흥미진진하다. 도서관보다는 학교 앞의 술집이 더 친근하며 교수님보다는 술값 내주는 선배들이 더 사랑스럽다. 그랬었다. 분명히 저학년 때는 그렇게 느꼈었다. 대학에게 선택되어진 우리들…….

나는 요즘 대학생들이 더 힘겨워 보인다. 예전의 대학생들이 민

주화를 위해 시위를 하고 단결한 이유는 궁극적으로 제대로 먹고 사는 세상을 만들기 위해서라고 생각한다. 그렇기 때문에 사회현상, 특히 정치에 대해 민감하게 반응하며 살아갈 수 있었다고 생각한다. 대학생의 수도 지금보다는 적었을 뿐만 아니라 대학 졸업자가 취업하지 못하는 상황은 지금보다 덜 했으리라.

지금의 대학생들은 더 기본적인, 그야말로 먹고 살기 위해서 공부에 매달린다고 생각한다. 별다른 생각 없이 살아오다가 취업을 해야 되는 시기가 되고 엄청난 실업난 속에서 자신이 살기 위해서는 몸값을 올리는 것뿐이고 그 사이에서 고전을 읽을 시간은 더욱 줄어든다. 제2의 고등학교 시절로 돌아가는 것이다. 그러한 생활에서 각종 보수언론이 왜곡하고 있는 사회현상이라든가 정치인들이 거꾸로 돌리고 있는 우리의 역사를 신경쓸 시간은 줄어들 수밖에 없다. 비약이 너무 심한가?

그래도 아직 대학생은 죽지 않았다. 고전은 많이 읽지 않았더라도 잘못된 정치에 대항에서 촛불을 드는 대학생들이 수두룩하고 조중동의 편파적 보도에 눈을 뜨는 친구들도 적지 않다. 잘못된 권력의 뒷모습이 얼마나 화려한지에 대한 모순에 대해서도, 친일청산을 반대했던 정치인들에 대해서도 조금은 알고 있다. 자신의 삶이 고달프다고 해서 사회에 대해서 눈을 놀리기보다는 힐끔힐끔 보더라도 관심의 끈을 놓지 않는 사람들이 더 많아 보인다. 비싸디 비싼 자유이용권에 대한 최대한의 효율을 얻기 위해서 사이버강의실에 이렇게 쉴 새 없이 토론문도 올리곤 한다. 아직 대학생들은 살아 있다.

결국에 작자는 이런 믿음을 얻기 위해 과장된 비판을 한게 아닌가 하는 생각이 든다.

@ 나는 대학이라는 놀이공원에 수백 만 원짜리 자유이용권을 쥐어준 이 세상에게, 당당히 고함을 치며 "뽕 뺄 만큼 놀았다"라고 말해주고 나올 것이다. 내게 대학은 사치가 아니라, 울트라 초특급 변신을 위한 주문이었단 것을! 모두에게 깨닫게 해줄 것이다. 나는 나만이 꿈꾸는 인생을 위해 오늘도 내 속도로 천천히 향해 나가고 있다. 그래서 난 하루하루가 인생이고, 삶이다. 내게 영화란, 그리고 소설이란 또 다른 세상을 하나씩 내게 덧씌어주는 하나의 투명피부와 같다고나 해야 할까? 〈센과 치히로의 행방불명〉을 보고난 후 나는 한동안 센의 모습을 따라하고 있었다. 또 〈큐브〉를 본 후 난 큐브 속에 갇혀버리는 악몽에 시달리기 시작했다. 〈해리 포터〉를 보고 난 그날부터 마법세계의 존재에 대해 심각한 고민을 한 적도 한두 번이 아니었다.

@ 나는 무엇 하러 대학교라는 문을 들어섰고 무엇 때문에 지금 대학이라는 문을 나오지 못하고 있는 것일까? 답은 하나인 것 같다. 꿈을 위해서? 어쩌면 이 답 또한 명목상에 불과할지도 모른다는 생각이 든다. 다들 하는 것이니까, 다들 통과해야 하는 의례이기 때문이라는 것이 더욱 솔직한 답일지도 모른다. 지금까지 대학에서 한 달을 보내면서 나는 그저 즐거움에 빠졌었다. 그냥 뭔지 모를 새로

8. 자화상 그리기의 고통

운 세계에 대한 설렘에 기쁨의 노래를 불렀는지도 모른다. 하지만 이제는 정신을 차리고 이 자유이용권을 지키는데 급급할 것이 아니라 이용할 차례인 것 같다. 자유이용권이라는 말이 낯설고 왠지 거부감 있게 느껴지지만 잘만 사용한다면 나는 400만 원의 자유이용권을 끊은 것에 대해 후회하지 않을 것이다. 앞으로의 대학생활에서 자유이용권이라는 말처럼 내 자신을 매질할 것은 없는 것 같다. 400만 원짜리 자유이용권이라는 말을 항시 떠올리면서 헛되지 않도록 최선을 다해나갈 것이다. 나의 4년 후 자유이용권에는 모두 즐거움, 보람, 꿈으로 도장이 쾅쾅 찍혀 있을 것이다.

@ 칼럼의 대학생 비판은 누가 봐도, 우리 대학생조차도 부인할 수 없는 사실이다. 하지만, 시대는 변하고 있다. 우리들 역시 중고교 때부터 2016년 국정 농단 반대 촛불 시위에 참여한 경험이 있다. 아저씨 아줌마 같은 기성세대들이 2008년 광우병 반대 촛불 시위에 나갔듯이. 대내외적인 정치 문제와 사회 문제에 귀를 기울이고, 국회의사당과 광화문, 시청 앞 광장으로 나가고 있다. 물론 대다수의 대학생이 그렇다는 것은 아니지만, 짧은 생각이지만, 지금 우리 대학생들에게 필요한 것은 철학이다. 세상을 살아가면서 자신만의 길을 닦는 것, 아무런 의미 없이 물에 물 탄 듯 술에 술 탄 듯 부화뇌동하면서 언제까지나 구우일모의 존재로 남을 수는 없는 것이다. 우리는 그러한 문제에 대해 자신의 관점과 틀로 다시 재해석해야 한다. 그런 관점과 틀을 만들 수 있는 철학이 지금 우리에겐 필요하다.

아플수록 드러내라

앞에서 보았듯이 '그대는 정말 무식한 대학생인지 진지한 반론을 펴보라'는 의도를 담은 홍세화 칼럼에 격동되어, 학생들은 자신들이 한편으로는 무식한 대학생이면서 무식하지만은 않다고 젊은이다운 패기 넘친 토론을 다양한 형태로 이어나갔다. 대한민국의 교육 현실에 사회적·역사적 비판도 곁들여 쟁점의 핵심을 놓치지 않았다. 이번에도 마찬가지 2005년이후 선배들의 역대 토론을 보여주며, "여러분들의 댓글 부탁해요."라고 하였다. 그러자 새내기들도 기다렸다는 듯이 속에 담았던 불만을 폭포수처럼 쏟아냈다. 대개는 선배들의 반응처럼 칼럼의 지적에 자신도 알게 모르게 찔렸다는 식의 공감과 반성이 주를 이루었다. 다만 이는 표면상의 공식적인 반응일지도 모른다.

그런데 익명게시판에 오른 글 중 전례 없는 특이한 논란이 있어 주목을 요한다. 비슷한 논지를 몇 해 동안 반복했는데, 의외로 '대학 서열 조장'이란 오도된 쟁점으로 불똥이 튀었던 것이다. 예를 들어보자.

지은이의 글쓰기 강의용 카페 '글쓰기091'의 메인화면

·······

말씀하시는 본심이 어찌 되었든 자꾸 대학 서열 얘기하시고 언급하시는 거 자체가 저희의 반수욕을 더욱 불태우게 합니다. 대학 입학 처음에는 저도 반수할 생각으로 들어왔는데, 선배들 좋고 학교 좋고 교수님들 수업도 좋고 해서 반수할 생각 접고 계속 다니려 하는데 일주일에 딱 2번 학교 때려 치고 싶을 때가 있습니다. 교수님 수업 들을 때… 이제 그런 말씀하지 마세요. 저희는 과마다 차이는 있겠지만 대개 1%대 안으로 들어왔는데 교수님들 인식은 아직 학교의 발전 속도를 따라가지 못하고 계속 과거의 열등했던 시절만 생각하고 있는 것 같아 화가 납니다.

┗ 너무 민감한 것 아닌가요. 저도 이번에 정시로 합격한 학생입니다만, 님은 마음 한구석에 어느 정도 열등감을 가지고 있었기 때문에 그렇게 예민하게 반응하는 것 같습니다. 반수욕이 불탄다는 건 아직 자기 스스로도 중심을 잡지 못하고 있는 것 같은데요.

┗ 솔직하게 말합시다. 우리 모두 공부할 때는 명문대를 목표로 하고 했을 것이고 (또 이중에는 충분히 갈 실력이 됐던 사람도 있겠죠) 여차저차해서 우리 대학에 입학한 거겠죠. (물론 목표로 하고 오신 분도 있겠지만) 그러한 점에서 모두들 상처가 있을 것이라고 교수님께서 말하신 건데 이런 식으로 받아들이면 좀 곤란하다고 생각합니다. 제가 볼 땐 윗댓글을 쓰신 분의 말처럼 글 쓰신 분께서 너무 대학에 대한 열등감을 가지신 것 같습니다.

┗ 감히 한 가지 조언 해드리자면 자꾸 반수할 마음이 생기신다면 나중에 후회하지 마시고 반수하십시오. 반수 성공한다면 좋은 것이고 혹 실패하더라도 계속 '아 반수 할 걸, 우리 학교 맘에 안 들어'라는 생각을 갖고 억지로 대학생활하는 것보다 겸허히 결과를 받아들이고 대학생활하는 게 백번 낫습니다.

┗ 저는 그다지 반수욕이 불탄다거나 하는 건 아닙니다만, 글쓴이의 의견에 공감하긴 합니다. 저 역시 다른 데를 목표로 했지만, 지금은 누구보다 우리 학교에 만족하며 자부심을 가지고 학교를 다니고 있습니다. 수업시간마다 '나보다 공부 못한 년이 간 대학', '대학 서열 같은 유치한 얘기는 하지 말라'고 하시지요. 두세 번까진 교수님의 진심으로 들었지만 다섯 번이나 들었을 땐 교수님이 더 집착하시는 건 아닌가 하는 생각까지 들었습니다.

┗ 동감합니다. 그런 이야기는 한번으로 족합니다. 왜 계속 반복해서 하시는지 모르겠네요.

┗ 글쎄요. 전 교수님께서 집착한다고는 생각하지 않습니다. 누구신지는 모르겠지만 제가 볼 땐 이 댓글 쓰신 분은 억지로 '우린 좋은 학교야'라고 자기 최면은 거시는 거 같은데요. 교수님이 그 최면을 자꾸 깨시니까 듣기 거북하신 거겠죠.

┗ "억지로 '좋은 학교야'라고 최면을 건다"라는 말인즉슨 좋지 않은 학교라는 전제가 있는 건가요??

> ㄴ님들, 논점이 잘못됐어요. 교수님은 우리 학교 입시성적이 좋은 학생이 들어오는 게 문제가 아니라, 졸업할 때까지 세계 100대 대학의 경쟁력을 갖출 만큼 공부를 열심히 시키냐를 중시하신거 같은데요^^
>
> ㄴ다른 데가 좋은 학교가 된 건 그동안 교수들과 학생들이 열심히 공부한 결과지 위 님들의 논란이나 그 상처 얘길 하자는 게 아니죠.
>
> ㄴ대학에 합격한 후 나는 우리집안의 자랑이자 희망이 되었으며, 친구들의 영웅이 되었다.
>
> ㄴㅋㅋㅋㅋㅋㅋㅋㅋㅋㅋㅋㅋㅋㅋㅋㅋㅋ 대학 합격이 중요한 거 아니라고 분명 말씀하신 거 같은데. 우리가 39학번 때까지 글로벌스텐다드를 만들어나가기 나름?
>
> ㄴ상처가 있나보네. 지들이 듣고 싶은 거만 듣네. 핵심을 놓쳤으니 공불 더해야ㅎㅎㅎㅎㅎㅎ

 이전 논쟁과 논란의 기조와 달라진 이유는 아마도, '영혼의 상처를 치유하는 글쓰기'의 취지로 새내기들의 대입과정의 트라우마를 거듭 강조해서 설명한 것이 역효과를 냈던 까닭인 것 같다. 하지만 상처는 상처. 아무리 지우려 해도 지울 수 없는 상처라면 차라리 의도적으로 드러내고 고치는 게 낫다는 생각이다. 어쩌면 익명게시판이라 공적 담론에서는 금기시되는 새내기만의 뒷담화, 속내가 훨씬 솔직한 모습으로 드러났는지도 모른다. 아니면 소통방식의 한계 때문에 독자(청중, 수용자, 학생)들이 자기가 듣고 싶은 것만 골라 듣거나 선택적으로 왜곡해서 받아들이기 때문인지도 모른다.

 앞에서 보았듯이 젊은 영혼들의 자화상을 있는 모습 그대로 그리는 일은 생각보다 어렵다. 애써 덮어둔 상처를 들춰내니 아픔이 더욱 커지는 것은 당연하다. 때로는 아픔을 잊도록 상처를 싸매고 자연 치유되도록 두는 것도 좋은 치료법이다. 그런데 왜 계속 심지어는 다섯 번씩이나 입시의 상처를 들먹이는가. 더 이상 감출 수 없는 상처라면 다소 아픔이 크더라도 꾹 참고 빨리 째고 고름을 제거한 다음 약을 발라야 하기 때문이다.

우리나라 교육 현장을 보면 명문대 입학으로 상징되는 성적 지상주의와 결과 위주의 교육 및 과잉교육열로 많은 문제를 노정한다. 학교 폭력, 우울증, 자살 충동 같은 여러 부정적 현상은 그 피해가 심각하다.

이때 좋은 약은 자전적 이야기 등 자기표현 글쓰기가 될 것이다. 자서전 등 자기표현 글쓰기는 참여자가 자아발견으로 가는 또 다른 통로라는 관점에 기초한 구체적인 활동으로 문학치료에서 중요한 요소이다.

하지만 자신의 지난 삶을 회상해보고 의미를 되새겨보는 일은 노인뿐만 아니라, 동일한 방식으로 10대, 20대 청소년에게도 유용하다. 오히려 스무 해가 안 되는 자신의 지난 삶을 회상해보고 의미를 되새겨보는 일은 현재의 자기 위치를 중간점검 차원에서 확인하고 미래의 비전을 세우는 데 매우 유의미하다. 이렇게 자신의 상처를 자가진단하고 스스로 치유법을 발견하고 글쓰기를 통해 하나씩 해결해가는 것도 좋은 방법이다.

어떤 학생은 자신의 상처를 개인적 차원으로 불만스레 터뜨리지 않고 문제를 사회적 쟁점으로 일반화하기 위하여 글을 쓴 갈럼니스트에게 직접 질문을 던지기도 하였다. 전에는 교과서에 글이 실린 저명인사와 학생이 직접 대화한다는 것은 상상할 수 없었다. 권위와 명성, 세대 간 장벽을 당연시하는 아닐로그 시대가 끝나면서 그 모든 벽을 넘어선 디지털 방식의 소통이 가능해졌다. 다음은 인터넷 덕분에 가능해진 디지털 시대 소통의 새

깊이읽기

　이와 관련하여 자기 표현 글쓰기의 치료적 원리를 설명한 문학치료 전문가 이봉희 교수의 글을 인용한다.
　저널(journal)이란 기존의 일기(diary)를 문제해결과 자아발견과 성장을 목적으로 개발한 글쓰기를 말하며, 저널치료는 탁월한 글쓰기 치료 기법이다.
　참여자가 내적 느낌을 글로 쓰는 것은 형태가 없는 감정과 생각들을 흰 종이 위에 흑색글씨로 '외면화' 하는 것이다. 이 구체화작업은 참여자로 하여금 자신이 문제를 통제하고 있다는 느낌을 갖게 해줄 뿐 아니라 글쓴이가 자신의 생각을 새로운 관점에서 바라보게 해준다. 낙서, 노래가사, 다이어리(일지), 일기, 그 외의 글로 쓰는 표현들은 치료과정에서 필수적인 자료가 된다. 나만의 목소리를 찾아내는 것은 자아확립의 과정이며 결과적으로 보다 확실하고 긍정적인 자아이해와 새로운 통찰로 이어진다. 상실이나 사랑하는 사람과의 사별, 스트레스 등을 경험하는 사람들의 경우 글쓰기를 통해 위로를 받거나 그들이 그 문제를 이겨낼 수 있으리라는 긍정적인 생각을 갖게 되는 경우가 흔히 있다.
　자신의 지난 삶을 회상해보고 의미를 되새겨보는 일은 노년층에게 특히 효과적인 문학치료법이다. 앨범, 편지, 회상, 인터뷰 등을 사용하여 회고록을 쓰는 것은 지나온 삶의 여러 경험들을 모아서 의미 있는 하나의 통일된 삶의 기록이 되도록 하는 아주 좋은 글쓰기 치료이다. 또한 주변에서 떠나가는 사람들에 대한 상실감, 쇠약해져가는 건강과 육체에 대한 불안감, 앞으로 다가올 죽음에 대한 준비를 하게 함으로써 노인의 삶의 질을 높여준다. 하지만 동일한 방식으로 10대, 20대 청소년에게도 자신의 지난 삶을 회상해보고 의미를 되새겨보는 일은 유의미하다. (중략)
　청소년 대상 문학치료는 교실에서, 또는 도서관이나 그 외 다른 모임을 통해 이루어질 수 있다. 교실에서의 문학치료는 문학수업이나 독서지도, 독서모임 등과는 그 목적에서 구분된다. 문학치료 모임에서는 이 시기에 가장 중요한 문제점인 자아정체성, 독립심, 자신의 가치를 다루기 위해 문학을 도구로 사용한다.
　현재 초·중·고생들의 정신건강이 의학적으로 매우 심각한 상태라는 뉴스보도가 있었다. 특히 30% 내외에 달하는 학생들이 전문가와의 상담과 치료 같은 도움이 필요한 상태이지만 그 학생들 중 50% 이상이 의사의 도움을 받지 않겠다는 거부의사를 밝혔다고 한다. 이는 아직도 상담이나 정신과적 치료가 부정적인 자아이미지를 가져온다고 생각하는 사회현상 때문이다. 그렇다고 교사들이 이 학생들을 혼자 다 감당하기엔 전문지식도 없을 뿐 아니라 물리적으로도 불가능하다.

> 대학생의 경우도 마찬가지이다. '부모교수제도'를 시행하는 한 대학교의 경우, 상담센터를 통해 부모교수가 담당한 학생들의 심리검사를 한 결과 70%가 정서적 불안정과 우울증, 낮은 자존감을 보였고 그 중 10%는 전문상담사를 만나기를 권고 받았다. 그 학생들이 어른이 되는 사회는 만연된 그러나 보이지 않는 질병의 사회가 될 수밖에 없다는 것이 어두운 경제전망보다 더 어두운 현실이다.[40]

로운 방식으로, 교과서에 실린 글의 필자에게 글쓰기를 배우는 학생이 직접 이메일로 대화를 신청하여 답변을 받은 것이다. 전자제국의 시민들에게 앞으로 널리 권하고 싶은 소통법이기도 하다.

「그대 이름은 '무식한 대학생'」 논쟁과 관련하여 제가 느낀 대로 진심을 담아 홍세화 님에게 메일을 보내 보았습니다. 그리고 오늘 답장이 왔네요. 희망은 만들어가는 것이라는 그람시의 한마디……

---
[40] 이봉희, 「문학치료에 관한 국내외 실증사례 연구」, 『예술의 사회적 기여에 관한 국내외 실증사례 연구』, 한국문화예술위원회, 2008, 140~154쪽.

@ 홍세화 님에게

안녕하세요. 저는 대학 신입생입니다. 현 대학생들의 나태한 삶의 방식, 그리고 그것이 문제라고 인식하지도 못하는 자세를 맹렬히 꼬집는 글은 저에게 수많은 느낌표로 다가왔습니다. 많은 학생들의 자신이 무식하지 않다고 자만하는 자세는 필연적으로 '방심─나태─타락'이라는 순서를 거쳐 실패에 이르게 되겠지요. 하지만, 학생들이 모두 고등학교 때 대충 놀다가 들어간 것이 아닙니다. 자신의 꿈을 위해 그리고 목표를 위해 몇 시간이나 같은 일에 노력하고 공부에 매진하여 힘겹게 들어간 사람들입니다. 그들이 그동안 흘린 땀과 눈물은 단지 H_2O가 아닙니다.

물론, "우리는 우리 나름대로 열심히 했으니 비판하지 말아라……."라는 일종의 동정심을 유도하는 식의 말은 하지 않겠습니다. 열심히 했다는 것은 비판을 받지 않을 이유나 행동의 정당성을 뒷받침 해주는 이유는 되지 못하고 오직 "열심히 했느냐"라는 질문에 대해서만 대답이 되니까요. 하지만 나름대로의 뜻을 가지고 열심히 했다면……. 좀 달라질 수 있습니까? 주입식 교육을 받고 줄 세우기 경쟁에만 몰두하는 학생들을 보며, 적성보다는 성적과 취업만을 바라보며 전공을 선택하는 학생들을 보며, 자신의 무지를 차분히 성찰하지도 않고 할 필요도 없다고 느끼는 학생들을 보며 "대체 요즘 애들은 저게 뭐야"라는 식의 생각을 가질 수도 있습니다. 몇 십 년이 지나 이런 학생들이 사회의 주역이 되는 때가 오면 과연 조국이 어떤 모습으로 존재하고 있을지 걱정하고 한숨지으며 안타까워

할 수도 있습니다. 또 실제로 그렇게 생각하는 나이 드신 분들도 많습니다.

하지만 말입니다. 그것은 너무 비관적으로 생각하는 것이 아닐까 싶습니다. 직접 고등학교 현장, 교실 안에서 느껴 보십시오. 부모님의 기대, 세속적인 시선, 대학이라는 간판……. 그 속에서도 자신만의 꿈을 꾸며 살아가는 학생들이 있습니다. 자신이 좋아하는 일이 무엇이든 거기에 몇 시간 동안 매진하고 땀 흘리는 학생이 있고 자신의 목표를 위해 공부하는 학생이 있습니다. 치열하게 살고 있는 학생들이 존재한다는 것을 기억해 주셨으면 합니다. 그리고 그런 녀석들이 있기에 희망을 가질 수 있는 여지가 조금이나마 있다고 봅니다. 언제까지나 네버랜드에 머물기만을 원하는 나약한 녀석이라고 비웃으실 수도 있겠지만 우리는 아직 어린 왕자가 말하는 어른이 아닙니다. 아직은 순수한 영혼을 가지고 있는 인간입니다. 명예보다는 꿈을 사랑하는.

@ Re : 홍세화 님에게

물론이지요. 문제의식을 갖고 있는 청년 학생들이 있는 한 희망을 버릴 수 없지요. 그리고 희망은 만들어가는 것이지요. 그래서 저도 발언을 하고 있는 것이구요. 그람시의 말을 다시금 인용하며 간단히 줄입니다.

"이성으로 비관하더라도 의지로 낙관하라"

내내 건강하세요. 그리고 자기성숙의 긴장을 놓지 마시기 바랍니다.

홍세화 드림

자기 속살을 드러내는 고통은 말할 수 없이 크다. 하지만 개인의 실존적 차원에서만 문제를 바라보지 말고 사회적 문제의식을 갖길 바란다. 대입 과정의 상처도 알고 보면 전 세계에서 유례가 없는 대한민국의 교육열 광풍과 무한 경쟁과 서바이벌을 조장하는 신자유주의적 가치관, 그리고 명문대 입학만 하면 그 다음에 부실하게 공부를 해도 미래가 보장되는 것처럼 잘못 알려진 학벌주의의 신화 때문이 아니겠는가? 그런 점에서 여러분 가슴에 돌멩이 하나 던진 셈이다. 맞아 죽는 개구리가 되든지 잔잔한 호숫가에 파문을 일으켰다고 항의하든지 그걸 가슴 깊이 간직하든지……. 선택은 자기만의 몫이다.

┗ 학생: 오늘 교수님이 딱 예지하신대로, 이번 강의에서 저는 큰 충격을 받았습니다. 또한 작년의 학교생활 중 계속 나를 괴롭혀왔던 문제들이, 말 그대로 호숫가에 돌멩이 던지듯 단번에 이해되는 것을 느꼈습니다. 저는 작년 학기 동안 많이 방황을 했었거든요. 부끄러운 얘기지만, 방황한다고 해서 특별히 이뤘다하는 것도 없었습니다. 대체 내가 왜 방황을 할까? 명확한 이유도 없이 '왜' 학교가 싫을까라고 생각하며 지낸 작년, (1학년들! 우리 학교는 좋은 곳입니다!) 아직까지도 잘 몰랐었는데, 오늘로써 어느 정도 깨달은 것 같습니다. 교수님이 말씀하신 '주입식의 죽은 사고, 한국사회의 사고'가 저에게도 막강한 장애물이 되었던 듯해요. 무언가를 시작하려고 할 때, 나보다 남을 먼저 생각하는, 부모님에게 잘 보이려 하는 점, 교수님께 잘 보여야 하는 의무감. 그리고 학점에 대한 압박, 리포트를 쓸 때의 막막함이 있으면서도 빠르고 단순한 방법만 찾으려 했던 제 생각 등등… 이런 점들이 학교를 즐겁고 낭만적인 공간이 아닌 어렵고 외면하고 싶은 공간으로 생각하게 만들었습니다. 내 의도는 숨기고 남에게, 그리고 기성사회에 맞출 것만 생각했었습니다. 하지만 이제는 조금씩 변하고 싶습니다. 조금 더 창의적으로 생각하는 마음가짐을, 그리고 열의를 교수님 강의를 들으면서 더 얻고 싶습니다. 글이 횡설수설하지만 어쩌다보니 출첵에서 이런 긴 글을… 진실(?)을 붙게 되는군요.

┗ 교사: 선배의 진정 어린 고민을 새내기들이 다 알아들을지 몰라요.

09 비판적 문제의식까지 갖춘 글쓰기

🌿 비판적 지식인에게 태평천하란 없다

　세상을 밝게 보는 사람도 있고 세상을 어둡게 보는 사람도 있다. 둘 다 가능하다. 그러나 세상을 보는 관점에 따라 즐거운 삶과 고통에 찬 삶, 성공하는 인생과 실패·좌절하는 인생이 결정된다. 따라서 어느 길로 갈 것인지는 자기 안에서 찾아야 하는 것이다. '대학이라는 놀이공원에 수백 만 원짜리 자유이용권을 끊고 들어온 학생'들이 있다면 그들에게 「그대 이름은 '무식한 대학생'」이라는 홍세화 칼럼의 문제 제기와 관련하여 다른 각도에서 논의를 풀어볼 수도 있다. 『공자가어』에 나오듯이 좋은 약은 입에 쓰나 병에 이롭고 충고의 말은 귀에 거슬리나 행동하는 데 이롭다. 내게 듣기 싫은 소리를 하는 사람을 미워하지 말고 오히려 보너스를 주라는 역설이 있다. 왜냐하면 투자 중에서 가장 현명한 투자가 될 수 있기 때문이란다. 『순자』의 '수신편'에 나오는 경구도 있다.

잘못을 지적해주는 자는 나의 스승이다.
옳은 일을 지적해주는 자는 나의 친구이다.
나에게 아첨하는 자야말로 나의 적이다.

이야기가 너무 딱딱한 방향으로 흘러가니 재미있는 비유를 해보자. 여러분, "돼지가 하늘을 볼 수 있나요? 혹 자기 팔 뒤꿈치를 혀로 핥을 수 있나요?"(이런 질문을 하면 꼭 팔 뒤꿈치를 혀로 핥아보는 사람이 70%랍니다, 후훗.)

통념적으로 볼 때 돼지는 생물학적 구조상 평생 자발적으로는 하늘을 볼 수 없다고 한다. 아니, 아예 보려고 시도조차 하지 않는다. 먹이를 찾아먹고 살찌는 데만 몰두하기 위해 목이 땅만 보게 생겼단다. 그런데 하늘을 보고 싶어하는 어떤 특이한 돼지가 있다고 하자. 스스로 고통스레 산에 올라 절벽에 이르렀을 때와 같이 아주 희귀한 경우, 돼지는 절벽 끝 저 멀리 지평선 위로 살짝 드러나는 푸른 하늘을 보기도 한다. 이것은 무얼 의미하는가? 바로 문제의식을 지닌 삶이 매우 가치 있다는 것을 의미한다. 돼지가 하늘을 보는 것이 뭐가 가치 있는 일이냐고 반문할 수도 있다. 하지만 보통 사람들 대부분이 주어진 현 상황이 좋든 싫든 그것을 그대로 받아들이기만 할 때, 극소수지만 어떤 사람은 당장은 비록 고통스럽더라도 그 상황에 대해 의문을 품고 다른 방법에 도전하며 스스로에게 의미 있는 길을 찾는 경우도 있다. 그리고 그런 실존적 선택이 진실로 가치 있어 보이기도 한다.

현실적 장애를 넘어 인생의 도약을 꿈꾸는 이러한 예로는 호주 애니메이션 〈꼬마돼지 베이브〉에서도 예를 볼 수 있다. 영화는 처음부터 충격적이다. 아기 돼지가 처음 태어났을 때 부모 돼지는 아기가 건강하게 무럭무럭 자라서 주인님의 행복을 위해서 햄과 소시지가 되라고 축복(?)한다. 그런데 먹이를 찾아 평생 땅바닥만 보고 살면서 하루 빨리 살을 찌워 소시지가 되어 천국에 가고 싶어 하는 다른 보통 돼지와는 달리 주인공 베이브의 꿈은 양치기 돼지가 되는 것이다. 베이브는 보통 돼지들의

소시민적 행복이라고 세뇌 당한 천국의 소시지가 된다는 것 자체에 근본적인 의문과 남다른 삶을 개척하겠다는 문제의식을 가졌던 것이다. 마치 영화 〈아일랜드〉의 주인공 복제인간처럼 말이다. 비록 이런 태도가 베이브를 몹시 외롭고 힘들게 하지만 결국, 가치 있는 삶으로 이끈 중요한 동력이 되었다고 할 수 있다.

『갈매기의 꿈』에 나오는 '조나단 리빙스턴 시걸'도 그런 특이한 갈매기임에 틀림없다. 평범한 갈매기들은 바닷가에 둥지를 짓고 근해에서만 끼룩끼룩 날면서 먹이를 찾고 알을 낳고 새끼를 키우는 소시민적 삶을 산다. 그런데 갈매기 조나단은 보통 갈매기들이 시속 50, 60km로 날 때 끊임없이 빨리 날아보려 애쓴다. 더 높이 더 빨리 날고자 부상당하고 추락하는 고난과 시련 끝에 시속 120~150km로 날게 된다. 하시만 그 과정에서 동료들에게 왕따당하고 그가 속한 커뮤니티에서 추방당한다. 하지만 죽을 고비

를 넘긴 후 마침내 스승을 만나서 빨리 나는 법을 터득하여 시속 300km까지 날게 된다.

마찬가지 논리로 클레이 애니메이션 〈치킨 런〉도 다시 챙겨볼만하다. 마치 포로수용소를 연상케 하는 시골농장에서 평소에는 알만 낳는 기계에 만족하며 소시민적 삶에 안주하던 농장 닭들이, 비행모자를 쓴 채 새로 끌려온 신참 닭 '진저'에게 의식화되어 자유를 향한 그들의 꿈을 실현시키기 위해 비행기까지 만들어 농장을 탈출한다. 이 영국 애니메이션의 행복한 결말과는 대조적으로, 1976년 유신시대 때 나온 박양호 소설 「미친 새」는 비

극으로 끝난다. 전등불에 속아 밤을 낮 삼아 1년 365일, 24시간 알만 낳는 공장형 양계장을 탈출하려던 주인공 닭이 갖은 고난을 겪다가 동료를 선동한다고 부리까지 잘리고 끝내 치킨센터로 팔려가는 내용이다. 더욱이 그 글을 쓴 소설가는 유신체제를 우화적으로 비판했다는 이유로 필화사건을 당해 곤욕을 치르기도 하였다.

반면 1938년 중일전쟁이 한창이던 일제 강점기 채만식 작품 『태평천하』에서의 윤직원 영감은 어떤가? 그가 조선인에게 고통만 안겨준 식민지체제를 등 따습고 배부른 '태평천하'라고 칭송하면서 동경 유학 중 운동권으로 체포된 손자를 죽일 놈이라고 절규하는 것은, 자기 시대에 대한 냉철한 현실인식이나 올바른 역사인식, 문제의식이 없기 때문이다. 우리 인간에게는 잠자고 밥 먹고 그냥 그렇게 주어진 대로 사는 것이 전부가 아니다. 이 세상에 대하여 항상 문제의식을 갖고 부조리한 것에 대항할 줄 알며 어렵지만 의미 있는 길을 가려는 사람의 삶에서 우리는 진정한 가치를 발견할 수 있다.

문제의식을 지닌 비판적 지식인, 깨어 있는 지성에겐 그 어느 시대에도 태평천하란 없다는 이야기를 하자 어느 학생이 그림을 그려 강의용 인터넷 카페에 올렸다. 다들 감탄하며 댓글을 달기도 하였다. 신세대다운 생기발랄한 위트가 넘친 댓글이 참 재미있다.

날지 않는 돼지는 그냥 돼지 – 돼지는 하늘을 볼 수 있을까?

'갈매기의 꿈'의 조나단처럼
'꼬마돼지 베이브'의 베이브처럼
'치킨런'의 진저처럼
저 돼지도 많은 노력을 했겠죠?
결국 꿈을 이룬 저 돼지는 무슨 생각을 하고 있을까요?

┗ 정상을 향해 끊임없이 진군하는 존재는 쉬지 않죠! 아마 또 다른 목표를 찾아 달릴 겁니다. 위대한 돼지네요^^

┗ 저 난간에 발을 올리기 위해 얼마나 힘든 고통을 견뎠을까…^^

┗ "이제는 무슨 꿈을 향해 갈까?"라는 생각을 할 것 같아요^^

┗ 그 다음의 목표가 없다면 아마도 허탈함과 무기력함을 느낄 것 같습니다. 서서히 나태한 생각들로 채워지는 거죠ㅠㅠ

┗ 저 높은 하늘을 향해 날고 싶다는 생각을 하고 있진 않을까요? ^^

┗ 어떻게 내려가지? 걱정되네.

대학이라는 놀이공원에 수백 만 원짜리 자유이용권을 끊고 들어온 신입생들이여! 지금 대학생은 대학교라는 놀이공원에 자유이용권을 사서 입장한 것처럼 자유시간이 넘쳐나는데, 그러한 쉬운 생활에 안주하려 하지 말고 끊임없이 노력하고 또 그에 따르는 고통을 맛보면서 자아실현을 위해 노력해야 마땅치 않은가. 문제의식이 없는 사람들에겐 아무리 고통스런 시대라 할지라도 자기 시대를 '태평성대'라 할 것이고, 문제의식을 지닌 비판적 지식인, 깨어 있는 지성에겐 어느 행복한 시대에도 만족을 모르고 자기 시대를 '뜯어고쳐야 할 문제가 많은 세상'으로 파악한다.

미야자키 하야오의 애니메이션 〈붉은 돼지〉의 저 유명한 대사처럼 '날지 않는 돼지는 그냥 돼지야!'라는 말의 숨은 뜻을 잘 새겼으면 한다. 예전부터 이런 말이 있지 않은가. '태양을 겨눈 화살이나 높이 날아오른 새가 멀리 날아가며, 일찍 일어나는 새가 벌레를 먼저 먹는다.' 헤르만 헤세의 성장소설 『데미안』에 나오는, "새는 알에서 벗어나려고 버둥거린다. 알은 곧 세계이다. 새로 태어나기를 바란다면 한 세계를 깨뜨리지 않으면 안 된다."는 말처럼 고통스럽더라도 현실에 안주하지 말아야 하리라. 일찍이 중남미를 비롯한 전 세계 젊은 영혼들을 격동시켰던 혁명가의 선언, "우리 모두 리얼리스트가 되자, 가슴 속에 불가능한 꿈을 가득 품은."(체 게바라) 같은 말도 떠오른다.

인생을 살다 보면 이미 남들이 다 닦아놓은 길을 가는 경우가 있다. 잘 포장된 인생길을 가면 편하게 살 수는 있지만, 대신 확실한 길인만큼 자아실현의 특별한 기회가 없다는 점도 깨달아야 한다. '뜻을 세우고 길을 찾으면 돈이 따라온다'를 의미한다는 『뜻길돈—윤태익 위기극복 콘서트』에 보면 이런 말이 나온다.

> 그래 맞네, 잘못된 길이지! 이렇게 '잘못된 길'만이 족적을 남길 수 있는 거야. 아직 단단하게 굳지 않은 땅, 즉 새로운 분야로 가야만 깊은 발자국을 남길 수 있다네. 이미 단단하게 굳은 땅, 그러니까 많은 사람들이 수없이 거쳐 간 곳에는 발자국이 찍히지 않아.[41]

1898년 아인슈타인이 스위스 취리히 국립공과대학을 다니던 시절, "어떻게 하면 과학계에서 발자취를 남길 수 있을까요?"라는 그의 질문에 지도교수였던 수학자 민코프스키는 대답 대신 엉뚱한 길로 안내했다. "선생님, 혹시 엉뚱한 길로 들어오신 것 아닙니까?"라는 물음에 민코프스키 교수가 답한 것이 바로 위 인용문이다. 말인즉슨 잘 닦인 길 위엔 발자국이 찍히지 않으니, 비록 고통스럽고 실패하더라도 자기만의 삶의 길을 걸으라는 메시지를 담고 있다. 누구나 그렇듯이 지금까지 아무도 가지 않은 길이 앞에 있다면 발을 내딛길 꺼릴 터이다. 자칫 길을 잃어 심신을 상하거나 아예 실패한 인생을 살게 될까봐 두려운 까닭이다. 반면 확실한 길은 안전하지만 그곳에는 기회가 없다.

비슷한 맥락에서 적절한 저항이나 반발이 없으면 발전 가능성도 없다는 말도 있다. 공기 저항이 없으면 갈매기 조나단은 높이 비상할 수 없을 것이며, 물의 저항이 없으면 배가 뜰 수도 없고, 마찬가지 논리로 중력이 없

---

[41] 윤태익, 『뜻길돈-윤태익 위기극복 콘서트』, 지식노마드, 2009.

으면 걸을 수조차 없다.

> 포도주로 유명한 프랑스 어느 마을에서는 포도나무를 심을 때 일부러 좋은 땅에 심지 않는다고 한다. 토질이 좋은 땅에 심으면 쉽게 자라 탐스런 포도가 열리긴 하지만 뿌리를 깊이 내리지 않아 땅거죽의 오염된 물을 흡수하기 때문에 결국엔 포도 품질이 떨어지기 때문이다. 그러나 포도나무를 척박한 땅에 심으면 빨리 자라지는 못해도 땅속 깊이 뿌리를 내려 좋은 물을 흡수하기 때문에 오염되지 않고 나중엔 뛰어난 포도를 얻는다고 한다.

물론 지금까지 언급한 이런 주장에 대한 반론도 얼마든지 가능하다. 이를테면 〈붉은 돼지〉의 주제는 실존적 현실을 뛰어넘는 비판적 문제의식과는 직접적 관련이 없다든가, 일찍 일어나는 새가 벌레를 먼저 먹는다는 말이 맞다면 일찍 일어난 바람에 잡아먹히는 벌레는 어떤가라는 등의 소감이나 논평을 달 수도 있을 것이다……. 마찬가지 논리로 독자들도 지금까지의 지은이 주장을 공감한다고 해서 밑줄 치고 마음 속에 새겨두는 것이 아니라, 주위의 친근한 예를 반증 삼아 근본적인 반론을 펴보는 것이야말로 진정한 '비판적 글쓰기'가 되리라.

그러면 비판적 문제의식을 가지라는 홍세화 칼럼과 지은이의 보충 설명에 대한 어느 학생의 신세대다운 반론성 패러디 글을 읽어보자.

■ '무'에서 '유'로 변환하는 공식은 내가 만드는 것

　내 이름은 '무식한 대학생'. 경쟁시험에서 앞부분을 차지하기 위해 부단히 노력했으며, 고전 한 권 제대로 읽지 않았고, 한국 현대사에 대해서도 잘 모르며, 무식한지조차 모르는 채 살아왔으며 살아가고 있다. 사실이긴 하지만 이러한 무식함은 우리 혼자만의 힘으로 만들어진 것은 아니다. 우리의 노력이 있었지만 거기에는 '우리나라 교육정책'이라는 든든한 배경이 있었기에 가능한 일이었다. 그러한 '무식한 대학생'으로서 홍세화 글을 비판해보고자 한다.

　우리는 정말 12년 이상의 힘들었던 경쟁의 시간을 견뎌내 대학으로 밀려들어왔다. 그런데 대학에 와서 보니 대학가는 정녕 '먹고 마시고 놀자'판의 위락시설들로 가득했다. 신촌, 대학로 등 모두 대학가에 발달된 곳들이다. 그런데 여기서 잠깐! 이런 곳들이 바로 대학생들만을 위한 곳일까? 대학생들이 항상 먹고 마시고 놀기만 하는 것일까? 아니다. 이는 잘못된 선입견이다. 『대학내일』설문조사에 의하면, 요즘 대학생들은 자신들이 바쁘다고 생각하며, 실제로도 바쁘다고 한다. 예전에는 대학교 1학년이면 '놀아도 돼'라는 생각이 만연했지만, 요즘에는 '1학년부터' 취업준비를 하고, 자신의 경쟁력을 쌓기 위해 몸이 두 개라도 바쁠 지경이다. 홍세화 님은, 학생들이 12년 이상 '학습노동'을 하며 대학에 들어갔더니, 위락시설만이 존재하더라는 듯이 말하지만, 그것은 요즘 대학생들의 생각과 실체를 제대로 알지 못하며 겉에서 보이기만 하는 모습을 말하는 것일 뿐이다.

언론에서도 보면, 우리나라 학생들이 공부를 안 한다고 말하지만, 사실, 모든 대학생들이 그런 것은 아니다. 우리 학교만 봐도, 대부분의 학생들은 매일 같이 나오는 과제와 퀴즈, 그리고 시험들에 치여서 해 뜨는 것을 보고 자는 것은 그리 새로운 일이 아니다. 물론 대학가에 있는 '위락시설'에 가는 것도 있지만 그 정도의 스트레스 해소는 괜찮지 않을까? 또한 고등학교 때까지 너무 학업에 얽매여서 살다보니 대학에 와서는 많이 노는 경우가 있다. 하지만 이것도 잠시 뿐이다. 여기서, 위락시설에서 노는 정도에 대해서 논하고자 하는 것은 아니다. 하지만 최소한의 위락시설도 즐길 줄 알면서 대학생활을 하는 것도 나쁘지는 않으며, 마치 대학생들이 놀기만 하는 것처럼 몰아세우는 것은 빙산의 일각만을 보고 판단해 버리는 것과 같은 격이라 할 수 있다.

둘째로 우리의 대학과 학과는 우리가 선택한 것이 아니라 선택 당한 것이며, 그저 성적과 시류에 따라 학과를 선택했다는 것이다. 사실이긴 하나, 이것 역시 우리는 할 말이 많다. 줄 세우기 경쟁에서 어느 지점에 있는가를 알게 해주는 성적에 따라서 대학과 학과가 우리를 선택했다. 하지만 반대로 생각할 수 있다. 우리는 가고 싶은 대학과 학과가 있으면, 그곳을 가려는 많은 학생늘과 경쟁을 하는 것은 당연하고, 그 경쟁에서 이기게 되면 그곳을 갈 수 있게 되는 것이다. 이는 당연히 성적에 따라서 결정되는 것이다.

또한, '적성'은 고려하지 않은 채 대학과 학과를 '성적'따라 간 것이라고 하기보다는 '적성'에 맞는 곳을 '성적' 따라 갔다고 하는 편이 정확하다. 만약 원하는 곳의 커트라인보다 자신의 성적이 낮다면 성적을 올려야 하는 것이 당연한 이치 아닌가. 또한 성적이 된다고 해서 적성만 따라 갈 수도 없는 노릇이다. 자신이 가는 대학과 학과는 미래의 직업과도 밀접한 관계가 있으므로, 현재 시대에 맞춰서 선택을 해야 하는 것이다. 특히 우리나라는 지식사회이므로 일단은 높은 지위로 갈 수 있는 대학과 학과를 가려고 하는데, 그런 곳을 가기 위해서는 성적을 잘 받아야 하는 것이다. 이것은 우리나라에서 살아남기 위한 하나의 시대적 흐름으로, 이를 역행한다면 그만큼 감당해 내야 할 것이 많아지는 것이다.

셋째로 현대사에 특히 무식한 것은 우리 탓보다는 나라의 교육정책 탓을 해볼 수 있다. 현재 우리는 8차 교육과정을 통해 태어난 17학번이다. 우리는 고등학교에 올라가서 이과와 문과로 나누어지면서 이과는 수학과 과학을, 문과는 언어와 사회에 초점을 두고 공부를 했다. 특히 이과는 사회분야를 몰라도 대학에 갈 수 있고, 문과는 과학을 공부하지 않아도 대학에 충분히 갈 수 있다. 그러므로 자신이 특별히 관심이 있어서 공부를 하지 않은 이상 고등학교 때부터 문과와 이과의 단절은 시작되는 것이다.

그런데 고등학교 때 우리는 이과는 이과대로, 문과는 문과대로 자신이 시험 보는 과목을 공부하기도 바빠 다른 과목을 볼 시간이 없다는 것이다. 따라서 자연스럽게 이과는 사회와 경제 등에 무식해지게 되고, 문과는 수학과 과학 등에 무식해지게 되는 것이며, 우리는 이를 당연하게 여긴다. 하지만 옛날에는 문과도 이과 시험을 봐야 했고, 이과도 문과 시험을 봐야 했기에 공부를 했다. 이에 당연히 다른 여러 분야에도 지식이 쌓일 수밖에 없는 것이다. 그런 우리는 어쩌면 우리나라 교육 정책의 시험대에 놓인 실험쥐와 같으며, 8차 교육과정이라는 실험을 당한 것이다. 문과는 오로지 국어와 사회, 이과는 오로지 수학과 과학이라는 먹이만 먹인 쥐처럼 우리는 또 하나의 희생양이 된 것이다. 그런 우리는 '무식한 대학생'이라는 말까지 들을 수밖에 없게 키워진 것이다.

나는 무식한 대학생이다. 위와 같이 변명을 하고 있으면서도 나의 무지함을 알고 있기에 '유식한 대학생'이 되기 위해 한걸음씩 내딛어본다. 홍세화 글은 사회의 구조와 현실은 생각하지 않은 채 온전히 우리들에게 비난의 목소리를 높였기에 비판하는 글을 썼다. 하지만 나의 '무식함'을 반성하는 계기가 된 글임에는 틀림없다. 12년간의 힘든 관문을 통과한 나는 진정한 학문을 공부할 권리를 찾게 된 것이며, 비록 이과라 할지라도 다방면에 지식을 갖고 있는, 생각 있는 대학생이 되기 위해 끊임없는 노력을 할 것이다. 무지의 폐쇄 회로에서 벗어날 수 있는 것은 '나'에게 달려 있다고 말한 충고를 되새김질하며, 오늘도 대학가의 '위락시설'보다는 '도서관'을 향해 걸어간다.

−17학번 이과생

🌿 자기밖에 모르면 글이 좋아지지 않아

인기 작가 이외수 님이 쓴 『글쓰기의 공중부양』을 보면 재미있는 대목이 나온다.

> 나쁜 놈은 좋은 글을 쓰지 못한다! 어떤 놈이 나쁜 놈일까. 나는 딱 한 가지 부류밖에 없다고 생각한다. 바로 나뿐인 부류다. 그러니까 '나뿐인 놈'이 바로 '나쁜 놈'이다. 개인적으로는 '나뿐인 놈'이 음운학적인 변천과정을 거쳐 '나쁜 놈'이 되었다는 생각이다. 남들이야 죽든 말든 자기만 잘되면 그만이라고 생각하는 부류들은 무조건 나쁜 놈에 속한다.[42]

우리말 뜻에는 '좋은'과 '나쁜'의 차이가 있다. '좋은'의 의미는 나를 좋게 하는 것은 물론 주위 사람들까지 다 같이 좋게 한다는 뜻이 담겨 있다. '나쁜'은 '내(我)'뿐인 사람을 일컬으며, 그들에 의하면 남은 다 가짜이고 나만 진짜라고 한다. "'나뿐인 놈'이 바로 '나쁜 놈'"이라는 말은 요즘 신세대의 자기만 아는 이기주의, 나만 최고인 개인주의를 비판한 말로 짐작된다. 아니, 지은이 같은 쉰세대도 이기적이라면 똑같이 적용된다. 그래서일까, 자기만 아는 인간들은 남들에게 글쓰기를 가르치거나 이런 글을 쓸 자

---

[42] 이외수, 『글쓰기의 공중부양』, 동방미디어, 2006, 52쪽.

격이 없다는 대목에 깊이 찔리는 바가 없지 않다. 반성한다.

그런데 '나뿐이'가 나쁘다는 말을 글쓰기를 할 때 자기 개성마저 버리라는 의미로 오해하면 곤란하다. 내 개성만 우길 것이 아니라 다른 이의 개성도 겸허하게 받아들여 글을 쓰면 더욱 좋다는 뜻일 게다. 글을 쓸 때, 나와는 다른 사람과 내가 잘 모르는 다른 사물과 나랑 거리가 먼 다른 의견도 받아들여야 좋은 글이 나온다. 글을 쓰기 위해 세상을 바라볼 때는 초딩이 액션영화 볼 때처럼 우리 편과 적을 단순무식하게 나누지 말아야 깊은 속내를 꿰뚫어 볼 수 있다. 그것이 원근법적 시각, 통찰력이다. 선악이분법, 흑백논리의 저 너머에 있는 360도 시야의 다양한 견해가 얼마든지 가능하다는 겸손함과 포용력이 있어야 한다.

나만 아는 사람은 글 쓸 자격이 없다는 말은 상대방을 배려해야 좋은 글을 쓸 수 있다는 말이다. 가령 '월드클래스' 운운하며 한 사람의 천재가 여럿을 먹여 살린다는 둥, '역사는 일 등만 기억한다'고 하면서 나만 혼자서 먼저 빨리 가려 하지 말자. 손에 손 잡고 어깨동무하면서 힘들어하는 친구들을 도와가며 함께 조금씩 나아갈 일이다. 비록 내가 조금 손해보더라도 말이다. 글을 쓰는 과정에서 단계별로 읽는 이를 염두에 두고 배려하면 자연스레 설득력 있는 글을 쓸 수 있게 되고 그를 통해 글쓴이와 읽는 이가 하나되는 것이다. 그 과정에서 글쓴이의 삶이 달라지기도 하기에 글쓰기는 '삶 쓰기'가 되는 셈이다.

하나가 된다는 것은 무슨 뜻인가? "내 뒤에서 걷지 말라, 나는 지도자가 되고 싶지 않으니까. 내 앞에서 걷지 말라, 추종자도 되고 싶지 않다. 내 옆에서 걸어라. 우리가 하나가 될 수 있도록." 하는 아메리칸 원주민 유트

족 속담에서 보듯이 함께하는 삶이다. 너와 내가 하나가 될 수 있는 것은 서로의 우월함을 자랑하거나 부족함을 부끄러워하지 않는다는 뜻이다. 하나가 된다는 것은 나의 것을 내세우지 않고 남의 것을 탐내거나 시샘하지 않는 것이다. 서로 마음을 모아 동행하는 것이다.

일본 청소년이 주인공인 영화 〈배틀 로얄〉처럼 우리 반 애들을 다 죽여야 내가 살아남는다고 서바이벌게임처럼 무한 경쟁하는 것은 곤란하다. 쟤를 죽여야 내가 산다는 Battle Royale법은 불행하게도 대한민국의 대입 과정의 상처에서도 흔적이 남아 있다. 이제 친구를 죽여야 내가 잘 산다는 잘못된 사회 통념을 무비판적으로 받아들이지 말고, 그걸 조장하는 시스템 자체에 저항하도록 〈배틀 로얄〉 2편처럼 힘을 합해야 할 일이다.

그런데 경쟁사회에서 동료를 이기려고 무한 경쟁하는 이기주의의 문제점을 지적한 '나뿐이는 나쁘다'란 주장에 대한 어느 학생의 반론이 나와 흥미롭다.

〈배틀 로얄〉의 학생들은 과연 '나뿐이'인가

우리는 〈배틀 로얄〉이 단순히 자신이 살기 위해 친구를 죽이는 내용을 가진 잔인한 이야기라고 생각하고, 학생들은 자기 안위만 생각하는 '나뿐이'라고 여긴다. 많은 이들이 생각하는 것처럼 〈배틀 로얄〉의 학생들이 정말 '나뿐이'일까? 나는 그러한 생각 자체가 친구를 죽이는 방법을 선택했다는 결과에만 주목한, 작품의 의도를 왜곡하여 해석하는 것이라고 생각한다.

〈배틀 로얄〉의 학생들이 처음부터 친구를 죽이려고 생각했던 것은 아니었다. 오히려 처음에는 그 체제에 반발하여 죽임을 당하기도 했고, 친구들을 죽이기 싫어서 아무도 모르는 곳을 찾아 도망가기도 했다. 또한 자신들의 행동 패턴을 감지하고 제어하는 목걸이를 깨부숴보려는 생각도 하고, 시스템을 마비시킬 묘안을 생각해보기도 했다. 하지만 결국 많은 노력을 한 끝에 그러한 행동들이 결코 그들을 살아나가게 할 수 없다는 것을 알았고 그들은 최후의 방법을 선택한 것이었다. 물론 모두가 모여 다  같이 살 수 있는 방법을 머리 모아 생각하지 않았다는 한계는 있었다. 하지만 어느 누구라도 자신의 생명이 담보로 놓인 시험대 위에서 이성적인 판단을 내리기는 힘들었을 것이다.

우리가 하찮게 여기는 미물조차도 자신의 생명이 위협을 받는 상황에서는 살기 위해 몸부림친다. 이처럼 〈배틀 로얄〉의 학생들 역시 살기 위해 몸부림쳤을 뿐이었다. 물론 살인을 했기 때문에 그 행위 자체를 범죄라고 봐야 한다는 의견이 있을 수 있다. 하지만 우리가 삶의 규칙으로 여기는 법상에서도 정당방위를 인정한다. 이런 맥락에서 생각한다면 학생들의 살인은 자기 생명을 지키기 위한 정당방위였다고 볼 수 있다.

또한 학생들은 자신의 안위만 생각하며 이기적으로 행동하기보다는 오히려 상대방을 배려하는 이타적인 모습도 곳곳에서 보인다. 예를 들면 초반에 자신이 받은 좋은 무기를 친구의 하찮은 무기와 바꾸어 주는 행위는 자신보다 친구를 더 먼저 생각하는 것으로 볼 수 있다. 그 밖에도 다친 친구를 치료해준다든지 자신보다 약한 친구를 위해 자신의 보금자리를 내어준다든지 식량을 나누어 먹는다는 행위도 얼마든지 친구를 배려하는 행위로 볼 수 있을 것이다. 또 다른 행위로 친구 대신 뛰어들어 칼을 맞은 상황도 있었고, 친구를 살리기 위해 자진해서 표적이 되는 경우도 있었다.

그렇다면 이렇게 친구를 배려하는 장면이 많이 있었음에도 불구하고 우리는 왜 그들이 친구를 죽인 '나쁜이'들이라고 생각하는 걸까. 나는 이것에 대한 문제점을 영화의 구성에서 찾고 싶다. 영화 〈배틀 로얄〉의 원작은 소설 『배틀 로얄』이다. 소설 『배틀 로얄』에서는 영화에서보다 훨씬 대상자들의 인간적인 면이 부각되었다. 예를 들면 그들이 처한 심리적 상태나 고뇌 같은 것이 나타나 있었다. 우리는 그 구절을 통하여 그들이 그러한 행동을 하기까지 얼마나 많은 생각을 하고 고민을 했는지 느낄 수 있었고, 함께 해결책을 찾을 수 있는 계기를 얻기도 하였다.

하지만 영화 〈배틀 로얄〉은 이와 달랐다. 영화에서는 그들이 했던 고민 과정을 다 생략하고 바로 무기를 들고 친구를 공격하는 장면이 시작된다. 이 때문에 영화가 자신만 살기 위해 친구들을 죽이려는 나쁜 학생들 이야기라는 인식을 심어주게 한다. 또 소설에서는 인간이 죽음이라는 극단적인 상황에 다다랐을 때 느끼는 감정적인 면과 어떻게 행동하게 되는지도 볼 수 있다. 그래서 나는 이 이야기가 단순히 잔혹하고 끔찍한 이야기가 아니라, 자신이 인간의 심리에 대해서 한 발짝 더 이해할 수 있게 하는 이야기라고 생각한다.

어찌되었든, 이 내용 자체가 인간의 생명을 담보로 건 게임을 진행하는 것이라는 점에서 부정적인 면이 있음은 인정한다. 하지만 이 영화는 아이러니하게도 이런 설정을 통하여 인간 생명의 존엄성을 서술한다. 요즘 들어 자살률이 급증하고, 살인 사건이 증가하는 상황에서 이 영화를 통해서 우리가 인간의 생명을 얼마나 소중하게 여겨야 하는지를 알 수 있기 때문이다.

또한 이 영화는 그들이 고립된 섬에서 살아가는 과정을 통해 인간의 생명력에 대해서도 보여주고 있다. 영화에서는 많이 간과되었긴 하지만, 그 과정 속에서 서로가 돕고 의지하는 장면도 많이 나타나 있다. 그러므로 결국 이 영화의 피대상자들을 자신밖에 모르는 이기적인 사람으로 매도하는 것은 적합지 않다고 생각한다. 그 전반적인 상황을 고려하고, 세부적인 사건들을 살펴볼 때, 오히려 그들은 '나뿐이'이기보다는 '베품이'에 가까울 것이다. 따라서 〈배틀 로얄〉의 학생들을 무조건 비판하기보다는, 그들을 면밀히 살펴보고 합당한 판단을 내리는 것이 온당한 접근 태도일 것이다.

'나뿐이는 나쁘다'란 잔소리를 했는데, 그 이유는 신자유주의 시대의 무한 경쟁이 학교 교육에서도 악영향을 미친 것을 비판해야 했기 때문이다. 가능하면 글쓰기 수업을 듣는 제자들은 자기만 아는 이기주의자가 아니라 서로 돕고 감싸는 학문 공동체, 제자동아리가 되었으면 해서 일본 영화 〈배틀 로얄〉을 예로 들었다. 윗글은 이에 대한 흥미로운 반론이다. 얼핏 보면 '나뿐이'처럼 보이는 주인공 학생들이 실은 '베풂이'일 수 있다면서, 소설과 영화의 차이까지 섬세하게 분석한 대목이 탁월하다. 이렇게 사실에 근거한 합리적 반론이 많아져야 생산적인 토론이 되어 내용이 풍성한 바람직한 글쓰기 교실이 될 것이다.

요즘 젊은이들의 이기적 세태를 비판하면서도 대안으로 시대의 아픔, 역사의 속살과 정면에서 부딪치는 체험을 목격하면 여전히 가슴이 떨린다. 지은이도 7, 80년대 학생일 때 그러한 사회적 문제의식 때문에 많이 힘들어했기 때문에 더욱 그러하다. 여기 한 편의 글을 보자.

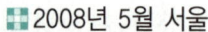
2008년 5월 서울

지금은 2008년 5월 xx일 새벽 2시 9분이다. 온 발이 저리고 발목이 시큰하다. 자정이 훌쩍 넘었지만 나는 잘 수가 없다. 새로운 세상을 만난 충격으로 잠이 오지 않는다. 오늘, 나는 광우병 반대 시위에 다녀왔다.

오후 7시, 수업이 마치고 정문 쪽으로 털레털레 걸었다. 같은 학회 소속인 에이는 오늘 청계 광장에서 열리는 광우병 쇠고기 국내 수입 반대 촛불 집회에 가기 위해 정문에서 사람들을 만나러 가는 길이었고, 나는 영어쓰기 과제도 있고, 이제 월말도 가까워 오니 글쓰기 보고서의 압박도 심히 중하다는 핑계로 집으로 향하는 길이었다. 시위를 별로 좋아하지 않는 평소의 나를 아는 에이는 한번 같이 가자 겉치레로 권해보고는 만다. 정문에서 학회 사람들과 만났다. 대충 인사를 하고 집으로 가려는데 아무도 잡지 않는다. 나는 언제부터 그런 자리에는 으레 안가는 사람이 된 걸까. 괘씸하고 서운해 오기가 났다. 집에 들러 힐을 바꿔 신고 나는 그렇게 오기 반 호기심 반으로 청계천 행 버스에 올랐다.

오후 8시 아직 해가 채 떨어지지 않은 청계 광장은 촛불 문화제로 한창이었다. 청계 광장을 빼곡히 메운 사람들은 저마다 촛불 하나와 손 피켓 하나씩을 들고 구호를 연호하고 있었다. 손 피켓에는 '협상 무효', '고시 철회', '아이들이 무슨 죄냐 우리들이 지켜주자', '이명박 OUT'과 같은 글귀들이 적혀있었다. 다른 한 켠에는 전경들이 대열을 이루고 앉아 있었다. 살수차와 '닭장차'라고 부르는 전경차도 보였다. 문화제는 자유 발언 식으로 진행되었다. 아주머니부터 중학생, 백수에 이르기까지 일반 시민들의 참여로 이루어졌다. 즉흥적인 참여로 인해 그들의 발언은 다듬어지지 않아 때로는 감정적이었고 논리가 결여된 주장들도 있었다.

나는 시위에 구경꾼처럼 참관하는 기분으로 앉아 있었다. 대운하 반대 시위에 견학 차 간 것 외에는 시위가 처음이었고, 이렇게 대규모로 벌어지는 시위 현장을 나는 처음 보았다. 그리고 무엇보다 나는 시위에 대한 반감이 있었다. 우리와 저들로 편을 나누어 사람들의 생각을 단일화시키고 때로는 불법적인 방법으로 진행되는 시위에 대해 나는 거부감을 갖고 있었다. 평화적이고 온건한 합법적인 방법으로 자신의 생각을 세상에 호소하는 방법은 분명히 존재한다고 믿어 왔기 때문이다. 시위대들이 부르는 싸우자, 쟁취하자와 같은 전투적인 단어 일색인 민중가요도 나는 싫었다. 논리는 배제된 채 애국가를 부르거나 태극기를 흔들며 민족주의와 애국심에 호소하는 것도 나는 어처구니없다고 생각했다. 우리는 누구이며 '저들'이란 것이 따로 있는가? 시위대가 '저들'이라 부르는 전경과 정부와 경찰들도 입장과 방법이 다를 뿐 우리나라를 위해 일하는 국민일 뿐이다. 요즘 신검 받으러 다니는 내 친구들이 군대 가서 뺑뺑이 돌려 자대 배치 받으면 그들이 곧 전경이 되는 것이다. 나는 스스로 되뇌었다. 분위기에 휩쓸리지 말고 나의 생각을 지키자고.

내가 있어야 할 자리가 아닌 것처럼 불편했지만 나는 그러한 불

편함 가운데서도 자리를 털고 일어나지 못했다. 이유가 왜였을까. 거부감과 경계심 가운데에서도 나는 연단에 올라선 이들의 호소에서 진실성을 보았다. 다듬어지지 않은 말이었지만 오히려 미리 준비하지 못해 진심을 담아 얘기하는 그들의 모습에서 오늘의 시위는 내가 기존에 생각해오던 시위의 모습과 무언가 다르다고 느꼈다. 연단에 올라 이야기하는 이들의 생각은 각기 달랐고, 앉아서 발언을 듣고 있는 사람들의 반응도 각기 달랐다. 자신들의 의지와 생각으로 이 자리에 나왔다는 것이 느껴졌다. 아이를 업은 아줌마에서 회사원, 교복을 입은 학생들까지, 일상에서 흔히 마주치는 이웃의 얼굴들이었다. 시위의 흐름에 이끌려 무조건적인 동의와 지지를 보내는 것이 아니라 대열 안에서도 자신들 각각의 생각과 의식이 살아 있다는 느낌을 받았다.

문화제가 진행되는 동안 쉴 새 없이 수많은 카메라가 취재를 하고 있었다. MBC에서 문화제 광경을 9시 뉴스 생방송으로 내보내는 것을 결정하였다고 했다. 며칠간 수천 명의 사람들이 시위를 개진하였지만 방송 삼사 어디에서도 보도되지 못했는데, 오늘 드디어 MBC에서 청계 광장의 이 모습을 전국으로 보도한다고 했다. 사람들은 환호했다. 9시가 되었다. 핸드폰 DMB로 본 MBC 9시 뉴스에서는 끝내 시위가 보도되지 않았다.

화장실에 가고 싶다는 친구를 혼자 보내기가 뭣하여 함께 따라나섰다. 크고 넓은 청계 광장에서 사람들까지 빽빽하여 화장실 찾기가 쉽지 않았다. 나는 대열을 이루고 앉아 있는 전경 무리로 다가가 아저씨 화장실이 어디에요, 물었다. 동료들과 떠들던 한 전경이 동아일보 건물로 가면 된다고 가르쳐 주었다. 그들의 표정에서 나는 지난번 신검 받은 우리과 남자들 모습을 보았다. 연단에 오른 어느 어머니의 말처럼 모두 어느 집의 귀한 아들들일 것이다. 매일 이어지는 시위에 그 무거운 방패와 모자를 이고 뛰어다니느라 얼마나 힘들까. 천진한 표정으로 우리가 매일 쓰는 말들로 얘기하고 있는 그들의 모습에서 나는 나와 그들이 결코 다르지 않음을 보았다.

촛불 문화제가 끝나고 이는 거리 행진으로 이어졌다. 청계천에서 명동으로 만 명에 달하는 사람들이 입을 모아 고시 철회, 협상 무효를 외치며 걸었다. 나도 '협상 무효'라고 쓰인 손 피켓을 들고 있었다. 그러나 나는 외치지 못했다. 미국산 쇠고기 도입이 위험하다는 것을 알고 있지만, 협상을 무효화하고 고시를 철회하는 것이 과연 가능한 일일까 하는 생각이 머리를 떠나지 않았다. 어떤 손해를 감수하고서라도 지켜내야 할 것이 국민들의 생존권과 건강이라는 생각에 동의하지만, 이미 협상이 체결되고 고시만을 앞둔 상황에서 협상 무효화라는 극단적인 해결이 과연 현실적으로 가능할까 의문이 들었다.

또한 시위대는 협상 무효와 함께 이명박 정부의 퇴진도 함께 부르짖었는데, 나는 이 또한 의문이 들었다. 이명박 정부가 구성된 지 일 년도 채 지나지 않았는데 그들의 정책이 성과를 거둘 충분한 시간도 없이 일단 내쫓고 보는 것이 능사인가 하는 의문이었다. 걸으면서 나는 내게 다시 물었다. 외치지 못하는 것이 과연 나의 생각과 다르기 때문인가 아니면 알지 못하기 때문인가. 나는 시위를 진행하는 사람들 누구보다도 미국 쇠고기가 도입되고 협상이 개진되는 이 상황에 대해서 알지 못했다. 알지 못했으므로 나는 내 생각이나 주장이란 것이 있을 리 만무했다. 협상 무효 피켓을 들고 연호하지도 못하고 그렇다고 그 피켓을 단호히 버리고 자리를 떠나지도 못하는 이유, 나는 모르기 때문이었다. 나는 부끄러웠다.

만 명에 가까운 사람들이 거리를 점거하고 명동으로 이동해 갔다. 버스도 택시도 퇴근하던 자가용도 움직이지 못했다. 옆 차선에서 멈춰선 버스 안의 승객들과 눈이 마주쳤다. 나는 다시 의문이 들었다. 시민을 위하는 시위가 어째서 시민에게 불편을 끼치면서 진행되어야 하는가. 명동에 이르러 다시 결집한 시위대는 을지로 쪽으로 이동해갔다. 시위의 분위기는 점점 고조되었고 나는 어느 새 나도 모르는 사이에 연호를 함께 외치고 있었다. 나는 다시 처음의 다짐을 떠올렸다.

내 생각이 아닌 것은 말하지 말자. 휩쓸리지 말자.

이내 시위대가 멈춰 섰다. 나는 을지로 2가의 오거리를 모두 봉쇄한 전경차와 성벽처럼 횡렬로 까맣게 정렬한 전경들의 대열을 처음으로 보았다. 무서웠다. 시위는 앞이 막힌 채로 더 이상 나아가지 못했다. 봉고차는 대열을 돌려 다시 명동으로 돌아가자고 외쳤다. 같이 갔던 선배는 이대로 명동으로 돌아가면 영락없이 봉쇄당할 것이니 이쯤에서 빠지는 것이 안전할 듯 싶다고 했다. 우리는 무서웠으므로 그리고 몰랐으므로 대열에서 빠졌다.

다른 사람들은 다 집으로 돌아가고 근처에 사는 몇만 남았다. 함께 있던 선배는 계속 인터넷 방송을 통해 상황을 지켜보고 있었다. 광화문에서 시작된 시위는 무력 진압에 들어갔고 우리와 함께 청계광장에서 시작하여 명동으로 다시 돌아간 시위대는 명동에서 경찰에게 봉쇄되었다. 진압 예비 방송이 나가고 경찰들은 기자들을 시위대에서 빼내기 시작했다. 사람들은 미리 빠져나오길 잘했다고 안도했지만 나는 궁금했다. 대치 현장을 내 눈으로 보지 않고는 믿기지 않았다.

나는 현장으로 다시 가보자고 설득했다. 시위를 많이 다녀본 선배는 위험하다고 말렸지만 나는 과연 이것이 사실일까 믿을 수가 없었다. 근현대사 책에서 5공화국 때나 볼 법한 일들이 지금 여기에서 벌어지고 있다는 소리에 나는 믿을 수가 없었다. 명동에서 진압당한 시위대들 중 몇몇이 빠져나와 시청 앞 광장에서 시위를 하고 있다는 소식을 듣고 우리는 시청 앞 광장으로 향했다. 길모퉁이를 도는 순간, 지나가는 전경들의 행렬과 맞닥뜨렸다. 그들은 발 맞추어 뛰면서 구호를 외쳤다.

개새끼, 개새끼, 개새끼.

나는 귀를 의심했다. 그들의 눈에서 광기와 같은 어떤 기운을 나는 보았다. 화장실을 친절히 가르쳐주던, 천진한 표정으로 떠들던 전경과 개새끼를 외치는 전경. 나는 혼란스러웠다. 상부의 지시에 어쩔 수 없이 시위를 진압할 수밖에 없는 그들의 입장에 항상 안타까운 생각을 가지고 있었는데 그 순간만큼은 전경들이 정말로 시위대를 향한 적의를 품고 있는 것 같은 생각이 들었다. 나는 두려웠다. 을지로에서 정렬한 몇 백 명의 전경 대열과 맞닥뜨렸을 때보다 나는 더 가슴이 뛰었다. 그들에게 그러한 구호를 부르도록 지시하는 누군가가 있을 것이다. 입 맞추어 구호를 외치면서 그들은 무슨 생각을 할까. 그들의 눈에서 비쳤던 살의와 같은 눈빛은 과연 내 느낌일 뿐이었을까.

새벽 한 시, 시청 앞 광장에 이르러 나는 몇 십 명의 시위대를 포위하고 둘러싼 전경 무리와 그 뒤에서 "폭력 경찰 물러가라"를 외치는 몇 십 명의 또 다른 사람들을 보았다. 사람들은 계속해서 연호했다. "협상 무효, 고시 철회". 나와 함께 간 사람들은 시위대와 거리를 두고 지켜보았는데, 순간 광장 중앙에서 시위대를 포위하고 있던 전경들이 대열을 풀

"2008년 6월 1일 새벽 1시 상황입니다" 이 사진은 위 글을 본 글쓰기 수강생이 직접 손전화로 찍어 강의용 카페 익명게시판에 올린 현장사진이다.

어 그 뒤에서 연호하고 있던 사람들까지 함께 포위하기 시작했다. 대열 밖에서 지켜보고 있던 사람들이 소리 질렀다. "나와, 나와. 갇히면 잡혀가." 사람들은 앞 다투어 달렸고 몇몇은 봉쇄에서 빠져나오는데 성공했지만 나머지 사람들은 갇히고 말았다. 그 안에는 아이 엄마도 그리고 여고생도 있었다.

나는 믿을 수 없었다. 멍하니 지켜보고 서서 과연 이것이 무슨 상황인지만을 생각했다. 시내 한 가운데, 뒤로는 프라자 호텔과 옆으로 차들이 지나가는 서울 시내 한가운데에서 이것이 과연 무슨 상황인가를 생각했다. 쉼 없이 플래시가 터졌고 사람들은 경찰 봉쇄에 갇힌 가운데 집으로 가게 해달라고 외쳤다.

멍하니 서 있는 내 뒤로 선배가 소리쳤다.

"나와!"

깜짝 놀라 돌아보니 전경들이 다시 대열을 풀고 내 뒤를 돌아 포위하기 시작했다. 나는 정신없이 뛰었다. 정말 미친 듯이 뛰었다. 나는 믿을 수 없었다. 정말 이것이 무슨 상황인가. 나는 오늘 수리적 사고를 듣고 영어 쓰기 수업을 듣고 아빠와 통화하고 그리고 조금 전까지는 시위에 단지 '참관'했을 뿐이었는데.

나는 믿을 수가 없었다. 이대로 집으로 돌아갈 수 없었다. 블록을 돌아 다시 광장으로 향했다. 봉쇄된 채로 몇 분이 지났다. 비가 떨어졌다. 우리는 언제 포위당할지 모른다는 불안으로 전경들의 움직임을 예의주시하면서 상황을 지켜보았다. 여고생도 아이 엄마도 연행되어 갔다. 몇몇은 자진 연행되어갔다. 나는 믿을 수가 없었다.

문화제에서 어제 연행되었다가 풀려나온 사람이 연단에 올라 발언하는 것을 보고서도 나는 설마했다. 비가 떨어지고 전경들은 해산했다. 퇴계로에서 또다시 시위가 시작되었다는 소식이 들렸다. 우리는 집으로 돌아왔다.

나는 여기 집으로 돌아온 지금까지도 내가 오늘 본 상황이 무엇이었는지 잘 모르겠다. 옳고 그름을 생각할 수가 없다. 나는 마치 새 세상을 만난 기분이다. 책에서 만난 세상은 이러한 세상을 가르쳐주지 않았다. 나고 자라며 ○○일보를 읽으며 꿈을 꾸고 세상을 보았던 나는 이러한 세상을 일찍이 만나본 적이 없었다. 믿을 수가 없다. 내가 연행될 수도 있는 그 상황에서 나는 도저히 현실감 없는 꿈을 꾼 것 같은 기분이다. 나는 무엇을 보고 무엇을 생각하며 살았던가. 내가 지금껏 믿어왔던 많은 것이 한순간 오늘 하루의 경험으로 그것이 어쩌면 다가 아닐 수도 있음을 깨닫는다. 이 느낌이 자고 나면 없어질 것 같은 두려움에 두서없지만 나는 지금 글을 쓴다. 내일 다시 ○○일보를 펴보면 내가 오늘 내 눈으로 보았던 세상의 귀퉁이나마 볼 수 있을까.

한 학기에 한두 편씩 학생들이 냈던 글 중에서 읽다가 감동의 물결에 휩쓸리거나 반대로 충격을 받아서 가슴을 떨게 하는 글을 가끔 만난다. 윗글이 바로 그런 글이다. 눈이 퍽이나 커서 인상적이었던 평범하고 얌전한 대구 출신 새내기 여학생의 글이다. 2008년 5월 말에 어쩌다보니 우연히 친구들 따라 광화문에 갔다가 멋모르고 끼어들었던 광우병 대책위의 촛불 시위에 대한 현장 보고서이다. 거기 끼어들어서 밤새도록 고생했던 그 과정을 소상하게 적어서 과제로 냈는데, 읽으면서 충격을 받았다. 역사의 진실에 전율을 느꼈다.

이 학생은 학기 초 보고서에서도 대구의 엄마 아빠랑 떨어져서 서울에서 자취 생활하는 어려움을 아주 흥미진진하고 생동감 넘치게 썼던 적이 있다. 정부에 비판적인 시각이 있거나 운동권도 당연히 아니고 고향의 부모 곁을 떠나 시사 공부를 하는 그 어떤 모임이나 집회에도 절대 참석하지 말란 부모님 말씀을 잘 들었던 모범생이었다. 그런데 그런 일에 별로 끼어들고 싶지 않았는데 우연히 시위에 휩쓸렸던 것이다. 그리하여 역사의 현장을 온몸으로 체험하고 자취방에 돌아와서 간밤에 현장에서 보고 느꼈던 체험과 심리적 충격을 밤새도록 글쓰기로 정리한 것이다. 한마디로 비판적 문제의식을 가진 살아 있는 글쓰기라 할 수 있다. 좋은 글이 반드시 개인의 실존적 상처나 대입의 아픔에서만 나오는 것은 아니다. 단순한 목격담이 이렇게 역사의 기록으로 남을 수도 있는 것이다.

지은이는 기성세대이지만 부끄러웠다며 다음과 같은 댓글을 달았다.

> 놀라운 글이군요. 온몸에 전기가 찌르르하고 훑고 지나가네요. 기성세대의 부끄러운 영혼을 뒤흔드는 진심과 현장감, 심리 묘사가 빼어난 글입니다. 평범한 2008학번 대학생의 진정성과 2008년의 우리 한국사회 현실이 잘 담긴 일종의 '역사의 현장 보고서'네요.

글쓰기의 사회적 기능을 〈25시〉 작가 게오르규의 '토끼와 잠수함' 비유를 예로 들어 설명해보자. 확실한 것은 아니지만 2차대전 당시 독일의 유보트 같은 잠수함이 처음 나왔을 때에는 바다 밑 깊숙이 항해하는 동안 함 내에 토끼를 태우고 다녔다고 한다. 컴퓨터 등 최첨단 전자장비로 무장된 요즘은 그렇지 않지만 과학기술이 충분히 발달되지 못했을 초창기 때는 토끼를 태워 잠수함의 공기 상태를 점검했다는 것이다. 잠수함에서 산소가 아주 조금씩 빠져나가거나 공기가 오염되었는데도 그 사실을 계기(計器)가 포착하지 못했을 때, 토끼는 미세한 차이를 느끼고 괴로워한다고 한다. 토끼 눈이 더욱 빨개지고 정신없이 허둥대는 것을 관찰한 담당 수병이 함장에게 이 사실을 보고하면 곧바로 잠수함을 바다 위로 떠올려 혼탁해진 공기를 깨끗이 정화한다는 것이다.

현실적으로 권력을 잡거나 돈을 버는 일에 별로 쓸모가 없는 것 같은 문학이 우리 사회에서 하는 기능이 바로 '잠수함 속 토끼'의 구실 아닐까. 사회의 부조리와 모순, 부정부패를 직접 해결할 수는 없지만 대부분의 사람들이 감지하지 못하는 온갖 비인간화현상에 대한 경계경보를 울려준다는 말이다. 현실세계의 복잡한 논리상 모든 인간을 인간답게 대접받고 살게끔 만드는 것은 쉬운 일이 아닐 터이다. 그런데도 권력을 쥐거나 큰돈을 벌려고 하는 사람들은 자기가 권력을 잡고 재벌이 되어야만 모든 사람을 잘 살 수 있게 해준다고 강변한다. 그들이 벌이는 무리수 때문에 세상이 비인간적 처사로 오염되었을 때 사람들의 영혼에 경종을 울려주는 일, 각자의 영혼이 부패하지 않도록 소금 구실을 하는 것, 이것이 글쓰기의 사회적 기능이라고 생각한다.

부록 젊은 영혼들과의 대화

상처 입은 젊은 영혼들과의 대화 몇 편을 소개한다

―고시 준비냐, 배낭여행이냐
―가족과의 화해, 그리고 〈쇼킹 패밀리〉
―아버지를 고발하나, 용서하나, 묻어두나

고시 준비냐, 배낭여행이냐

첫 번째는 어느 법대생의 고민 상담 편지와 상담 사례이다. 늘 한 학기 강의가 끝나면 "진정한 강의는 학점이 나간 후 시작된다."라고 말하곤 했는데, 이 글이야말로 1년 후에 연락을 한 제자와의 상담 내용이다. A/S도 이런 A/S가 없다.

@ 교수님~. 저 기억하실지 모르겠네요. 지난 학기에 글쓰기 수업을 들었던 법학과 ○○○입니다. 이젠 새 '학기'가 아닌, 새 '학년'에 들어서니 만감이 교차합니다. 설레기도 하고, 후회되기도 하고, 걱정되기도 하고……. 개강과 동시에 수업 준비에 여념이 없으실 걸 뻔히 알면서도 이렇게 메일을 보내는 건, 사실 제가 지금 심각한 고민이 있어서 교수님께 상담 부탁드리고 싶어서요.

아무래도 지난 학기 교수님 수업 들으면서 제 자신에 대해 많이 생각해보게 되었고, 대학 생활을 어떻게 해야 할지도 배웠으며 무엇보다도 그 누구에게도, 심지어 제 자신에게도 숨겨왔던 이야기들을 문집으로 조심스레 하나하나 풀어내었던 게 생각이 나서 이렇게 편지를 쓰게 되었습니다. 아 참! 맞춤법이나 이모티콘, 그리고 말줄임표의 남용은 오늘만 좀 봐주세요.

아시다시피 '장래 희망'이라는 단어의 의미를 알게 된 이후부터 지금까지 단 한번도 법조인의 꿈 외에는 생각해보지 않은 여학생입니다. 고등학

부록 : 젊은 영혼들과의 대화   239

생 때 법공부라 해봐야 '법과 사회' 과목이 전부였지만, 교과목 담당 선생님께서도 놀라실만큼 그 과목에 대한 흥미가 대단했습니다. 좀 더 심도있는 학습을 해보고자 친구들과 스터디그룹을 조성하여 생활법 경시대회를 준비하기도 했었구요, 개인적으로 방학 동안 주위 대학교에서 법률학교 등의 프로그램에 참가하기도 했습니다. 로스쿨 도입 확정으로 인해, 사법고시 합격자 인원 감축이 될 것이라는 소식에, 여지껏 단 한 번도 제 꿈에 대해 회의를 품지 않고 늘 든든한 서포터가 되어 주셨던 부모님께서도 걱정이 되시는지 대학원서를 쓸 때 굳이 이 힘든 길을 가야겠냐고 만류하셨습니다. 하지만 평생을 이 한 길만을 바라보고 달려온 저로서는 제 나름대로의 신념이 있었고, 결국엔 제 고집대로 법학과에 입학하게 되었습니다. 선배들로부터 그리 밝지만은 않지만 꼭 필요한 많은 이야기를 듣고, 1학년이라 많지는 않지만 전공과목도 들으며 제가 그리도 공부하고 싶었던 분야를 할 수 있단 사실만으로도 기쁜 나날이었습니다.

그런데 점점 날이 갈수록 제 자신이 바뀌기 시작하였습니다. 아니, 원래 그러하던 성격이 이제야 조금씩 나타난 것인지도 모르죠. 제가 고등학생 때, 주위에 외국에서 살다 온 친구들이 많이 있었습니다. 나름대로 공부도 어느 정도 했다고 생각하고 들어간 고등학교였는데, 이미 많은 경험을 하고 뛰어난 영어 실력을 갖춘 친구들 앞에서 점점 자신감을 잃어가는 제 자신을 발견하게 되었습니다. 그래서 어느 순간부터 제 자신의 가치는 제가 끌어올리기 위해 학업은 물론이거니와 다양한 외부활동을 통해 자신감을 키우기 시작했습니다. 집안 형편이 그리 넉넉치는 못해 제 욕심채우고자 부모님께 부담드리기는 싫어 일정 기준을 통해 선발하는 청소년 대상 프로그램등에 지원해서 정부나 기업 등이 경비를 제공해주는 교류활동이나 해외 봉사활동에 참가하였고, 가히 이 시기는 제게 있어 인생의 분수령이 되었다고 할 수 있습니다. 어리다면 어린 나이에 다양한 분야에서 종사하는 다양한 연령대의 사람들을 만나고 외국인들과도 교류하며 정말 제 자신이 우물 안 개구리였단 걸 알게 됨과 동시에, 억만금을 줘도 살 수 없는 인맥과 그 어떤 책을 통해서도 배울 수 없는 값진 경험의 중요성을 알게 되었습니다. 제가 아직 그리 오랜 세월을 살아 온 것은 아니지만, 그동안 외국인 유학생, 산후조리사, 집배원, 국회의원, 은행총장, 변호사, 기업인 등 사회 각층에서 모두 다르게 살고 있는 사람들이 한결같이 자신의 20대를 후회하고 있단 사실을 발견했습니다. '좀 더 열정적이었더라면……. 좀 더 도전해보는 건데……. 이건 꼭 해봤어야 하는 건데…….' 하며 말이죠.

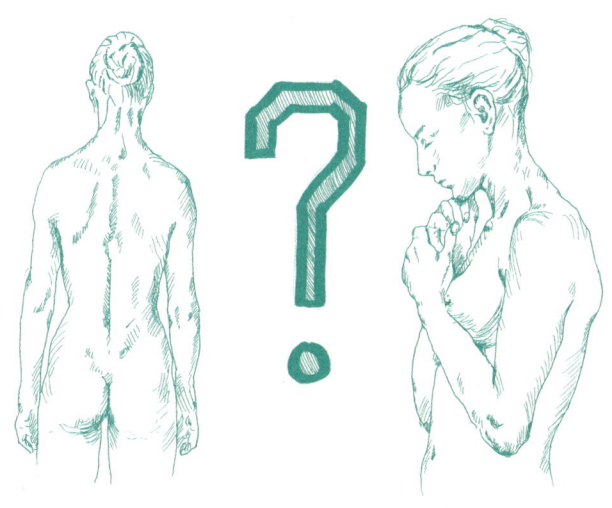

그래서 전 대학에 들어가면 없는 시간을 쪼개고 쪼개서라도 대학생 때에만 할 수 있는 경험을 반드시 해보고야 말겠다고 다짐했습니다. 지방이 고향인 저로서는 서울은 열린 기회의 땅이나 마찬가지였습니다. 특색있고 의미있는 봉사활동에 참가하기도 하고, 배우고 싶었던 외국어와 국악기도 하고, 고배를 마셔야 하긴 했지만 지원서 때문에 노트북에 저장할 공간이 모자랄 만큼 대학생을 대상으로 한 교류 활동이나 해외 자원봉사 등에 지원했습니다. 소위 말하는 '법대생'이라면 하지 않을 일이죠.

그리고 지난겨울 방학, 앞으로 지속해야 할 학업 때문에 정말 이번이 아니면 제 인생에 대학생으로서의 외부 활동이란 없단 생각과 여행을 다녀오고 싶은 마음에, 배낭여행이 시상으로 걸려 있는 대학생만이 경험할 수 있는 서포터즈, 일종의 마케팅 활동에 참가하게 되었습니다. 저를 제외하고는 거의 대부분의 학생이 경영이나 멀티미디어, 마케팅 분야를 전공하고, 제가 가장 어린 나이였기에 처음에는 그저 경험이라 생각하고 시작했습니다. 그런데 날이 갈수록 다른 대학생들로부터 많은 것을 배우고 넘치는 열정 하나만 믿고 열심히 활동을 했습니다. 그러고는 활동을 무사히 잘 마무리했고 학교 개강을 준비하기 시작했습니다. 수강신청도 마친 상태고 학교 갈 준비를 다해 두었는데 갑자기 연락이 왔습니다. 제가 우수활동자로 뽑혀서 배낭여행을 가게 되었다는 것입니다. 뜻하지 않았던 소식에 정말 떨듯이 기뻤습니다.

하지만 배낭여행 일정이 3월 중순부터 약 3주간이라는 청천벽력과 같은 소리를 들었습니다. 같이 활동했던 다른 학생들은 정말 부러워했지만 내년 사법시험을 쳐 볼 요량이었던 저로서는 혼란스럽지 않을 수가 없었습니다.

무엇을 고민하냐며 당장 휴학을 하라는 말이 많았지만, 사법고시 응시 이수학점을 위해서는 아직 전공과목 20학점이 남은 상태인 저로서는 내년 시험을 쳐 보기라도 하려면 이번 학기를 반드시 들어야 하고, 부모님 부담을 덜어드리기 위해 4년 장학생으로 입학해 장학금을 유지하려면 학점이 3.0 이상이 되어야 하기에 약 한 달 간 학교를 빠진다는 것이 부담되지 않을 수 없었습니다. 상황이 이러하니 그렇담 당연히 배낭여행을 포기하고 학업에 열중하는 것이 낫지 않은가……

그런데 제 욕심일까요? 유럽이나 일본, 중국 등지가 아닌 남아프리카……. 평생 한 번이라도 갈 수 있을까 하는 곳이기에, 또 나중에라도 시간과 돈만 있다면 할 수 있는 최고급 호텔에 유명 관광지 투어를 하는 패키지 여행이 아니라, 피부색이 다른 세계 곳곳의 패기 넘치는 젊은 배낭객들과 함께 같이 고생하며 교류하고 탐험하는 배낭여행이기에 쉽게 포기할 수가 없습니다. 이번 경험을 통해서 제가 배우게 되는 것이 얼마나 큰 가치를 지니는 것인가도 장담할 수 있구요. 이번에 다녀오지 않으면 두고두고 후회하고, 미련을 가져서 다른 일에 집중을 할 수 없을 것 같다는 생각마저 듭니다. 걱정하시는 부모님을 울고불고 매달린 끝에 설득을 하긴 했지만 막상 결정을 내리려하니 이것이 옳은 선택인지 스스로 마음이 흔들립니다. 사법시험을 준비하고 계신 선배께서 고시생은 모든 것을 포기해야 한다며, 지금부터라도 시험 준비하는 것이 낫다며 포기하라고 진지하게 설득을 하셨지만, 선배가 말해준 모든 현실적 상황이 마음 한구석이 아리도록 와닿고 결코 만만하지 않단 걸 잘 알지만, 그래도 이 고집쟁이는 배낭여행에 대한 미련을 버리지 못하고 있네요.

법학도서관 열람실에서 공부를 하다가 문득 주위를 둘러보았는데, 매일 반복되는 생활을 하며 계속 시험준비를 하고 있는 선배들의 모습을 보니, 이런 생각을 가져서는 안되지만 '어차피 내후년 사시 통과를 보고 계속 공부해야 하는 거, 괜히 나중에 후회하지 말고 지금 딱 한 번만 갔다와서 정말 미친듯이 해보자.'라는 생각이 들더라구요. 하도 걱정이 되니 인터넷에도 뒤져보고, 선생님이며 대학생이며 주위에 아는 사람들에게 넌지시 얘기를 꺼내보면 모두들 이 좋은 기회를 왜 버리냐며 당연히 갔다오는 것이 맞다고 해서 더 마음이 싱숭생숭합니다. 물론 어느 누구가 어떤 말을 한들 가장 중요한 것은 제 마음가짐이겠지만요.

　이것 때문에 학업에 지장이 있을까봐 그렇잖아도 타지에 딸 보내두고 걱정이 많으신 부모님께 고민거리를 더 안겨드리는 것 같아 솔직한 제 심정을 털어놓기도 그렇고……. 문득 부모님처럼 저를 진심으로 걱정해 주시던 교수님이 생각나서……. 어딘가에 속시원하게 털어놓고 싶어도 도무지 답이 나오질 않으니 답답하기만 해서 이렇게 야심한 시각에, 무례하지만 편지를 씁니다.

　솔직한 심정으로선 당돌한 지금 이 시기에 무모하지만 제 한계를 시험해본다는 생각에서라도 배낭여행을 떠나고 싶습니다. 물론 대책 없이 도피식으로 떠나겠단 건 아닙니다. 제가 이 학교, 이 학과를 선택한 만큼 학업에 대한 애착도 강하거든요. 물론 리스크를 최소화시키기 위해선 어느 정도의 희생이 필요하겠지요. 듣고 싶어 신청했던 여러 전공과목들 중 몇 개는 취소하고 인터넷으로나마 강의를 들을 수 있는 교양 사이버강좌를 듣고, 떠나기 전까지 중간고사 대체나 출결 대체 차원의 과제 등도 제출해야겠죠.

그래도 어쩔 수 없는 제 욕심에 듣고 싶은 법학과목 몇 개는 친구들에게 부탁해서 녹음해서라도 보충할 생각입니다. 정말 힘들긴 하겠지만 그래도 열심히 해 낼 근거없는 자신감이 샘솟아서…….

아~ 정말 어떻게 하는 것이 좋을까요? 몇 날 며칠을 뜬 눈으로 밤을 새고, 괜스레 마음 약해져서 어린애처럼 펑펑 울어버리기도 하다가……. 어느 한 쪽으로 마음을 다잡지 않고 혼자서 이렇게 고민하다간 도저히 아무 일도 할 수 없을 것 같아서 이렇게 몇 시간 동안 썼다 지웠다 반복하다 결국 편지 보내기로 마음먹었네요.

직접 교수님을 찾아뵐까 생각도 해보았지만, 용기가 나질 않네요. 그래도 지금 이 순간만큼은 교수님이라기보다, 인생의 선배라는 생각을 하며 두서없이 주저리주저리 제 고민을 털어놓게 되었습니다. 진실되고 솔직한 조언 부탁드릴게요.

장문의 편지 읽어주셔서 감사드립니다.

코끝을 스치는 바람결과 한낮의 따스한 햇살에 봄이 성큼 다가왔음을 느낄 수 있지만 아직은 일교차가 큰 환절기이니만큼 건강 주의하시구요, 내일도 웃는 하루 되셨으면 좋겠습니다.

다음은 지은이의 답장이다.

@ 작지만 야무지면서도 여느 법대생답지 않게 비범함이 엿보이는 ○○○을 잘 기억해요. 지난 학기 제가 가르쳤던 수강생 중 빼어났던 학생을 어찌 잊겠어요. 중요한 문젠데…….

첫째, 당장 연구실로 절 찾아오세요.

둘째, 무조건 가세요. 장문의 편지에 답이 다 있네요. 자신의 결정을 확인받고 싶은 겁니다.

다음은 교수자의 답장을 받고 찾아와 상담한 내용이다.

@ "예를 들게요. 제게 법대 다닌 친구 둘이 있어요. 한 친구는 학부 4학년 때 사시 1차 합격하고 대학원생 때 사시에 패스할 만큼 공부를 잘해서 지금 이름난 중견 로펌의 대표급 중견 변호사로 있지요. 하지만 제게 자랑스레 소개했던 여자친구를 버리고 중매결혼했으며 어려운 처지의 친구가 도와달라니까 투자 가치가 없다며 거절했지요. 또 한 친구도 공부는 잘했지만 친구와 어울리고 여러 동아리 활동도 하느라 4년이나 늦게 사시에 합격했지요. 지금 개인 사무실을 열어 여러 사람을 도와주고 친구들과도 잘 어울려요. 전 그를 '존경스런 영혼의 소유자'라 불러요. 세월이 많이 흐른 지금 보면, 출세한 전자보다는 4년 늦은 후자가 훨씬 바람직한 삶을 누리는 것처럼 보이네요. 왜 그럴까 생각해보세요.

학생이 제게 긴 편지를 보내고 일부러 찾아온 이유는 이미 답을 정하고 확인받으려는 거라 생각해요. 배낭여행 프로그램에 무조건 참가하세요. 장문의 편지에 답이 다 있고, 야기될 문제를 해결할 방도까지 스스로 찾아 놓았네요. 단지 자기가 영향 받은 인생 선배에게 자신의 결정을 확인받고 싶은 겁니다.

학생은 분명 잘할 수 있어요. 예를 들죠. 파브르는 곤충에 미쳐 있었습니다. 포드는 자동차에 미쳐 있었습니다. 에디슨은 전기에 미쳐 있었습니다. 지금 본인이 무엇에 미쳐 있는가를 점검해 보세요. 왜냐하면 그것은 반드시 실현되기 때문입니다.

어떤 일이든 처음부터 잘되는 일은 없습니다. 오랜 기간 몰입해야 비로소 결과가 나오기 시작합니다. 수적석천(水滴石穿), 즉 물방울이 돌을 뚫는 것과 같은 이치입니다. 제 공부 30년 경험에 의하면, 옆에서 누가 뭐라고 하든지 정말 하고 싶은 일을 10년만 하면 그 분야의 전문가가 됩니다. 사춘기를 호되게 겪은 하이틴 때 문학을 하겠다고 했을 때 전 엄청난 열등감 덩어리, '비관이(페시미스트)', 열반(劣班)이었습니다. 그리고 10년 문학을 했지만 그때까지 문학을 하겠다고 남은, 세상 물정 모르는(철없는) 사람은 아무도 없었어요. 그리고 또 10년이 지나자 이제 문학이 좀 보이고 우리 삶에 어떤 의미가 있는지 약간은 알 것 같습디다. 문제는 그 10년, 20년 동안 온갖 유혹을 물리치고 숱한 후회를 곱씹으며 버틸 수 있겠는가 하는 점입니다.

다음은 교수자와의 긴 상담 후 학생이 보낸 답장이다.

@ ○○○입니다. 어떻게 생각하면 단지 한 학기 글쓰기수업 들었던 학생일 뿐인데, 제가 교수님께 남들에겐 솔직히 털어놓지 못한 고민거리를 상담 드리고 교수님께서도 진심으로 걱정해주시고 조언해주셨다는 것이 사실 제 자신조차 믿기 힘듭니다. 하지만 수업이 시간상으로 따지자면 지극히 짧지만 제겐 여러모로 뜻 깊은 시간이었고, 대학의 모든 것이 두렵기만 한

새내기 시절, 무섭게만 생각했던 '교수님'이란 존재가 지식과 지혜의 전달자뿐만 아니라 인생의 선배라는 사실을 깨닫게 해주셨던 기회였죠.

다시 한 번 감사드립니다.

불안과 초조, 갑자기 밀려오는 오만 종류의 걱정들……. 마음을 굳게 먹었다가도 이내 다시 흔들리고 결심했다가 또 흔들리고를 반복하고 있었는데, 학기 초라 많이 바쁘실 텐데도 당장 찾아오라며 선뜻 손을 내밀어주셔서 얼마나 감사했는지 모릅니다. 교수님을 찾아뵙고 나서는, 여지껏 뭣하러 고민하고 있었나 하는 생각과 감사함, 그래도 어쩔 수 없는 약간의 불안감과 동시에 어디서 나온 건지 모를 자신감과 맹랑함까지—감정이 뒤범벅되어 저도 모르게 울다가 웃다가……. 누가 보기라도 했으면, 법대 용어로 '심신 상실의 상태에 놓인 자'라고 했겠죠~.

물론 학점이며 수업이며 지금 당장 여러모로 책임져야 할 부분이 많겠지만, 교수님 말씀대로 '걸어다니는 법률사전'에 불과한 법조인이 될 것인가 혹은 경험을 토대로 하여 사람들을 진정으로 이해하는 '인간을 위한 법조인'이 될 것인가를 생각하고 앞으로 4년이 아닌, 40년 후를 내다보고 그 때 제 스물 하나 인생을 돌아다보았을 때 후회하지 않을 자신이 있는가를 고민했습니다. 자문자답 끝에 다녀오기로 마음을 굳혔습니다. 정말 이 선택을 후회하지 않도록 배낭여행을 가서도 많이 보고 많이 배워오고, 다녀온 후에도 정말 열심히 해야겠다는 생각이 듭니다.

먼 훗날 교수님을 다시 뵙게 되었을 때, 밝게 웃으며 "저 그때의 선택을 후회하지 않습니다. 오히려 제가 이만큼 성장할 수 있는 발판이 되었습니다. 외부에 의해, 혹은 제 자신의 나약함으로 인해 갈피를 잡지 못하고 흔들리던 제게 확신을 심어주셔서 감사합니다."라고 말씀드릴 수 있도록, 부끄럽지 않은 제가 되겠습니다.

어제 비가 내린 후, 곧 있으면 평년 기온을 되찾아 포근한 봄날씨가 지속될 거라고 하네요~. 그렇잖아도 고민 때문에 축 늘어져서 우울했는데 비 때문에 힘들게 손빨래해서 옥상에 널어둔 빨래가 모두 젖어 속을 쓰라리게 만들었던 어제였어요. 하지만 비 온 후 한결 상쾌해진 공기를 마시며, 아무리 지치고 힘들어 주저앉아 펑펑 울어버리고 싶더라도, 그 아픔이 있었기에 오히려 햇살이 더 따스하게 느껴지는 거라며, 오늘보다 더 나은 내일이 있단 걸 알고 포기하지 않고 내 자신을 믿는다면 밝은 미래를 기대할 수 있단 걸 알기에 환하게 웃으며 새 빨래를 다시 해 포근한 햇살 아래 탈탈 털어 말릴 수 있었습니다. 섬유유연제의 부드러운 꽃내음이 가시지 않아 따사로운 햇살 아래 빨랫줄에 걸린 옷가지들이 활짝 진짜 꽃을 피워낼 것만 같은 기분이 드는 건……. 어찌 보면 스물한 살이나 먹었지만 어린애 같은 투정을 부리는 제게 조언을 주시는 교수님의 존재에 감사함과, 앞으로 ○○○란 인간이 어떻게 살아가야 하는가에 대한 답을 어느 정도 찾을 수 있었기 때문이 아닐까 싶네요.

개인 사정에는 엄격하시고 만나뵐 기회도 별로 없었고, 그간 '소통, 커뮤니케이션'이 그리 많지 않았던 법대 교수님들이라 결석과 성적 문제가 걱정되기는 하지만……. 이제 제가 한 선택에는 책임을 져야 할 나이니까 감수해야죠.

제 스스로 어느 정도 안정이 되었을 때, 사알짝 교수님 연구실 문 똑똑 두드려도 되죠? 요상한 법대생의 결코 평범하지 않은 파란만장 여행기를 들고 찾아뵐지도 모를 일이죠. 교수님께 드릴 말씀이 뭐가 이리도 많은지 또다시 글이 길어졌네요.

   이만 줄이겠습니다.

가족과의 화해, 그리고 〈쇼킹 패밀리〉

두 번째로 가족사의 고통, 부모와의 불화를 드러낸 글쓰기의 예를 보인다. 처음에 「거울 안의 그녀」란 제목의 시를 썼는데, 무슨 내용인지 선뜻 다가오지 않았다. 그래서 해설을 메일로 보내달라고 하였다.

거울 안의 그녀

얼마나

무거웠었나

주머니의

가벼움이

얼마나

뜨거웠나

차디찬

열등감의 덩어리가

얼마나

나에게 모자랐나

세상엔 넘치는
사랑이

거울 안에 그녀
웃지도,
울지도 못하는
그녀가 보인다

그리고 이 시에 대한 다음과 같은 해설을 편지로 받았다.

@ 무슨 글을 쓸까 하다가 제 머리에 떠오른 것은 자신이 하고 싶은 이야기, 자신의 이야기를 솔직히 적어보라는 말씀이었습니다. 남들이 보는 저는 매우 활발하고 주변 사람들과 잘 지내는 사람입니다. 하지만 말 못할 고민들, 집안 사정이 많았습니다. 고등학교에 올라왔을 때에서야 아버지께서 도박을 하셨다는 것을 알게 되었고 이미 우리 집안의 가세가 많이 기울었다는 것을 알게 되었을 때는 거액의 돈을 날린 상태였습니다.

그때 당시 아버지 사업 때문에 필리핀에서 6년간 생활을 하고 있었는데 아버지의 어긋난 행동은 대학을 준비하며 공부하고 있던 저와, 언니 그리고 등록금 때문에 걱정을 하시던 어머님에게는 말로 못할 충격이었습니다. 힘들었지만 참으려 노력했었고 없는 척 하기 싫어서 오기를 부렸었습니다. 이때 저 나름대로는 노력을 해보려 잠깐이나마 번역 아르바이트를 해서 용돈을 모으기도 했었고 교회 봉사 활동으로 마음을 다잡아보려 열심히 했었

습니다. 시간이 지나면서 집안의 사정도 조금 나아지고 아버지도 예전보다 더 다정한 모습으로 돌아오셨습니다. 하지만 그 뒤로 저의 심적 부담은 더 커져만 갔습니다. 바로 대학 문제 때문이었습니다.

언니는 저와 두 살 차이입니다. 한국에서 열 손가락 안에 꼽히고, 전공 쪽에서는 거의 톱을 달리는 ○○ 대학교에서 공부하고 있습니다. 처음에 한국에 와서 대입 준비를 하면서 많이 힘들었습니다. 성적으로 반 편성을 하는 학원에서 꼴찌 반을 배정 받고 이를 악물고 공부했습니다. 선생님들도 놀랄 정도로 한 번에 두 반을 뛰어넘고 성적도 언덕길을 오르고 있었지만 대학 시험을 계속 치르면서 불합격 통지서가 한두 개씩 날아오면서부터 열등감은 정점에 달했었습니다. 늘 저보다 예쁘고, 글도 잘 쓰는 언니에게 뒤지지 않으려 발버둥을 치면서 살아왔는데 언니보다 좋은 대학을 가지 못하면 부모님도 날 쳐다보지 않겠구나하는 어리석은 생각을 하면서 말이지요…….

그런 고민을 오랫동안 해 와서인지 다른 사람들의 사랑에 욕심이 생겼습니다. 절 사랑해 주기를 많이 기다렸었나 봅니다. 시의 제목을 굳이 「거울 앞의 나」가 아니라 「거울 앞의 그녀」라고 3인칭화한 이유는 열등감으로 가득 찬 내 모습을 내가 아니길 바라는 마음 때문입니다.

(중략)

이 짧은 몇 줄의 글을 쓰면서 많이 고민하고 눈물도 쏟아졌습니다. 속에 담은 무거운 말들을 꺼내기까지는 많은 시간이 걸렸지만 토해내고 나니 정말 시원합니다. 하지만 아직도 제 마음에는 식지 않은 열등감이 있는 것 같습니다. 언제쯤이면, 어떻게 하면 사라질지 모르겠지만 수업을 들으면서 공부만 하는 것이 아니라 제 마음 속의 말을 토해내고 자신을 사랑하는 법을 배웠으면 합니다. 별별 얘기를 다 들려 드리는 것 같아서 많이 죄송하지만 개강 오리엔테이션에서 '보고서는 선생님과 학생 사이의 대화의 또 다른 통로'라고 개념 규정하신 말씀을 듣고 이해해주시리라 믿습니다. (하하하) 과제보다 훨씬 많이 긴 해설을 읽어주신 데 진심으로 감사드립니다. 부족한 점이 있다면 짧게나마 답장을 해주시면 감사하겠습니다.

다음은 지은이가 학생에게 보낸 짤막한 답장이다.

@ 자기 글을 계속 수정하는 건 좋은 방법입니다.
시를 볼 땐 잘 몰랐는데 해설문을 보니 곡절 많은 가족사의 고통과 자기 삶에 대한 진지한 성찰이 잘 묻어나 큰 감동을 주는군요. 영혼의 상처를 치유하는 계기가 되었으면 합니다. 또 수정한 걸 제출할 필요는 없고 스스로 고쳐 30년 후에 보세요. 평소 대표로 헌신적이고 강의에 적극적인 참여를 보여 각별하게 고마움을 표합니다. 앞으로도 기대가 큽니다.

메일에 차마 담지 못한 이야기는 그와 함께하는 자율학습동아리 '어깨동무' 활동의 일환으로 방과후 활동에서 이어갔다. 〈쇼킹 패밀리〉라는 독립영화의 시사회에 함께 참석하여 싱글맘의 애환과 의지를 담은 내용을 음미하며 가족의 의미에 대하여 속 깊은 대화를 나누었다. 다음은 학생의 영화 감상문이다.

✠ 〈쇼킹 패밀리〉가 말해준 '가족의 의미' – '엄마'와 '여자'는 하나다

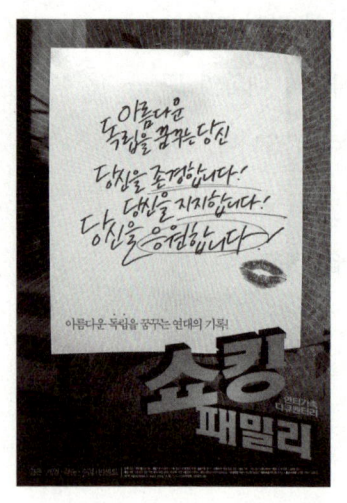

우연한 기회에 〈쇼킹 패밀리〉라는 인디 영화를 보게 되었습니다. 처음에는 낯선 장르이다 보니, 자면 어떡하지 하고 걱정을 했는데 감독의 기발한 영상과 독특한 배경음악은 지루하고 어려운 영화라고 생각되던 인디 영화의 고정관념을 확 날려버렸습니다.

영화는 전반적으로는 약간 우울한 분위기였습니다. 팸플릿만 보면 가족의 의미를 생각해 보자고 적혀 있어서 〈가족의 탄생〉 같은 이 시대 진정한 가족의 모습을 되새겨보자는 영화를 기대하고 봤는데, 〈쇼킹 패밀리〉는 역시 인디 영화답게 상업적인 영화와는 많이 다른 틀을 가지고 있는 영화였습니다.

우선 감독과 배우의 구분이 없습니다. 사진, 영상, 감독 그리고 감독의 딸까지 모두 배우가 되는 영화가 바로 이 영화입니다. 주연과 조연의 경계가 없고 대본도 없습니다. 단지 구상과 아이디어만 있을 뿐입니다. 영화는 삶의 진솔한 이야기에 귀를 기울입니다. 화려함과 현란한 영상으로 가득 메운 할리우드의 물량공세 영화와는 매우 다릅니다. 등장인물들의 어두운 과거, 무거운 현실 그리고 알 수 없는 미래를 이 영화는 담고 있습니다. 가벼운 이야기에만 익숙해져 있던 저에게는 약간은 이해하기 어려운 부분도 많았습니다. 그 중에서도 인상 깊었던 내용은 해외 입양아들의 이야기였습니다.

대한민국은 역대 최단기간 보호국가에서 지원국가로 변화한 나라입니다. 그만큼 이제는 먹고 사는 문제에 걱정이 없다는 것이지요. 하지만 아직도 한국에서는 많은 아이들이 해외로 입양 보내어지고 있습니다. 실제로 제가 활동하고 있는 하이클럽 동아리에도 프랑스로 입양되었다가 한국으로 공부를 하러 온 두 명의 프랑스 학생들이 있습니다. 이름도 아주 친숙합니다.

○○……. 처음에는 한국 학생인줄 알고 말을 걸었다가 너무 스스럼없이 입양된 한국 사람이라고 말하는 그 친구의 대답에 제가 더 겸연쩍었습니다. 궁금했지만 차마 부모님에 관한 이야기는 할 수 없었습니다. 그렇지만 제 표정에 궁금하다고 나타나 있었나 봅니다. 그 친구는 프랑스 부모님 덕분에 한국어 공부도 하고 한국에서 살 수 있어서 좋다고 하더군요. ○○와 ○○, 분명 둘 다 해외로 입양되었지만 다른 시각으로 세상을 본 것을 알 수 있었습니다. 어쩌면 ○○처럼 자신을 버린 부모를 원망하고 먹고 사는 걱정이 없는 국가에서 아직까지 해외로 입양을 시키는 세태를 향해 비판의 목소리를 높이는 것이 당연할지도 모릅니다. 하지만 질타를 할수록, 미움이 커질수록 그의 마음에도 상처가 될 것이라 생각하니 마음이 아팠습니다.

입양에 관한 이야기 말고도 수능과 대학입시의 압박에 자살을 하는 고등학생들의 이야기도 저의 눈이 커지게 만들었습니다. '가족'과 '여성'을 이야기하다가 갑자기 튀어나온 대학 합격에 압박 받는 수능생들에 관한 이야기는 매우 생뚱맞았으나 영화 관람 후 다시 읽게 된 팸플릿에서 사회의 문제점도 다루고 싶었고 그 학생들이 가족의 일부분이라는 사실을 말하고 싶었던 감독의 의도를 이해할 수 있었습니다.

이 영화는 '여자'는 '가족'에서 어떤 존재인지, '여자'가 이 시대에 어떻게 살아야 할 것인지 질문을 던집니다. 평등화된 사회라고 치지만 아직도 가부장적인 편견들이 자리잡은 이 시대에 '모성애'만을 강조하면서 집안일을 여자에게 떠맡기는 것을 어떻게 받아들일 것인지, 그리고 어떻게 변화시켜야 할 지 말입니다. 결혼이란 게 과연 꼭 해야 하는 일일까? 영화를 보기 전에도, 그리고 보고 나서도 여전히 저에게 그 답은 '노'입니다. 단호하게. 일하는 여자에게 집안일을 떠맡기는 것도 옳지 않다고 생각을 하고 어머니와 여자는 다르다는 생각도 버려야 한다고 느꼈습니다. 여자가 어머니가 된 순간 모성애로 가득 찬 생물로 인식하고 가족의 모든 짐을 넘기는 그런 태도는 '어머니'라는 인권을 가두는 것이라고 생각되기 때문입니다.

하지만 감독의 의도처럼 서로에게 짐이 되지 않는 '안티 가족'이란 개념은 매우 생소하면서 이해가 잘 되지 않습니다. 왜냐하면 가족은 서로에게 짐이 되기 때문에 노력을 하는 것이고 짐이 되기 때문에 생기는 오해를 이해함으로써 해결을 하고 서로 고마워하고 미안해하는 존재이기 때문에 '가족'은 특별한 의미를 지니게 되게 때문입니다. 만약 감독의 의도처럼 서로 짐이 되지 않기 위해서 간섭을 하지 않고 신경을 쓰지 않게 되면 그건 피를 나누지 않은 이웃만도 못한 것은 아닐까 하고 생각을 하게 되었습니다.

저에게 가족은 남들이 흔히 생각하는 그런 것 보다 더 큰 존재입니다. 왜냐하면 타지에서 생활할 때는 많은 이방인들 사이에서 가족이 나의 방패였고 나를 이해해 줄 수 있는 유일한 존재였습니다. 그리고 아빠의 잘못으로 모든 사람이 힘들어졌을 때도 엄마는 가족을 지키기 위해서 아빠를 받아들이는 이해를 했기 때문이지요. 그런 엄마의 모습에서 감독 분의 뜻이었던 서로에게 '짐'이 되지 말자, '간섭'을 하지 말자라는 말은 의미 없는 문장이라고 생각되었습니다.

진정한 가족이란, 무조건적인 용서와 관용을 베푸는 것이 아니라 모자라니까, 부족하니까 그것을 채워주는 것이 아닐까요? 영화에서 보여지는 감독 분과 딸의 관계는 무척 오붓해 보였습니다. 하지만 딸의 인생에 간섭하지 않겠다고 생각한 감독이 돼지 우리처럼 되어버린 방을 보고도 별 소리 없이 넘어간 것은 마치 서로 모르는 관계, 아니 차라리 그런 것은 잘못된 것이라고 말해주는 이웃보다도 못한 관계로 보였습니다. 방을 깨끗이 치워야만 살 수 있는 것, 그것이 늘 올바른 것은 아니지만 적어도 방을 딸과 함께 치움으로써 딸이 더 나은 환경에서 지낼 수 있게 하는 것이 올바른 가족의 태도가 아닐까 생각이 듭니다.

'뒷바라지'라는 잘못 인식된 여성의 의무에서의 해방, 이것은 분명 우리 사회에서 꼭 이루어져야 할 일인 것은 분명합니다. '어머니'라는 이름으로 여성을 억압하고 구속하는 과정에서 일그러져버린 여성의 인권을 바로 찾자는 의미를 각인 시켜준 〈쇼킹 패밀리〉는 무조건적인 페미니스트의 시각이 아닌 진정한 '가족'을 만들기 위해 제가 알아야 할 많은 것들의 첫 걸음이라고 생각합니다. 오늘은 집에 돌아가면 엄마가 오시기 전에 '엄마의 일'로 단정지어졌던 설거지와 빨래를 해볼까 합니다. 이제는 엄마의 일이 아닌 '가족의 일'로 여겨지길 바라면서…….

이 순간 글쓴이 입장에서는 지은이와의 관계 설정을 달리 할 수 있다. 글쓰기 교수와 수강생, 문학치료의 치료사와 참여자 자격으로서가 아니라, 단지 아빠 같은 선생, 선배 같은 선생님처럼 영화를 함께 보면서 아버지를 비롯한 가족에 대한 자신만의 비밀 상처를 자연스레 치유할 수 있게 되었다. 글쓰기가 단순한 스킬이나 테크닉이 아니라 삶을 바꾸는 소통행위임을, 동아시아의 오랜 전통처럼 눈 먼 자가 눈을 감고 집으로 돌아가는 길을 찾아 나서는(「재맹아」) 긴 여정임을 확인하는 행복한 순간이었다.

아버지를 고발하나, 용서하나, 묻어두나

'6. 영혼의 상처를 치유하는 글쓰기'에서 차마 인용하기 어려워 생략했던, 아버지의 성폭행을 고백하는 고통스러운 사연을 놀랍도록 담담한 무채색 수채화로 그려낸 글쓰기 (가)~(사)의 빠진 부분 (다)를 소개한다. 독자인 당신이 만약 이 책을 성실하게 읽었다면 일부러 따로 잘라놓은 이 부분을 '모자이크 퍼즐 맞추기'할 수 있으리라. 차마 입에 올리기 부끄럽다.

(다)

　나는 뜻하지 않게 그만 내 병을 알아버렸다! 살아오면서 겪었던 일들, 그 일련의 사건들과 관련된 안 좋은 기억들이 무의식적으로 간직된 채 그대로 자라왔다는 것을 수년이 흐른 뒤에야 알게 된 것에 대한 배신감과 분노를 표출할 곳은 어디에 있을까! 알고 난 뒤에 드는 허탈감과 수치심과 불안과 고통은 나를 너무 힘들게 했다. 그 병이 생긴 지는 오래 되었지만 스스로 그 기억을 지우고 싶어 그 사실을 숨겼던 것이다. 왜냐하면, 그 병은 내 모든 과거의 일들 중에서 가장 잊고 싶은 기억이기 때문이었다. 그것은 마음의 병이었다.

　성적인 접촉에는 두 사람이 필요했다. '어린 아이'와 '다른 한 사람', 다른 한 사람은 아이와 관련 되어 있는 사람이거나 아무것도 모르는 관계의 사람이었다. 어린 아이는 다만 느낄 뿐 그것이 무엇

인지 몰랐다. 그것을 이용한 사람들……. 그것은 사람이 아닌 짐승이나 할 수 있을 법한 일이었다. 그것이 나쁜 것이라는 것도 알고 있지만 어떻게 해볼 방법이 없었다. 어린 아이는 그 순간에 숨죽이고 있어야 할 뿐이었다.

'두렵다', '무섭다' 수차례 내가 처한 상황을 생각하면서 그 상황에서 당장 빠져나오고 싶었다. 그러나 몸은 누군가에게 지배를 받아 움직이지 못하는 상태였고, 일단 나는 너무 어렸고 약했다.

그 이후로도 그것이 무엇인지 정확히 알지 못한 채 나는 아무 탈 없이 평범한 척 생활하였다. 그러나 점차 자라면서 나는 무의식적으로 성적인 것에 혐오감과 수치스러움을 느끼는 동시에, 손 그리고 몸의 반응과 가장 가까이에 있는 사람이었던 아버지에 대한 불신이 생겨버렸다. 내게 아버지는 한 남자였다. 아버지가 자정이 넘어서도 잠드시지 않는 이유가 늘 궁금했다. 늦은 밤이 되면 이불을 꽁꽁 감싸고 몸을 보호해야 했다. 내가 잠들면 갑작스런 낯선 사람의 손길이 들이닥칠 것이었다. 그 때문에 언제나 잠에 들면서도 몸의 경계를 풀어선 안 되었다. 누군가의 손길이 두려웠다.

아버지가 딸을 겁탈하려 하다니! 나는 제 정신이 아닌 것 같았다. 몸의 반응이 그러는 동시에 나는 아버지에게 죄책감이 들었다. (하략)[43]

---

[43] 이 학생의 글 (가), (나)는 「생각을 보내는 글」, (다), (라), (마), (바), (사)는 「추억의 회로에서」에서 발췌하였다. ○○○, 『스무 살의 기억을 더듬으며』, 글쓰기 기말문집, 2008, 17~48쪽.

참고문헌

권영부, 「통합논술과 랑콩트르」, 『철학과현실』 71호, 2006 겨울호.
김경훤 외 9인 공저, 『창조적 사고 개성적 글쓰기』(초판 / 개정판), 성균관대출판부, 2005 / 2006.
김경훤·김미란·김성수, 『창의적 사고 소통의 글쓰기』(초판 / 개정3판), 성균관대출판부, 2012 / 2016.
김광수, 「철학과 논술」, 『철학과현실』 69호, 2006 여름호.
김동훈, 『우리 소설 토론해 봅시다』, 새날출판사, 1995.
_____, 『교실에서 세상 읽기』(제2판), 대경출판사, 1997.
_____, 『영화, 그리고 삶은 계속된다』, 대경출판사, 1998.
_____, 『여간내기의 영화교실』 1, 2권, 컬처라인, 2003.
김성수, 「대학 교양기초교육의 방향 모색과 성균관대의 글쓰기 교육—학부대학 '글쓰기와 커뮤니케이션' 교육을 중심으로」, 『교양기초교육의 새로운 모색』, 명지대학교 방목기초교육대학 심포지엄 자료집, 2006. 9. 6.
김성수, 「글쓰기는 생각쓰기이자 삶쓰기- 삶을 가꾸는 글쓰기교육의 이상과 현실」, 『우리말교육현장연구』 제7집 제2호, 우리말교육현장학회, 2013.
김승종, 「한국 대학 작문교육의 실태와 발전 방향」, 『인간은 어떻게 말하고 쓰는가』, 월인, 2003.
김영정, 「통합교과형 논술의 특징」, 『철학과현실』 69호, 2006 여름호.
김영채, 『생각하는 독서』, 박영사, 2005.
김현희 외 독서치료학회 공저, 『독서치료』, 학지사, 2004.
노상도 외 2인 공저, 『과학기술 문서작성, 발표와 커뮤니케이션』, 시그마프레스, 2005.
노상도·박상태 외 2인 공저, 『과학기술 글쓰기』(초판 / 개정판), 성균관대출판부, 2015 / 2018.
박성창, 『수사학』, 문학과지성사, 2000.
박승억, 「생각을 우겨 넣는 글쓰기, 생각을 담은 글쓰기」, 『철학과현실』 67호, 2005 겨울호.
박영목, 「작문연구의 동향과 과제」, 『작문연구』 창간호, 한국작문학회, 2005. 11.
박정일, 「논술과 토론의 개념」, 『철학과현실』 70호, 2006 겨울호.
박정하, 「고교 논술 교육, 어떻게 할 것인가?」, 『철학과현실』 66호, 2005 가을호.
_____, 「대학 글쓰기 교육의 한 모델―성균관대학교의 〈학술적 글쓰기〉를 중심으로」, 『한국작문학회 제3회 연구발표회 자료집』, 한국작문학회, 2005. 12. 10.
박지원, 「소단적치인」, 「제정석치문」, 『연암집』 권1.
박진숙, 『소통을 위한 글쓰기』, 예옥, 2009.
배식한, 「논리적 글쓰기에서 논리적이란 말이 의미하는 것」, 『철학과현실』 68호, 2006 봄호.
백미숙, 『프리젠테이션, 스피치로 승부하라』, 교보문고, 2013.
변학수, 『문학치료』, 학지사, 2005(2판, 2007).
_____, 『통합적 문학치료』, 학지사, 2006.
성균관대학교 대학교육개발센터, 『미국대학의 교양교육과정 비교 분석』, 성균관대, 2003.
성은혜 외, 「좌담―서양 명작 소설, 지금 우리에게 무엇인가」, 『창작과 비평』, 1994 가을호.
손동현 외, 『학술적 글쓰기』, 성균관대출판부, 2006.
손세모돌, 『창의적인 생각, 체계적인 글』, 한국문화사, 1997.
신형기 외, 『글쓰기』, 연세대출판부, 2003.
오양열 외, 『예술의 사회적 기여에 관한 국내외 실증사례 연구』, 한국문화예술위원회, 2008.
원만희, 「글쓰기 교육 붐, 어떻게 볼 것인가?」, 『철학과현실』 64호, 2005 봄호.
_____, 「대학에서의 글쓰기 교육의 위상과 학술적 글쓰기 모델」, 『철학과현실』 65호, 2005 여름호.
_____, 「논술형 수업과 모형 : 개별 교과 심화 학습을 위한 비판적 읽기와 쓰기」, 『철학과현실』 72호, 2007 봄호.
원만희 외 6인 공저, 『비판적 사고 학술적 글쓰기』, 성균관대출판부, 2014.
원진숙, 「대학생들의 학술적 글쓰기 능력 신장을 위한 작문 교육 방법」, 『어문논집』 51, 민족어문학회, 2005.
유종호, 「우리에게 고전은 무엇인가―인문주의 전통과 관련하여」, 『유종호 전집』, 1994.
유홍준, 『나의 문화유산 답사기 I』, 창작과비평사, 1993.

이광모, 「대학교양교육으로서의 토론과 글쓰기의 의미와 방향」, 『철학과현실』 67호, 2005 겨울.
이남호, 『문자제국 쇠망약사』, 생각의 나무, 2004.
이봉희, 「나를 찾으려면 낯선 사람을 찾아가라 : 문학치료를 위한 『오즈의 마법사』 읽기」, 『문예비평연구』 14집, 한국문예비평학회, 2004.
_____, 「시/문학치료와 문학수업, 그 만남의 가능성 모색」, 『문예비평연구』 20집, 한국문예비평학회, 2006.
_____, 「문학치료에 관한 국내외 실증사례 연구」, 『예술의 사회적 기여에 관한 국내외 실증사례 연구』, 한국문화예술위원회, 2008.
_____, 「저널치료의 실제 : 이론과 사례」, 『발달적 독서치료의 실제』, 학지사, 2008.
이상철, 「교양 교육으로서 스피치 토론 프로그램의 유익성과 한계점」, 『학제적 교양교육의 두 축—기초교육과 학문 경계 허물기』, 가톨릭대학교 교양교육원 학술회의 자료집, 2005. 9. 24.
이상철·백미숙, 『소통의 기초, 스피치와 토론』, 성균관대출판부, 2014.
이영돈, 「한국 대학교육에서의 문제중심학습(PBL)」, 『교수신문』, 2007. 3. 26.
이외수, 『글쓰기의 공중부양』, 동방미디어, 2006.
이재승, 『글쓰기 교육의 방법과 원리』, 교육과학사, 2002.
_____, 「작문 교육의 현황과 발전 과제」, 『작문연구』 창간호, 한국작문학회, 2005. 11.
이정옥, 「대학 글쓰기 교육의 새로운 방향 모색」, 『작문연구』 창간호, 한국작문학회, 2005. 11.
이좌용·홍지호, 『비판적 사고 학술적 글쓰기』(초판/개정판), 성균관대출판부, 2009 / 2015.
이주섭, 「대학작문 교재 구성의 양상」, 『한국어문교육』 9호, 한국교원대학교 한국어문교육연구소, 2000.
이태준, 『문장강화』, 문장사, 1940.
정희모, 「MIT대학의 글쓰기 시스템에 관한 연구」, 『독서 연구』 11호, 2004. 6.
_____, 「대학 글쓰기 교육과 사고력 학습에 관한 연구」, 『현대문학의 연구』 25집, 2005. 3.
_____, 「대학 글쓰기 교육의 현황과 방향」, 『작문연구』 창간호, 한국작문학회, 2005. 11.
_____, 『글쓰기 교육과 협력학습』, 삼인, 2006.
_____·이재성, 『글쓰기의 전략』, 들녘, 2005.

_____ 외,『대학 글쓰기』, 삼인, 2008.
조동일,『세계・지방화시대의 한국학(5) 표면에서 내면으로』, 계명대출판부, 2007.
조혜정,『글 읽기와 삶 읽기』, 또하나의문화, 1992.
채연숙・변학수・김춘경,「문학치료와 현대사회의 정신병리」,『뷔히너와 현대문학』28집, 2005.
탁석산,『탁석산의 글짓는 도서관(1) 글쓰기에도 매뉴얼이 있다』, 김영사, 2005.
_____,『탁석산의 글쓰기(4) 보고서는 권력관계다』, 김영사, 2006.
하병학,「탐구와 소통의 논술」,『철학과현실』70호, 2006 겨울호.
황성근,「대학 글쓰기 교육의 효과적 지도 방안」,『작문연구』창간호, 한국작문학회, 2005. 11.
Adams, Kathleen, 강은주・이봉희 공역,『저널치료 : 자아를 찾아가는 나만의 저널쓰기』, 서울 : 학지사, 1996.
Becker, Howard S., 이성용・이철우 역,『사회과학자의 글쓰기』, 일신사, 1999.
Capacchione, L., 이봉희 역,『어린이를 위한 크리에이티브 저널』, 시그마프레스, 2008.
Flower, Linder, 원진숙・황정현 역,『글쓰기의 문제 해결 전략』, 동문선, 1999.
Flower, Linder & Hayes, John R., "A Cognitive Process Theory of Writing," *College Composition and Communication*, Vol. 32, No. 4, Urbana, Illinois : National Council of Teachers of English, Dec., 1981.
Flower, Linder etc, *Reading-to-Writing, Exploring a Cognitive and Social Process*, New York : Oxford University Press, 1990.
Fox, John, 최소영 외 공역,『시 치료』, 시그마프레스, 2005.
Gadamer, Hans Georg, 이길우 외역,『진리와 방법』1, 문학동네, 2000.
Goldstein, Jeseph, 이종인 역,『비블리오테라피 : 독서치료, 책속에서 만나는 마음치유법』, 서울 : 북키앙, 2003.
Leki, Ilona, *Academic Writing : Exploring Processes and Strategies*, N.Y : Cambridge Univ Pr., 1998.
Mazza, Nicholas, 김현희 외 독서치료학회 공역,『시 치료의 이론과 실제』, 서울 : 학지사, 2005.
Pennebaker, James, 이봉희 역,『글쓰기 치료』, 학지사, 1996.
Toulmin, Stephen, 고현범 외역,『논변의 사용』, 고려대출판부, 2006.

개정판

프랑켄슈타인의 글쓰기
상처 입은 젊은 영혼들과의 대화

개정판 1쇄 발행 2018년 8월 27일
개정판 2쇄 발행 2022년 3월 18일
저자 김성수
펴낸이 최종숙 | **편집** 권분옥
펴낸곳 글누림출판사 | **등록** 제303-2005-000038호(등록일 2005년 10월 5일)
주소 서울시 서초구 동광로46길 6-6 문창빌딩 2층
전화 02-3409-2055(편집부), 2058(영업부) | **팩시밀리** 02-3409-2059
홈페이지 www.geulnurim.co.kr | **전자우편** nurim3888@hanmail.net
ISBN 978-89-6327-531-4 03710

* 책값은 표지에 있습니다.
* 파본은 구입처에서 교환해 드립니다.